성경, 한눈에 쏘옥~

| 인도자 지침서 |

인도자 지침서 **성경, 한눈에 쏘옥~**

초판1쇄 발행일 | 2010년 4월 15일
초판3쇄 발행일 | 2020년 1월 15일

지은이 | 이대희
펴낸이 | 김학룡
펴낸곳 | 엔크리스토
마케팅 | 유영진, 조형준
관리부 | 김광현, 오연희, 강주영

출판등록 | 2004년 12월 8일(제2004-116호)
주 소 | 경기도 고양시 일산동구 장대길 74-10
전 화 | (031) 906-9191
팩 스 | 0505-365-9191
이 메 일 | 9191@korea.com
공 급 처 | (주)기독교출판유통

ISBN 978-89-92027-84-7 03230
값 13,000원

● 이 교재의 사용방법, 내용, 훈련, 세미나에 대한 문의는 바이블미션(02-403-0196, 010-2731-9078)으로 해주시면 최선을 다해 도와드리겠습니다.

틴~꿈 십대성경공부-성경개관 시리즈

인도자 지침서

성경, 한눈에 쏘옥~

이대희 지음

성경 파노라마 | 구약 1 · 2 · 3 신약 1 · 2

엔크리스토 ENCHRISTO

앞에 오는 글

성경의 맥을 한눈으로 잡아라!

십대들을 영원히 지켜 줄 수 있는 것은 오직 말씀입니다. 이 시기에 하나님의 말씀으로 얼마나 무장하느냐에 따라 미래의 삶이 결정됩니다. 성경으로 인생의 기초를 다지는 일은 그 어떤 일보다 중요한 일입니다.

〈틴~꿈 십대성경공부〉 시리즈는 성경 자체를 배우면서 십대의 삶을 가꾸는 내용으로 구성되었습니다. 일차적으로 성경개관을 통해 성경 전체의 맥을 잡고, 그 다음으로 구약성경과 신약성경을 통해 십대에 관계된 성경의 각 권을 선택하여 공부하도록 했습니다.

자매 시리즈인 〈아름다운 십대성경공부〉 시리즈와 함께 연결하여 사용하면 균형 있는 교과과정이 됩니다.

〈인도자 지침서〉는 인도자에게 도움을 주기 위합니다. 이것을 통해 말씀의 깊이를 경험하며 인도하면 큰 도움이 될 것입니다. 특히 "성경개관 시리즈"는 성경 전체가 하나의 이야기로 구성되었습니다. 〈인도자 지침서〉도 이런 특징을 가지고 물 흘러가듯이 하나의 이야기가 진행하는 방식으로 쓰여졌습니다. 누구든지 이 지침서 한 권을 읽기만 해도 성경 전체의 맥을 잡을 수 있도록 핵심과 적용점을 연결하여 구성했습니다.

또한 성경 전체의 맥을 한눈에 잡고 싶은 사람에게 『성경 한눈에 쏘옥』 지침서는 좋은 안내자 역할을 할 것입니다. 누구든지 한 권의 책으로 읽어도 무방합니다. 그리고 성경교재로 공부하면 유익할 것입니다.

아무쪼록 이 성경공부 교재와 〈인도자 지침서〉를 통해 성경적 비전을 품고 말씀과 일치를 이루는 하나님의 사람으로 자라나길 기도합니다.

오직 주님께 영광을…….

이대희

인도자 지침서

차 례

틴~꿈 십대성경공부 시리즈 교재의 특성

1_ 십대들이 꼭 알아야 할 핵심내용과 성경적인 가치관과 세계관을 정립하는 성경공부입니다.

2_ 귀납적 형태를 띤 이야기대화식으로 탐구능력을 키우고 생각을 점차 열리게 하는 흥미로운 성경공부입니다.

3_ 자유로운 토의와 열린 대화를 활발하게 하는 소그룹에 적합한 성경공부입니다.

4_ 영적 사고력과 해석력, 분별력을 키우면서 스스로 적용 능력을 점차 극대화시켜 주는 성경공부입니다.

5_ 본문 중심 성경공부로, 성경 이야기 속으로 빠져들어 말씀의 성육신을 경험하는 성경공부입니다.

6_ 흥미와 재미를 유도하는 주제로 구성되어 있고, 모두가 쉽게 참여하면서 영적 깊이와 변화를 체험하게 하는 전인적인 성경공부입니다.

7_ 성경공부를 통하여 자연스럽게 학과 공부와 전인교육에 필요한 논술력, 사고력, 상상력, 창의력, 응용력을 함께 계발시키는 성경공부입니다.

8_ 분반공부와 제자훈련 등 시간(30분, 1시간, 1시간 30분)을 탄력적으로 운영하며 사용할 수 있는 성경공부입니다.

9_ 15년 동안 준비하고 실험한 성경공부 사역 전문가에 의하여 검증된 효과적인 공부 방법과 총체적이며 전인적인 교과과정이 체계적으로 구성된 신뢰할 만한 성경공부입니다.

틴~꿈 십대성경공부 시리즈 전체 양육과정표

'틴~꿈 십대성경공부 시리즈'는 1년 단위로 5권씩 3년동안 성경 전체의 내용을 핵심적으로 다루도록 구성되었습니다. 1년차는 성경 파노라마를 통해 성경의 맥과 개관을 다룹니다. 그리고 구약책과 신약책 중에서 십대에 맞는 책을 선택하여 집중적으로 유형별로 균형 있게 공부하도록 했습니다. 십대 시기에 성경의 맛을 직접 느끼게 함으로써, 앞으로의 삶 속에서 성경을 계속 배우고 실천하는 데 도움을 주는 방향으로 내용을 구성했습니다. 십대를 마칠 때는 적어도 성경의 중요한 맥과 뼈대를 잡고, 성경의 내용을 각권별로 조금씩이라도 살아 있는 말씀으로 경험한다면 평생동안 말씀과 함께 사는 데 큰 도움이 될 것입니다.

	성경개관 시리즈	구약책 시리즈	신약책 시리즈
1권	**성경파노라마 – 구약1** 성경, 한눈에 쏘옥~	**창세기** 인생의 뿌리, 꽉– 잡아라	**누가복음** 최고의 멘토, 예수님을 만나라
2권	**성경파노라마 – 구약2** 성경, 한눈에 쏘옥~	**에스더** 영적 거인, 빼– 닮아라	**로마서** 내 안의 복음 발전소
3권	**성경파노라마 – 구약3** 성경, 한눈에 쏘옥~	**다니엘** 나는 바이블 영재!	**사도행전** 글로벌 증인이 되어라
4권	**성경파노라마 – 신약1** 성경, 한눈에 쏘옥~	**잠언** 지혜가 최고야!	**빌립보서** 기쁨을 클릭하라
5권	**성경파노라마 – 신약2** 성경, 한눈에 쏘옥~	**전도서** 어, 인생이 보인다!	**요한계시록** 인생 승리, 폴더를 열어라

*** 틴꿈 십대 새가족 양육교재**

- 각 과는 10과 내외로 구성되어 있으며, 3년 과정으로 중고등부가 모두 사용할 수 있습니다. 각 교회 상황에 따라 순서에 상관없이 책을 자유롭게 선택하여 사용 가능합니다. 과정을 계속 이어가기를 원하면 〈아름다운 십대성경공부 시리즈〉(3년차)와 연관하여 사용할 수 있습니다.

인도자 지침서 사용법

[인도자의 유의점]

지도자들은 인도자 지침서를 사용할 때 다음의 사항에 꼭 유의해야 합니다.

처음에는 인도자 지침서를 보지 않고 교재의 질문을 고민하고 나름대로 답을 해보는 것이 중요합니다. 인도자 지침서에 제시된 내용은 질문에 대해서 많은 생각을 하기 위한 동기 부여의 역할을 합니다. 지침서를 통하여 정확한 답을 찾아내는 것은 바람직하지 않습니다. 가능한 한 질문을 통하여 많은 생각을 하고 나름대로 답을 해본 후에 마지막으로 지침서를 보면서 정리하는 방법을 추천합니다.

스스로 능력을 키우는 것이 중요합니다. 이것은 인도할 때도 마찬가지고, 학생들도 인도자의 답을 기대하기보다는 스스로 답을 찾아가는 것이 중요합니다.

성경본문을 잘 살펴보면 그 안에 대부분의 답이 나와 있습니다. 그리고 답은 다양하게 제시될 수 있기에 어느 하나를 정확한 답이라고 보기는 어렵습니다. 대하는 사람에 따라 다양하기에 그 나름대로 이해될 수 있는 답을 찾아가는 것이 필요합니다. 그리고 억지로 답을 찾지 말고 자연스럽게 이해되는 대로 점차 확장해 나가야 합니다.

인도자 지침서가 오히려 생각을 하는 데 걸림돌이 될 수도 있음을 생각하고 지혜롭게 사용해야 합니다. 인도자 지침서는 참고자료로 사용하고 이것을 너무 의지하는 것은 조심해야 합니다. 그렇지 않으면 자칫 성경공부가 답달기가 되면서 점점 흥미가 떨어질 수 있습니다.

성경공부는 지식의 탐구나 습득이 아니라 말씀을 통해 하나님과 만나는 것입니다. 성경에 나오는 사건의 주인공들과 인격적으로 만나는 것이기에 말씀 속에 일어난 사건과 인물들과 동일화하는 작업이 필요합니다. 2000년 전의 사건이 오늘 우리 속에서 재현되는 것에 관심을 갖고 성경공부에 임해야 합니다. 때문에 인도자의 역할은 대단히 중요합니다.

인도자는 교사의 의미보다는 교사이신 성령을 만나게 하고 성경본문 속으로 들어가게 하는 가이드 역할을 하는 것임을 명심해야 합니다. 그룹원들이 말씀과 만나는 데 오히려 인도자가 걸림돌이 되어서는 안 됩니다.

신앙	말씀	성육신	삶
과정	구원	성장	성숙

1_ 해답집이 아니다

인도자 지침서는 교사에게 도움을 주기 위한 해설서와 같습니다. 이것은 해답서와는 다릅니다. 답은 다양한 상황에서 여러 가지로 나올 수 있습니다. 여기에 제시한 해설은 성경의 중심 내용을 이해하고 성경이 말하고자 하는 핵심 의미를 드러내는 데 중점을 두었습니다.

저자의 해설 자체가 해답은 아닙니다. 해답을 찾아가는 데 도움을 줄 뿐 모든 답을 만족시켜 주는 것은 결코 아님을 먼저 교사들은 인식해야 합니다.

성경본문을 잘 살펴보면 모든 답은 이미 나와 있습니다. 많이 묵상하고 본문을 자세히 살피면 저자의 해설보다도 더 깊은 것을 찾아낼 수 있습니다.

2_ 교사는 사전에 준비하라

교사는 학생용 교재에 나와 있는 성경본문을 많이 읽고 묵상하면서 사전에 자기 나름대로 문제를 풀어보고 성경의 내용을 이해해야 합니다. 질문을 제시한 것은 답달기식이 아닌 성경 이야기 속에 들어가서 함께 나누기 위한 도구입니다. 그러므로 교재에 제시된 질문을 통하여 성경의 본문을 잘 살피는 것이 우선되어야 합니다.

가능하면 사전에 교사들이 워크숍을 통하여 충분히 토의와 준비를 하면 학생들을 인도하는 데 더욱 효과적입니다. 개인적으로 준비하는 것보다는 그룹 워크숍을 통하여 성경을 공부하면서 자연스럽게 준비하는 것이 좋습니다. 이런 방법은 교사 자신들의 성경 교수능력을 놀랍게 배양해 주고 소그룹 운영에 활력을 주며 소그룹을 직접 경험하면서 학생들을 인도하는 데 큰 힘이 됩니다.

소그룹을 인도하려면 소그룹을 통해서 배우는 것이 가장 좋은 지름길입니다.

3_ 교재의 특징을 잘 이해하라

"틴꿈 십대성경공부"는 본문 중심 성경공부입니다. 구절을 찾아서 공부하는 연역적 형태의 공부가 아니라 주어진 본문을 탐구하는 귀납적 형태의 성경공부입니다. 관찰—해석—적용 순으로 진행하되 인도자 혼자서 강의나 설교하는 것이 아니라 주어진 질문을 통하여 문제를 탐구하고 성경 속으로 들어가 성경이 의미하는 바를 찾아내는 방법으로 해야 합니다. 그렇게 할 때 큰 효과를 거둘 수 있습니다.

다만 기본적으로 귀납적인 방법을 따르되 이야기대화식 방법을 더하여 함께 인도하면 흥미롭고 재미있습니다. "이야기대화식 성경공부"의 방법을 배우려면 필자가 쓴 『이야기대화식 성경연구』(엔크리스토)를 참조하면 됩니다.

4_ 성경공부 단계 진행 설명

1) 도입

'도입' 은 마음을 여는 단계입니다. 이 단계에는 마음을 여는 글을 중심으로 인도하면 됩니다. 교재에 제시된 자료들을 중심으로 함께 대화를 나누되 정답을 찾아가는 것이 아니라 그냥 편하게 흥미를 가지고 대화를 나누는 시간으로 이끌어 가는 것이 좋습니다. 도입 단계에서 너무 문제에 깊이 들어가면 시간이 길어지면서 본문에 들어가기도 전에 엉뚱한 방향으로 나갈 수 있습니다.

교사는 적당한 선에서 이야기를 끊어 다음 단계로 넘어가야 합니다. 주제에 흥미를 갖는 선에서 마음을 열고 해결점을 성경 본문에서 찾도록 유도하는 것이 좋습니다.

(성경개관 시리즈에서는 도입의 글을 사용하면 됩니다.)

2) 관찰

'관찰' 은 본문을 자세히 살펴보면 답이 나옵니다. 이 책에서는 일반적인 방향을 중심으로 간단하게 정리했습니다. 교사는 이 단계에서 자신이 답을 말하려고 하지 말고 가능한 한 학생들이 본문을 통하여 답을 말하며 문제를 찾아가도록 돕는 것이 좋습니다. 성경구절이 나와 있으므로 그 구절을 읽으면서 자기 말로 풀어서 답을 하도록 합니다.

여기에 제시된 질문 이외에 다른 부분이 보이면 교사가 즉석에서 연결되는 질문을 하면서 본문을 이해하도록 진행해야 합니다. 교재에 나와 있는 질문만 하는 것보다는 부가적인 질문을 미리 생각하여 학생들의 상황에 맞는 질문을 하는 것이 좋습니다. 필자가 제시한 질문은 기본적인 것으로, 나머지는 교사들이 현장에서 만들어 학생들에게 질문해야 재미있는 성경공부가 됩니다.

성경공부 시간은 말씀을 발견하는 시간입니다. 관찰능력을 키우는 것이 중요합니다. 학생들이 성경을 보도록 하고 스스로 문제를 찾아가는 능력을 키우는 데 주안점을 두어야 합니다.

조금 틀리게 답한다 해도 학생들에게 계속 성경을 보는 안목을 길러 주어야 합니다. 여기에 성경공부의 핵심이 있습니다. 그러기 위해서는 교사가 사전에 성경본문을 충분히 묵상해야 합니다.

(성경개관 시리즈에서는 관찰 부분을 질문에 답하는 형식으로 수정했습니다.)

3) 해석

'해석' 은 더 깊은 생각을 하는 시간입니다. 주어진 본문 속에서 더 깊은 의미를 찾아내어 영적 깊이를 더하는 시간입니다. 많은 교사들이 이 부분에서 어려움을 호소합니다. 그래서 이 부분을 필자가 자세하게 설명해 놓았습니다. 그렇다고 필자의 것이 완벽한 답은 아닙니다. 문제를 깊이 생각하도록 이끌어 주고 방향을 제시해 주는 의미에서 참고하면 되겠습니다. 본문을 잘 읽고 공부하면 답은 이미 나와 있습니다.

모르는 것을 억지로 풀려고 하지 말고 이해되는 대로 성령의 인도하심에 맡기는 것이 중요합니다. 교사는 언제나 사람이 아닌 성령님이심을 생각하여 그분의 조명을 기다리는 것이 필요합니다.

이 시간에는 충분한 대화와 토의와 이야기를 나누면서 하나씩 그 문제를 찾아가고 영적으로 깊이 들어가도록 해야 합니다. 어떤 한 사람의 사상을 전달하거나 설명하는 것이 아니라 본문의 의미를 찾아가며 성경의 저자인 하나님의 마음을 읽고 뜻을 헤아리는 시간입니다.

주님의 마음과 저자의 의도를 파악해 가는 방향으로 진행하면 놀라운 은혜가 소그룹 속에 일어나게 될 것입니다. 이 단계에는 머리로 이해하려고 하기보다는 마음과 가슴으로 전체를 이해하는 것이 필요합니다. 상상력과 창의력을 개발시키는 단계로 마음을 열고 영적 세계를 여행하는 마음으로 구성원들이 시간을 나누는 것이 중요합니다.

교사들의 생각을 주입하는 방식은 성경공부를 더 어렵고 지루하게 만들 수 있기 때문에 가능하면 성경이 의미하는 바를 찾아가는 과정에서 설명과 도움이 필요합니다. 학생들에게 해석 능력을 키워 주는 것이 교사의 중요한 과제입니다. 성경을 해석하는 능력을 배양하면서 자연스럽게 개인과 미래, 사회, 역사에 대한 성경적인 해석을 이끌어 낼 수 있습니다.

(성경개관 시리즈에서는 해석 부분을 Tip으로 정리했습니다.)

4) 적용

말씀을 삶에 적용하는 단계입니다. 억지로 적용하면 율법적으로 흐르게 됩니다. 이런 적용은 의례적이고 반복적이며 형식적입니다. 그러므로 삶을 변화시키지 못합니다. 효과적인 적용을 하려면 해석 단계에서 깨달음과 은혜가 있어야 합니다. 해석 없는 적용은 위험하고 생동감이 없습니다. 억지 적용이 되고 형식적이 됩니다. 적용을 위해서는 해석의 과정이 아주 중요합니다. 한국 교회 대부분의 성경공부는 해석 없는 관찰에서 적용으로 넘어가는 적용이었습니다. 그러다 보니 성경공부가 지루하고 지식 전달식이 되어 삶을 변화시키지 못하는 시간이 되었습니다. 적용은 자연스러워야 합니다. 그렇게 하려면 해석과정 속에서 나온 적용이 되어야 합니다.

지침서에는 적용 부분의 해설을 제시하지 않았습니다. 해석 과정만 잘 이루어지면 자연스럽게 적용이 되기 때문에 굳이 해설이 필요하지 않다고 생각합니다. 그리고 상황이 각자 다르기에 그 삶의 자리에 따라 주어진 질문을 통하여 적용의 시간을 가지면 됩니다.

구체적이고 가까운 것과 직접 행할 수 있는 것들을 중심으로 대화를 나누면서 서로 적용하도록 하고 가능하면 다음 시간에 적용에 대한 피드백을 하면 좋습니다.

5_ 소그룹 성경공부 리더를 위한 제언

1) 가능하면 인원을 소그룹으로 하되 6~8명 정도가 적당하다

인원이 많으면 자칫 소외되는 사람이 생길 수 있기 때문에 피상적이고 소극적이며 활발한 참여가 이루어지지 않습니다. 최대한 그룹의 다이내믹스를 경험하도록 하고 그 가운데 성령의 역사와 말씀을 통한 하나님의 음성을 개인적으로 듣도록 노력합니다.

2) 다양한 방법을 대상에 따라 상황에 맞게 사용하라

방법은 귀납적 방법에 따라 토의식, 대화식, 이야기식을 병행하여 사용할 수 있습니다. 일방적인 교사 중심의 성경공부는 지루함을 더할 수 있고 스스로 성경을 보는 눈이 열리지 않기 때문에 함께 성경을 탐구하면서 스스로 적용하도록 하는 것이 바람직합니다. 우리의 영적 변화가 급작스럽기보다는 점진적으로 이루어지듯이 성경공부 역시 점진적인 변화를 기대해야 합니다. 말씀을 배우면서 점차적으로 변화가 일어나게 됨을 늘 잊지 말고 성급하게 마음먹지 않도록 인내하며 기다려야 합니다.

3) 성경공부의 중심은 교재가 아닌 성경이다

어디까지나 교재는 성경을 배우기 위한 도구일 뿐입니다. 성경을 배우기 위해서 모였다는 사실을 늘 기억하고 언제나 성경이 말하고자 하는 곳으로 들어가야 합니다. 이런 의미에서 교재는 전적으로 안내자입니다. 처음에 들어가는 입구를 제시하고 성경을 읽도록 도와주면서 스스로 성경 안에서 이야기하는 분위기로 만들어야 합니다. 상황에 맞지 않는다든지 난해한 질문인 경우는 인도자가 적절하게 문제를 바꾸어서 사용할 수도 있습니다. 그리고 즉석에서도 질문을 만들어 사용할 수 있습니다. 너무 교재에 매이게 되면 그때 나타나는 성령의 역동성이 사라질 수 있습니다.

4) 교재에 나와 있는 문제를 풀어 나갈 때는 문제풀이식이나 답달기식을 지양하라

문제풀이식이나 답달기식 성경공부는 지식공부가 되기 쉽습니다. 따분하고 지루해집니다. 그러므로 문제를 대할 때는 언제나 성경의 내용을 새롭게 바라보기 위하여 질문을 제시했음을 잊지 말고 질문을 풀어 나가면서 성경에 어떤 내용이 들어 있는지를 세밀하게 관찰하는 능력을 키워야 합니다. 교재에 나와 있는 질문을 하면서 또 다른 질문을 스스로 만들거나 아니면 그룹이 함께 모여 그때마다 질문을 하면서 성경공부를 해야 합니다.

5) 성경의 결론을 성급하게 내지 말고 자연스럽게 성경의 흐름에 따라가라

언제나 성경공부의 교사는 성령님이심을 잊지 말고 그분께 순종하면서 각자 성령의 음성을 듣도록 해야 합니다. 자연스럽게 전체 그룹이 결론에 이르게 되는 것이 보통이지만 그렇지 않은 경우도 있습니다. 그런 경우는 다음 기회로 넘기면서 숙제로 남겨도 무방합니다. 억지로 문제를 해결하려고 하는 것은 위험합니다. 성경을 공부하면서 몰랐던 문제들이 점차 해결되는 경우가 많기 때문에 잘 안 풀리는 문제는 나중으로 미루어 두는 것도 지혜로운 방법이 될 수 있습니다.

6) 인도자의 의견보다는 참여자들과 성경이 말하는 결론으로 유도하라

인도자가 혼자 대답을 한다든지, 또 그것을 요구하는 것은 결코 바람직하지 않습니다. 인도자는 성경에서 곁길로 새지 않도록 방향을 잘 잡아 주고 다시 본문 안으로 들어오도록 인도하는 역할을 해야 합니다. 그리고 잘못되기 쉬운 주제나 내용과 전체의 분위기를 잘 조성해야 하는 책임을 가지고 있습니다. 인도자는 어떤 문제의 해답을 해결하는 해결사로 앉아 있는 것이 아님을 알아야 합니다. 이렇게 되면 부담이 적어지고 모두가 동참하는 성경공부가 됩니다. 인도자가 잘 모를 경우는 그대로 인정하고 다시 문제를 찾아보도록 하는 것이 현명합니다.

구성원을 이끌어 가는 것은 인도자가 아닌 성경 자체임을 늘 기억하여 그 성경이 구성원과 모임을 이끌어 가는 모습을 꿈꾸어야 합니다. 언제나 성경이 중심이 되어야지 인도자나 어떤 특별한 사람이 모임의 중심이 되고 성경이 변방으로 나가면 안 됩니다.

7) 효과적인 성경연구 방법을 미리 터득하라

인도자는 미리 인도자 훈련을 받고 귀납적 성경연구 방법과 대화식 성경공부 방법 등을 잘 연구하며 인도하는 방법도 함께 익히면 더 큰 효과를 얻을 수 있습니다. 충분히 사전 연구를 해야 성경공부를 잘 인도할 수 있습니다. 인도를 실제적으로 해나가다 보면 그때마다 성령의 지혜를 체험하게 됩니다. 언제나 교사는 성령님이심을 믿고 어느 한 사람의 의견도 무시하지 말고 귀를 기울여야 합니다. 그런 사람을 통해서 성령님께서 새로운 깨달음을 주실 수도 있기 때문입니다.

8) 열린 마음과 겸손한 자세로 하라

모두 열려 있는 자세로 임하는 것이 중요합니다. 분위기가 경직되면 은혜가 임하기 어렵습니다. 모두 적극적으로 성경공부에 참여하고 대화와 토의에 솔직한 자기의 의견을 개진할 때 놀라운 하나님의 은혜를 경험할 수 있습니다. 이렇게 하려면 편안하고 자연스러운 분위기가 되도록 구성원들이 함께 노력해야 합니다.

9) 문제의 해결을 본문 안에서 찾도록 하라

보통 그룹 성경공부는 본문과 상관없는 다른 주제가 거론되어 엉뚱한 방향으로 흘러가서 시간을 소비하는 경우가 많습니다. 그러므로 가능한 한 주어진 본문에 충실하면서 그 안에서 문제의 해결을 찾도록 해야 합니다. 인도자가 적절하게 방향을 잡아 주는 역할을 해야 합니다.

10) 혼자서 토의와 이야기를 독점하지 않는지 늘 유의하라

다른 구성원들의 반응도 살피면서 모두 함께 말할 수 있는 시간을 주어야 합니다. 자칫 자기 자신에게만 집착하여 다른 구성원에게 민감하지 못하는 잘못을 범하지 않도록 조심해야 합니다. 한 번 반론할 때 길게 하기보다는 짧게 2~3분을 넘지 않도록 하고 다른 사람이 말할 수 있는 기회를 주도록 배려해야 합니다.

11) 늘 기도하면서 성경공부에 임하라

성경공부를 인도하는 교사는 성령님이십니다. 그러므로 구성원은 늘 기도하는 마음으로 사람에게 대답을 얻으려 하기보다는 본문을 통하여 성령님께서 깨달음을 주시기를 늘 기도해야 합니다. 물론 다른 사람들의 이야기를 듣는 중에 새로운 깨달음이 올 수 있기에 다른 사람의 말에 늘 경청하는 자세가 필요합니다.

12) 되도록 한 가지 문제에 초점을 맞추라

성경공부를 할 때 여러 가지 주제를 가지고 이야기를 하면 혼란해지기 쉽습니다. 이러면 자연히 지식 위주로 흐를 수 있습니다. 시간이 30분에서 1시간 주어졌다면 자연스럽게 한두 가지 주제에 집중적으로 토의하며 공부하도록 합니다. 성경공부의 핵심은 많은 성경 지식을 얻기 위함이 아니고 하나라도 정확하게 의미를 깨닫고 생활에 적용하는 것임을 잊지 말아야 합니다.

(성경개관 시리즈는 연역적 방법과 귀납적 방법을 통합하여 사용함으로 여러 개 주제가 가능합니다.)

성경개관 시리즈 성경파노라마

1
창조시대

· 창조
· 타락
· 심판
· 바벨탑

2
족장시대

· 아브라함의 약속
· 불신
· 아브라함의 이삭 시험
· 야곱과 이스라엘
· 요셉의 꿈

3
출애굽 시대

· 노예 생활
· 출애굽

4
광야시대

· 홍해와 광야길
· 율법과 성막
· 제사와 절기
· 불평과 방황
· 모세 설교

5
정복시대

· 가나안 입성

6
사사시대

· 사사들
· 선지자 사무엘

성경개관 시리즈 성경파노라마

7 통일왕국시대

- 불순종한 사울 왕
- 하나님의 마음에 합한 다윗 왕
- 다윗의 영원한 언약
- 밧세바와 다윗
- 솔로몬의 영광과 패망

8 분열왕국시대

- 분열된 왕국
- 선지자의 사역

9 포로시대

- 포로 70년

10 포로귀환 시대

- 포로귀환
- 새로운 부흥
- 메시야 기다림

11 복음서 시대

- 마태복음
- 마가복음
- 누가복음
- 요한복음

12 사도행전과 서신서 시대

- 예루살렘 교회
- 제1차 선교여행
- 제2차 선교여행
- 제3차 선교여행 1
- 제3차 선교여행 2
- 제4차 선교여행과 옥중서신
- 목회서신과 일반서신 1
- 일반서신 2
- 요한계시록

성경 파노라마 | 구약1

인 | 도 | 자 | 지 | 침 | 서

1. 창조시대

(창세기 1~11장)

창조 → 타락 → 구원 → 바벨탑

창조시대(창세기 1-11장)는 성경의 배경이 되는 원역사에 해당됩니다. 특히 창조시대는 창조—타락—구원—바벨탑 네 개의 이야기로 진행됩니다. 네 개의 코드를 익히면 한눈으로 창조시대를 이해할 수 있습니다. 이것은 앞으로 나올 성경 이야기의 서론 역할을 합니다. 앞으로 전개될 성경 이야기의 흐름을 미리 말해 주고 있습니다. 여기에 반복적으로 나오는 창조—타락—구원으로 전개되는 창조시대의 핵심은 성경 전체를 끌어가는 중심 맥입니다. 앞으로 인류 역사는 이것을 중심으로 전개됩니다. 이것은 성경이 말하고 있는 기독교 세계관의 기본적인 틀입니다.

01 창조

1. 창조 주체

세상은 하나님이 만드셨습니다. 세상의 주인은 하나님이십니다. 하나님보다 앞서는 것은 없습니다. 하나님이 모든 것의 근본입니다. 하나님이 없으면 아직 시작이 안 된 것입니다. 우리의 시작은 하나님이 임하실 때 비로소 생겨납니다.

우리도 하나님을 만날 때 새로운 출생이 일어납니다. 아직 하나님을 만나지 못한 사람은 인생의 새 출발이 안 된 사람입니다.

2. 창조 방법

하나님은 세상을 말씀으로 만드셨습니다. 그것은 곧 말씀이 곧 하나님이라는 것을 의미합니다. 하나님은 지금도 말씀으로 세상을 창조하고 계십니다. 말씀을 통해 세상이 하나님이 만드신 것을 알 수 있습니다. 지금도 말씀으로 세상을 붙드시고 계십니다.(히 1:3)

3. 인간의 창조 시기

인간은 여섯째 날에 만들었습니다. 마지막에 인간을 창조한 것은 인간이 가장 소중하다는 것과 인간은 겸손해야 한다는 것을 동시에 말해 줍니다. 세상의 모든 것들을 만들어 놓고 인간을 마지막에 만드심으로 인간의 중요성을 드러내 주고 있습니다. 이것은 세상의 만물은 다 인간을 위해 존재한다는 것을 의미합니다. 이런 하나님의 은혜를 안다면 인간은 당연히 하나님을 위해 살아야 합니다. 그리고 겸손하게 하나님의 뜻에 순종해야 합니다.

4. 창조를 마친 후 하신 일

하나님은 인간 창조를 마친 후 일곱째 날에 안식하셨습니다. 이 날은 7일 중에 가장 중요한 날입니다. 하나님은 이 날을 복되게 하셨습니다. 모든 날은 안식일을 중심으로 움직입니다. 이 날을 얼마나 잘 지키고 그 의미를 생각하느냐에 따라 인간의 행복이 결정됩니다.

우리가 주일을 기억하여 거룩하게 지키는 것은 하나님의 복을 받는 길입니다. 일의 목적은 일이 아닌 쉼에 있습니다.

5. 하나님의 최초 명령

하나님은 세상을 만드신 후에 인간에게 그 대리권을 맡기셨습니다. 인간을 사랑하셔서 그 위치를 하나님 다음으로 높여 주신 것을 볼 수 있습니다. 그런 인간에게 선악과를 먹지 말라고 했습니다. 그것은 하나님과 인간의 차이를 알려 주기 위한 상징입니다. 인간은 선악과를 보면서 날마다 하나님과 인간의 다른 점을 인식하면서 하나님을 넘보지 않도록 했습니다. 선악과는 인간을 인간되게 한 하나님의 사랑의 모습입니다.

타락 02

1. 죄의 시작

여자를 유혹한 것은 뱀이었습니다. 그것은 곧 사단을 의미합니다. 사단은 직접 오기보다는 간접적으로 우리를 유혹합니다. 그래서 사람들은 넘어갑니다. 사단이 인간을 유혹한 방법은 '결코 죽지 않는 것' 입니다. 사람은 죽음을 가장 무서워하는데 그것을 집중 공략했습니다. 그것은 하나님의 명령과 관계 있습니다.

뱀(사단)은 하나님의 명령인 선악과를 먹으면 결코 죽지 않는다고 유혹했습니다. 그것은 죽음보다는 궁극적으로는 하나님의 명령을 어기도록 유도한 것입니다. 우리는 하나님의 명령을 어기면 죽게 됩니다. 그러나 하나님의 말씀을 들으면 살게 됩니다. 우리의 죽고 사는 것은 하나님의 말씀을 순종하느냐에 달려 있습니다.

2. 인간의 반응과 행동

1)반응

여자는 사단의 유혹에 넘어갔고 결국 하나님이 금하신 선악과를 먹고 말았습니다. 자기만 먹은 것이 아니라 아담도 먹게 했습니다. 사단은 여기서도 여자를 통하여 간접적으로 아담에게 다가가 죄를 짓게 합니다. 사단은 아주 교묘하게 우리로 하여금 서서히 죄 짓게 하는 모습을 봅니다. 특히 '보는 것'을 조심해야 합니다. 아무것이나 보다 보면 욕심이 생기면서 결국 죄를 짓게 됩니다.

2) 달라진 행동

하나님의 명령을 어기자 하나님과 인간의 관계가 깨어졌습니다. 그 결과 자기의 부끄러움을 알게 되고 나뭇잎으로 몸을 가렸습니다. 그리고 하나님의 낯을 피하여 숨게 되었습니다. 그것은 두려움이 생겼기 때문입니다. 죄를 지으면 잘못을 가리게 됩니다. 두려움이 생기고 사람을 피하게 됩니다. 이것은 누가 시키지 않아도 자연스럽게 나타나는 행동입니다. 오늘 우리 속에 있는 두려움과 피하고 싶은 마음과 도망 다니는 것은 모두 죄를 지은 결과로 나타나는 현상들입니다.

3) 죄의 형벌

죄를 지은 인간에게 닥치는 하나님의 형벌은 무서운 것이었습니다. 죄를 짓게 한 뱀은 저주를 받아 배로 다니게 되었고 흙을 먹고 살게 되었습니다. 여자는 수고하고 자식을 낳고 남편을 섬기는 자가 됨으로 평등의 관계가 깨어졌습니다.

남자는 수고하고 일을 하면서 땀을 흘려야 먹고 살도록 했습니다. 소처럼 일하는 인간의 모습을 보게 됩니다. 지금도 남자들은 죽도록 일하면서 가족을 먹여 살려야 하는 의무가 있습니다.

땅은 인간 때문에 저주를 받아 가시와 엉겅퀴를 내게 되었습니다.

그리고 모든 인간에게는 죽음이 찾아왔습니다.

3. 죄의 결과

죄를 지은 인간은 하나님이 만드신 에덴동산에서 살 자격을 상실했습니다. 결국 에덴동산에서 쫓겨나는 신세가 되었습니다. 인간은 영원히 살 수 있는 특권을 스스로 저버림으로써 지금처럼 수고와 슬픔과 죽음의 삶을 살 수밖에 없는 상태가 되었습니다. 죄를 지은 인간은 행복하지만 그것은 잠시입니다. 결국은 모든 인간은 죄의 값으로 죽게 됩니다. 수많은 죽음을 보면서 우리는 인간이 지은 죄를 생각하게 됩니다.

4. 형제 살인

아담과 하와의 죄는 결국 인간의 죄로 이어졌습니다. 그것이 가인과 아벨의 형제 살인입니다. 가족 간의 다툼과 시기로 결국 살인까지 가는 무서운 결과를 낳았습니다. 인간의 죄악이 부부와 형제 사이를 깨뜨리고 무너지게 했습니다. 이것은 지금도 우리 속에 계속되는 일입니다. 죄가 점점 더 확산되는 과정을 보게 됩니다.

03 심판

1. 하나님의 마음과 생각

하나님은 인간의 악함을 보고 심판하기로 마음먹었습니다. 자신이 지은 인간을 심판하시는 것은 결코 쉬운 일이 아닙니다. 인간이 항상 악했다는 것은 얼마나 인간의 악이 극에 달했는지를 말해 줍니다. 또 그것에 대한 하나님의 한탄과 근심하는 모습은 당시 인간이 얼마나 악했는지를 단적으로 보여줍니다. 여기서 우리는 점점 더 악해져 가는 인간의 모습을 볼 수 있습니다.

2. 구원 계획

하나님은 당대에 완전하고 하나님과 동행한 노아를 선택하셔서 그 가족과 함께 구원하셨습니다.

구원의 방법은 방주를 만드는 것입니다. 노아는 하나님의 말씀에 순종함으로 결국 구원을 받게 됩니다. 세상을 심판하시는 하나님의 말씀을 믿고 방주를 만드는 일이 쉽지는 않았습니다. 노아는 약 100년 동안 방주를 만드는 일을 했는데 하나님의 심판을 믿기가 쉽지 않았을 것입니다. 그러나 노아는 그 말씀을 믿고 방주를 만들었습니다. 오늘도 우리는 이렇게 하나님의 말씀을 믿을 때 구원을 받습니다.

3. 하나님의 심판

하나님은 인류를 심판하시는 방법으로 사십 주야 동안 비를 내렸습니다. 그 결과는 땅에 있는 숨을 쉬는 모든 것들이 죽었고 움직이는 생물들도 다 죽었습니다. 지면의 모든 생물들을 모두 쓸어 버렸습니다. 그러나 방주에 들어가 있던 노아와 가족들은 구원을 받았습니다. 물은 백오십 일 동안 넘쳤고 모든 생물들은 죽었습니다.

비가 그치고 물이 점점 물러가서 노아를 실은 방주는 아라랏산에 머물렀습니다. 하나님의 심판은 새로운 창조를 위한 심판이었습니다. 새로운 시작을 알리는 심판이었습니다.

4. 하나님의 징표

하나님은 세상을 다시는 물로 심판하지 않을 것이라는 언약을 세우시고, 그것을 영원히 지킨다는 의미로 하늘에 무지개를 두셨습니다. 비가 온 후에 생기는 신비한 무지개는 하나님의 심판과 구원을 말해 주는 증표입니다. 우리는 지금도 무지개를 보면서 하나님의 언약을 다시 새기며 말씀에 순종하는 삶을 살아야 할 것입니다. 무지개는 앞으로 물의 심판은 없지만 마지막에는 하나님의 심판이 임한다는 것을 암시하며, 아울러 노아처럼 하나님과 동행한 사람은 구원을 받는다는 것을 보여주는 하나님의 시청각 교육 자료입니다.

04 바벨탑

1. 인간의 악한 상태

인간은 노아의 아들들을 통해 땅에서 각각의 백성들로 나뉘었습니다. 그때 그들의 언어는 하나였습니다. 그들은 하나된 그 힘을 가지고 바벨론의 시날 땅에 모여서 탑을 쌓았습니다. 인간은 하나된 언어의 축복을 가지고 하나님에 대항하며 바벨탑을 쌓았습니다.

인간의 악함을 보여주는 대목입니다.

2. 인간의 교만

바벨탑은 당시의 신전이었습니다. 인간은 하나님 이외의 신을 섬기는 그런 탑을 쌓았습니다.

그리고 그들은 탑 꼭대기에서 자신의 이름을 드러내는 일을 했습니다. 하나님의 명령대로 지면에 흩어져 땅에 충만하기보다는 오히려 모여서 인간의 힘을 과시했습니다. 자기 스스로 하나님이 되려고 했습니다. 인간의 욕망이 점차 커져 이제는 하나님을 대항하게 되었습니다.

아담과 하와가 하나님과 같이 되려 했던 모습과 노아시대에 인간 생각의 악한 모습은 모두 같은 상황입니다.

3. 하나님의 심판

인간이 바벨탑을 쌓는 모습을 보시고 하나님은 사람들이 건설하는 성읍과 탑을 보시려고 내려오셨습니다. 그리고 그들의 언어를 혼잡하게 하셔서 서로의 말을 알아듣지 못하게 하면서 결국 바벨탑 건설은 수포로 돌아갔습니다.

성을 쌓고 건설하면서 인간의 이름을 내는 것은 가인 계열의 인간들이 주로 행했던 문화입니다. 하나님을 믿지 않는 사람들은 성을 쌓으면서 인간의 힘과 욕망을 드러냅니다. 자기의 위엄을 높입니다. 그러나 하나님의 사람 셋의 계열은 하나님의 이름을 높이면서 하나님을 예배합니다. 셋의 후예는 건축보다는 사람을 세우는 일을 했습니다.

4. 심판의 결과

하나님의 심판의 결과로 언어가 혼잡해지면서 인간들은 어쩔 수 없이 온 지면에 흩어졌습니다. 언어의 혼잡으로 나라가 갈리고 백성들이 나뉘었습니다. 언어로 인하여 서로 시기하고 싸우고 전쟁을 합니다. 서로 알아듣지 못함으로 오해가 생기고 서로 다른 언어로 인하여 반목이 일어납니다. 지금 우리들의 갈등도 모두 언어의 혼잡으로 생기는 갈등입니다. 우리 삶은 언어로 죄를 짓는 경우가 대부분입니다. 인간에게 언어는 축복이었지만 결국 저주로 바뀌었습니다.

2. 족장시대

(창세기 12~50장)

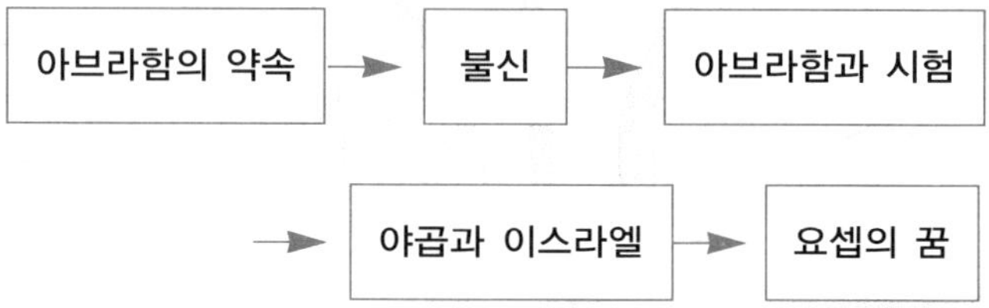

족장시대는 아브라함 · 이삭 · 야곱 · 요셉의 이야기를 다루고 있습니다. 죄악에 물든 인간은 하나님의 은혜에도 불구하고 반복하여 타락의 길로 갑니다. 이것이 창세기 1~11장에 소개된 인류의 불행한 역사 이야기입니다. 이제는 인간의 힘으로는 도저히 구원에 이를 수 없음이 판명났습니다.

하나님은 사랑이십니다. 이대로 인류를 파멸하게 할 수 없습니다. 그래서 구원의 일을 시작하셨는데 이것이 족장시대의 이야기입니다. 이 이야기는 백성들과 신약의 예수 그리스도에게까지 이어집니다. 인간의 노력으로 이루는 구원이 아닌 하나님이 주도적으로 이끄시는 하나님의 구원 이야기입니다.

아브라함의 약속 05

1. 아브라함에게 준 약속

하나님은 바벨탑 사건 이후에 약 400여 년이 지난 후에 갈대아 우르 지방에 사는 아브라함을 선택하십니다. 75세의 나이에 하나님은 주도적으로 그를 부르십니다. 그것은 앞으로 아브라함을 통하여 민족을 이루고자 하심입니다. 지금의 타락한 여러 민족으로는 하나님의 영광을 드러낼 수 없습니다. 자기 이름만 드러내려는 악한 민족들로는 하나님을 기쁘게 할 수 없습니다. 그래서 하나님은 한 사람을 통하여 큰 민족을 이루어 하나님의 민족으로 만들려는 계획을 가지고 있었습니다. 그 사람이 바로 아브라함이었습니다. 복의 통로가 필요했습니다. 하나님은 아브라함에게 앞으로의 계획을 말씀해 주셨습니다. 아브라함은 하나님의 말씀을 그대로 믿고 자기 고향을 떠났습니다. 어디로 가는지 모르지만 오직 하나님의 약속만 믿고 고향을 과감하게 떠났습니다.

오늘도 하나님은 우리에게 약속을 먼저 주십니다. 그리고 그 약속을 따라가는 삶을 살도록 하십니다. 그 약속은 곧 비전을 말합니다. 인생은 비전을 받을 때 새롭게 시작됩니다. 여기서 비전은 나의 비전이 아닌 하나님께 받은 비전입니다. 우리가 받은 하나님의 비전은 무엇입니까? 그것을 받는 순간 우리는 새로운 인생이 시작됩니다. 내가 내 인생을 사는 것은 아직 인생의 시작이 안 된 것입니다. 비전을 받지 못한 것입니다.

2. 약속을 따라가는 여정

아브라함은 오직 하나님의 약속과 비전만을 바라보고 자기의 모든 인생을 걸었습니다. 고향인 갈대아 우르를 떠나 하란에 이르렀습니다. 거기서 다시 가나안 땅에 들어가서 세겜에 닿았습니다. 물론 거기에는 가나안 사람들이 살고 있었습니다. 그럼에도 불구하고 하나님은 "이 땅을 네 자손에게 주리라" 고 말씀하셨습니다. 그는 그것을 믿고 그곳에서 제단을 쌓았습니다. 하나님이 지시한 땅이 바로 이 가나안 땅이었습니다. 그리고 다시 베델로 자리를 옮겨 거기서 하나님께 제단을 쌓았습니다. 그러나 기근으로 인해 남방으로 갔습니다.

우리 인생은 약속이 이끄는 삶입니다. 내가 가는 것이 아닌 약속을 바라보고 그 약속의 땅을 향해 가는 것입니다.

3. 하나님을 경외하는 아브라함

아브라함은 하나님을 경외하는 예배자였습니다. 그는 세겜에서 하나님께 제단을 쌓았습니다. 그리고 베델로 옮겨서도 제단을 쌓았습니다. 그는 거기서 하나님의 이름을 불렀습니다. 그동안 자기의 이름을 드러내며 거대한 신전을 짓는 인간들과 달리 아브라함은 하나님의 이름을 부르면서 예배를 드렸습니다. 이전에 에노스와 노아가 하나님의 이름을 부르며 제단을 쌓는 것과 같은 일이 일어났습니다. 이렇게 순종하는 아브라함을 보실 때 하나님은 얼마나 기뻐하셨을까요?

오늘 우리도 어디를 가든지 하나님의 이름을 부르며 하나님께 예배하는 사람이 되어야 할 것입니다. 하나님의 영광을 위하여 우리의 인생을 살아야 합니다. 지금 나는 무엇을 위해서 살아가고 있나요? 자기의 이름을 위해서입니까? 하나님의 이름을 위해서입니까?

아브라함은 하나님의 약속을 따라 가나안에 왔고, 하나님은 이 땅이 바로 하나님이 지시한 곳이라고 말했습니다. 그러나 아브라함은 그 약속을 신뢰하지 못하고 점점 남쪽으로 내려갔습니다. 하나님의 약속의 땅이 아닌 이방 땅으로 갔습니다.

하나님이 허락하신 약속의 땅은 우리가 생각하는 그런 땅이 아닙니다. 육신적인 평안과 물질적인 풍요가 곧 약속의 땅이 아님을 의미합니다. 오히려 물질적으로는 척박한 곳입니다. 외적으로는 보잘것 없는 고난의 땅입니다.

하나님의 약속의 땅은 사실 영적인 땅입니다. 믿음으로 하나님을 바라볼 때 축복해 주시는 땅입니다. 약속을 믿고 살 때 주시는 축복의 땅입니다. 아브라함은 약속을 믿고 왔지만 아직 이것을 알 만한 믿음을 갖지 못했습니다.

06 불신

1. 아브라함의 실수들

실수는 하나님에 대한 믿음이 부족할 때 나타나는 현상입니다. 인간적인 연약한 행동입니다.

아브라함은 그의 인생에서 세 가지 실수를 합니다. 모두 하나님을 신뢰하지 못함으로 생겨난 일들입니다. 하나님은 이런 일을 통해 아브라함을 연단시키고 믿음을 성장시킵니다. 우리의 믿음은 금방 자라지 않습니다. 하나님의 약속을 받았다 해도 그 약속을 받을 만한 그릇이 되기까지는 많은 연단의 과정이 필요합니다. 아브라함은 이것을 위해 25년의 연단 수업을 받았습니다.

1) 첫 번째 실수

아브라함은 약속의 땅이 아니라 이방 땅인 남방 애굽으로 내려갔습니다. 결국 그는 여기서 바로에게 자기 아내를 빼앗겨 하나님의 약속을 그르칠 뻔했습니다. 다른 사람의 아내가 된다는 것은 생각할 수 없는 일임에도 자기 목숨을 위해서 아내를 누이라고 속이면서 바로에게 넘겼습니다. 하나님 앞에 큰 죄를 저질렀습니다. 그럼에도 아브라함은 그것에 대한 책임감도 보이지 않았습니다. 그런 아브라함을 위해서 하나님은 주도적으로 사라를 바로에게 빼앗아 구출하십니다. 아브라함이 약속을 지키지 못할 때 친히 나서서 약속을 지키시는 하나님의 신실한 모습을 봅니다.

사람은 상황에 따라 늘 변합니다. 그러나 하나님은 약속을 끝까지 지키십니다. 나는 하나님을 버려도 하나님은 끝까지 나를 버리지 않습니다. 지금 아브라함은 자기의 목숨을 하나님의 약속보다, 아내보다 더 소중하게 여겼습니다.

그럼에도 하나님은 바로를 통해 아브라함에게 물질과 구원의 복을 주셨습니다. 실수를 범함에도 하나님은 우리에게 사랑을 베푸십니다. 아직 연약한 상태이기 때문입니다.

우리는 여기서 하나님이 얼마나 인격적인 분인가 알 수 있습니다.

2) 두 번째 실수

아브라함은 애굽으로 내려가는 실수를 다시 반복합니다. 네게브로 가서 자기 아내를 또 누이라고 속여서 아비멜렉에게 빼앗깁니다. 그때도 하나님이 나타나셔서 바로에게 꾸짖었던 것같이 아비멜렉을 책망하십니다. "사라로 인하여 네가 죽게 된다"는 하나님의 말씀을 듣고 아비멜렉은 사라를 아브라함에게 돌려줍니다.

왜 이렇게 아브라함이 실수를 저질렀는가? 그것에 대해서 아브라함은 자기 아내로 말미암아 자기가 죽음을 당할 것 같아서 그렇게 했다고 말합니다(12:11~13). 아브라함은 계속하여 하나님을 신뢰하지 못하는 모습을 보입니다. 환경을 두려워하고 그것에 굴복하는 아브라함의 연약한 믿음을 하나님은 이런 사건을 통하여 훈련하십니다.

아브라함이 하나님께 기도하자 아비멜렉과 그의 아내와 여종을 치료하고 출산하게 하는 일이 일어납니다. 아브라함과 사라가 복의 근원임을 다시 한번 확인시켜 줍니다. 이것은 더 이상 두려워하지 말라는 하나님의 징표입니다.

하나님은 모든 것을 그리스도인 중심으로 움직입니다. 그리스도인은 하나님의 자녀요, 택하신 제사장과 같은 사람입니다. 어떤 경우에도 세상을 두려워하면 안됩니다.

3) 세 번째 실수

아브라함은 자손을 줄 것이라는 하나님의 약속을 믿지 못하고 하나님의 방법이 아닌 자기의 생각으로 여종 하갈을 통하여 이스마엘을 낳습니다. 사라는 나이가 들었으므로 아이를 낳지 못할 것이라는 생각이 지배하면서 그만 하나님의 약속을 저버리게 됩니다. 아브라함은 이스마엘로 자기의 대를 잇게 하려고 하지만 하나님은 그것을 거부하십니다. 10년을 기다려도 아무 소식이 없자 아브라함은 인간의 방법을 사용하게 됩니다. 결국 그로 인해 오히려 아브라함 가족은 더 어려움을 당하고 불화가 생깁니다.

하나님이 주신 것이 아니면 그것은 복이 아닌 저주가 됩니다. 아브라함은 그것을 몰랐습니다. 아들을 하나님이 주셔야 하는데 그것을 믿지 못했습니다. 하나님의 방법은 인간의 생각을 초월합니다. 이것을 믿기까지 아브라함은 다시 15년이 필요했습니다. 이런 과정을 통해 아브라함은 점차 자신을 죽이고 하나님을 신뢰하는 믿음의 사람으로 변화되는 것을 볼 수 있습니다. 믿음이 온전히 생기기 위해서는 많은 연단과 기간이 필요합니다. 자기를 죽이는 것이 그렇게 쉬운 일이 아닙니다. 어쩌면 평생의 과업입니다.

2. 두 마음

인간에게는 두 마음이 있습니다. 하나는 육신의 생각이고 하나는 하나님의 생각입니다. 하나님의 약속을 받았지만 여전히 우리 안에는 인간의 생각이 자리 잡고 있습니다. 이것에 대한 투쟁이 마음속에서 계속 일어납니다.

아브라함이 가지고 있던 두 마음은 오늘 우리가 가지고 있는 마음입니다. 어느 하나로 통일시켜야 합니다. 그러나 육신의 생각으로 하면 안됩니다. 그것은 우리를 망하게 하고, 우리를 힘들게 합니다. 잠시는 번영하나 나중에는 패망이 옵니다. 우리는 하나님의 약속을 따라가야 합니다. 처음에 받은 그 약속을 붙잡고 따라갈 때 하나님은 우리에게 복을 주십니다. 비록 더딜지라도 그것이 진정한 복입니다.

"육신을 따르는 자는 육신의 일을, 영을 따르는 자는 영의 일을 생각하나니 육신의 생각은 사망이요 영의 생각은 생명과 평안이니라." (롬 8:5~6)

그러나 실제로는 이것이 쉽지 않습니다. 아브라함처럼 말입니다. 마음으로는 하나님의 법을 생각하지만 육신으로는 죄의 법을 섬기는 곤고한 우리의 존재를 하나님은 아십니다. "오호라 나는 곤고한 사람이로다. 이 사망의 몸에서 누가 나를 건져내랴"와 같은 바울의 고백을 우리도 갖고 하나님께 도움을 구하며 하나님을 향하는 한 마음을 갖는 것이 중요합니다.

07 아브라함의 이삭 시험

1. 하나님의 약속

하나님은 아브라함에게 네 몸에서 날 자가 나의 후사가 될 것이라고 말했습니다. 후손에게 이 땅을 줄 것을 약속했습니다. 그리고 사라에게 아들을 낳게 하여 그에게 복을 줄 것을 약속했습니다. 이것은 아브라함에게 계속 반복하여 주신 말씀입니다. 하나님은 언제나 약속에 근거하여 시행하십니다. 약속을 믿고 따르는 자는 하나님의 복을 받게 됩니다. 하나님은 얼마나 약속을 믿고 따르는지를 보십니다. 하나님의 약속을 따르는 것은 믿음이 있어야 가능합니다. 하나님을 얼마나 믿는가에 따라 결정됩니다.

2. 하나님의 시험

하나님은 약속대로 100세가 된 아브라함에게 아들 이삭을 주셨습니다. 아브라함이 25년을 기다려서 받은 하나님의 약속은 아들 이삭입니다. 그런데 15년 쯤 지난 후에(이삭의 나이가 15~17세 정도라고 보면) 하나님은 아브라함에게 하나밖에 없는 외아들 이삭을 번제로 바치라고 명하십니다. 이것은 하나님이 아브라함에게 내주신 일종의 인생 기말시험과도 같은 것입니다. 이것은 아브라함이 정말 하나님을 사랑하는지 보고자 하는 것입니다. 아들보다 하나님을 더 사랑하는지 그것을 확인하시는 순간입니다.

믿음은 무엇입니까? 오직 하나를 사랑하는 것입니다. 세상도 사랑하고 하나님도 사랑하는 것은 진정한 믿음이 아닙니다. 이삭도 사랑하고 하나님도 사랑하는 것은 하나님을 진정으로 믿는 것이 아닙니다. 그러나 이것은 결코 생각처럼 쉬운 일이 아닙니다.

3. 온전한 순종

아브라함은 하나님의 시험에 온전히 순종하는 모습을 보였습니다. 그것은 아브라함이 하나님의 말씀을 따르는 과정을 보면 알 수 있습니다. 하나님의 명령에 지체하지 않고 따르는 모습은 오늘 우리가 하나님께 어떻게 순종해야 하는지 잘 보여줍니다.

그는 아침에 일찍 일어났습니다. 그것은 멀리 출발하려면 아침이 이동하기 좋은 서늘한 시간이기도 했지만, 그만큼 빠른 순종을 보여주는 것이기도 합니다. 그리고 아이와 함께 살아서 다시 돌아올 것이라는 말을 함으로써 아이가 죽지 않을 것을 믿었습니다. 또 하나님은 그 아이를 대신한 제물인 어린 양을 준비하실 것이라는 믿음이 있었습니다. 그는 하나님의 명령에 의심 없이 순종했습니다.

이렇게 아브라함이 하나님의 말씀에 순종할 수 있었던 이유는 자기에게 가장 소중한 분이 하나님이심을 믿었기 때문입니다. 오직 하나님만을 소망으로 품고 살면 우리는 주님의 말씀에 전적으로 순종할 수 있습니다.

오늘 나는 하나님을 전인격적으로 신뢰하며 하나님이 준비해 주실 것을 믿고 순종하며 말씀을 따르는 삶을 살고 있습니까?

4. 하나님의 축복

아브라함은 이삭을 바치라는 하나님의 명령에 순종했습니다. 이제 아브라함은 하나님께 믿음을 인정받았습니다. "내가 이 같이 행하여 네 아들 네 독자를 아끼지 아니하였은즉" 이라는 말씀에서 하나님의 마음을 읽을 수 있습니다. 하나님은 아브라함에게 큰 복을 주셨습니다. 그것은 "네 씨로 번성하게 하고 네 씨로 인하여 천하 만민이 복을 얻는다" 는 것입니다.

아브라함에게 자손 번성의 복을 주셨습니다. 사람 복이 최고의 복입니다. 사람보다 귀한 것은 없습니다. 아브라함을 통하여 모든 만민이 복을 받는다는 것은 아브라함을 세계의 리더로 삼아 주신다는 것입니다. 다른 사람을 복되게 하는 사람이야말로 최고의 복입니다. 하나님의 복을 나누어 주는 축복의 유통자가 된 것입니다.

물론 이런 복은 거저 주는 것이 아니라 하나님의 말씀에 순종했을 때 주어지는 복입니다. 이것을 통해 우리는 말씀을 순종할 때 얼마나 큰 축복이 주어지는지를 잘 알 수 있습니다.

야곱과 이스라엘 08

1. 야곱과 에서의 출생

야곱과 에서는 쌍둥이입니다. 같은 시간에 태어난 야곱과 에서의 생애는 경쟁으로 시작된 삶이었습니다. 후에 동생 야곱은 형 에서를 이기기 위해서 갖은 수단을 다 사용합니다.

그러나 야곱과 에서는 이미 어머니 뱃속에서 하나님에 의해 큰 자와 작은 자가 결정되었습니다. 동생 야곱은 큰 자가 되고 형에서는 작은 자가 된다는 것입니다. 이것은 행위로 사람의 삶이 결정되는 것이 아니라 하나님에 의해 인생이 결정된다는 것을 보여주는 사건입니다. 우리는 잘 알지 못한다 할지라도 하나님이 우리의 인생을 이끌어 가십니다.

하나님의 선택된 섭리에 따라 우리가 살아갑니다. 내가 인생의 시작이 아니라 하나님이 내 인생의 시작입니다. 이것을 알고 인정할 때 우리는 하나님의 복을 받는 사람이 됩니다.

2. 명분을 얻는 야곱, 버리는 에서

야곱은 형 에서에게 팥죽을 팔아서 장자의 명문을 삽니다. 에서는 장자의 명분을 소홀히 여기면서 음식 한 그릇에 축복을 팔아 버렸습니다. 그러나 야곱은 장자의 명분을 중요하게 여겼습니다. 장자를 통해서 오는 아버지의 축복은 곧 하나님의 축복의 통로였습니다. 물질보다, 음식보다 더 중요한 것이 하나님이 주시는 복입니다. 야곱은 에서보다 하나님의 복을 간구했다는 것이 본받을 점입니다.

그러나 야곱은 이런 복의 사모함이 너무 강하여, 하나님이 주시는 자연스러운 복이 아닌 인간의 노력으로 쟁취하는 것에 야곱의 문제가 있습니다. 사실 이미 하나님은 야곱에게 태어날 때부터 복을 주셨습니다. 그런데 야곱은 그것을 신뢰하지 못하고 자기 힘으로 복을 추구하는 것이 문제입니다. 하나님의 때를 기다리며 하나님이 주시는 복을 받아야 하는데 야곱은 그것을 하지 못했습니다.

3. 축복을 속임수로 얻어내는 야곱

야곱은 어머니 리브가와 함께 아버지를 속여서 축복을 받았습니다. 형 에서로 위장하여 눈먼 아버지로부터 축복을 받아냈습니다. 그 방법은 아주 교활한 것이었습니다. 특히 하나님을 이용하여 축복을 받았습니다. 아버지가 어떻게 이렇게 고기를 빨리 만들었느냐는 질문에 야곱은 "하나님 아버지께서 나로 순적하게 만나게 하셨다"고 말하면서 아버지뿐 아니라 하나님을 거짓말에 이용하는 잘못을 범합니다. 아버지로부터 복을 얻고 싶어 하는 마음은 좋았지만 그 방법은 잘못되었습니다. 언제나 목적과 방법이 정당해야 합니다. 그렇지 못하면 하나님이 기뻐하지 않으십니다.

그런데 한 가지 의문은 방법이 잘못된 야곱에게 하나님은 왜 복을 주도록 허락했는가 하는 점입니다. 이것은 결과적으로 하나님이 잘못된 방법에 동조한 것처럼 보입니다. 그러나 이는 하나님이 야곱의 잘못된 방법에 동의하셨다기보다는 이미 하나님이 정하신 방법대로 하셨다는 것을 의미합니다. 야곱의 행동과 상관없이 하나님이 주도적으로 야곱에게 복을 주신 것으로 이해할 수 있습니다.

문제는 야곱이 하나님께 미리 선택된 것을 믿지 못했다는 것입니다. 책임은 하나님께 있는 것이 아니라 야곱에게 있었습니다.

4. 연단받는 야곱

하나님의 방법을 따르지 않고 인간적인 속임수로 하나님의 복을 얻어낸 야곱은 이제 하나님의 연단을 받아야 했습니다. 아버지로부터 하나님의 복을 받아냈다고 그것으로 곧 복이 되는 것은 아닙니다. 복을 받을 만한 사람으로 성장해야 합니다. 자기 방법을 포기하는 모습이 일어나야 합니다. 목적이 좋으면 방법도 좋아야 합니다. 이제 이런 잘못된 방법을 고치기 위해서 하나님은 야곱을 하란으로 가게 하셨고 거기서 20년 동안 라반을 통해 훈련을 받습니다.

야곱은 에서를 피해 삼촌 집으로 도망가는 신세가 됩니다. 잠시라고 생각했지만 결과적으로 20년의 기간이 걸렸습니다. 하나님이 하시는 일을 인간이 알 수 없습니다.

가는 도중에 베델에서 야곱은 하나님을 만나 하나님의 복을 재확인합니다. 그리고 라반의 두 딸과 결혼하여 20년 동안 열두 아들을 낳습니다. 야곱은 이런 과정을 통해 자기를 죽이는 경험을 하고 하나님의 방법대로 점차 변화됩니다. 야곱의 연단 과정에서 약속을 성취하시는 하나님의 모습을 볼 수 있습니다. 하나님의 선한 그릇으로 만들어 가는 과정이 우리에게도 필요합니다.

하나님께 복을 구한다고 복이 오는 것은 아닙니다. 주시고마 약속했다고 바로 복이 오는 것은 아닙니다. 복을 받을 깨끗한 그릇이 되어야 합니다. 그럴 때 하나님은 복을 주십니다. 그 복이 진정 나의 것이 됩니다.

5. 하나님의 축복을 받음

야곱은 얍복 강 씨름을 통해서 하나님에게 새로운 이름을 부여받습니다. 그것은 이스라엘이라는 이름입니다. 이것은 '하나님의 얼굴을 본 사람' 이라는 의미가 있습니다. 이제 야곱은 하나님의 복을 받는 사람으로 인정을 받았습니다. 하나님과 겨루어 이겼다는 것은 하나님께 인정을 받은 것을 말합니다. 속이는 야곱에서, 하나님의 얼굴을 본 야곱을 바뀌었습니다. 야곱의 정체성이 바뀌는 순간입니다.

최고의 축복은 존재가 변화되는 것입니다. 옛 사람이 새 사람이 되는 것입니다. 사람이 변화되니까 야곱이 20년 동안 가지고 있었던 문제가 아주 쉽게 해결됩니다. 형 에서와 화해가 이루어집니다.

에서와 화해가 이루어지는 과정을 보면 아주 순적하게 이루어집니다. 야곱은 인간적인 방법을 사용하려 했지만 그것이 아닌 하나님의 방법으로 한순간에 해결이 됩니다. 에서가 먼저 달려와서 절름발이 동생 야곱을 껴안습니다. 야곱으로서는 도저히 생각할 수 없는 기적이 일어난 것입니다. 하나님이 하시는 방법은 이렇습니다.

환도뼈가 부러진 절름발이 야곱은, 인간 야곱이 무너지고 나약한 자아가 죽은 모습입니다. 그런 모습이 에서의 노를 풀게 했고 자비의 마음이 생겨서 야곱을 먼저 받아들이게 했습니다. 강한 것이 능력이 아니라 약한 것이 능력입니다. 이것이 하나님의 방법입니다.

09 요셉의 꿈

1. 요셉이 꾼 꿈

요셉은 배다른 이복형들의 시기 속에서 자랐습니다. 그 속에서 요셉은 하나님이 주신 비전으로 새로운 꿈을 얻게 됩니다. 하나님이 두 번에 걸쳐서 요셉에게 주신 꿈은 형들의 곡식단이 요셉의 곡식단에게 절하는 것과 해와 달과 열한 개의 별이 요셉에게 절하는 반복된 꿈입니다.

이것은 똑같은 메시지로, 하나님이 요셉을 크게 사용한다는 것입니다. 모든 사람이 우러러보는 큰 사람으로 만들어 준다는 것입니다. 이전에 야곱에게 주신 큰 자가 작은 자를 섬긴다는 것과 같은 종류의 꿈입니다. 아울러 아브라함에게 주신, 천하만민에게 아브라함을 통하여 복을 주신다는 것과도 같은 맥락의 복입니다.

하나님은 우리를 뛰어난 사람이 되게 하십니다. 이것이 우리를 선택하실 때 가졌던 하나님의 꿈입니다. 우리를 선택하신 하나님의 비전입니다. 왕 같은 사람으로, 거룩한 제사장으로 삼는 비전을 우리도 받았습니다. 이것은 모든 그리스도인에게 주신 축복입니다.

물론 어떻게 요셉을 크게 하실지는 아무도 모릅니다.

2. 꿈을 이루는 연단

꿈을 이루기 위해서는 연단이 필수적입니다. 이것은 하나님의 사람들이 공통적으로 거치는 과정입니다.

요셉은 형들의 시기로 구덩이에 빠져 죽음의 위험을 겪습니다. 그러나 하나님의 은혜로 목숨을 구합니다. 애굽의 상인들에게 노예로 팔려 가지만 보디발에게 선택되어 시종의 훈련을 받습니다. 거기에서 인정을 받아 책임자가 됩니다. 요셉은 보디발의 아내의 유혹을 받지만 단호히 거절합니다. 그래서 보디발 아내의 모함으로 감옥에 갇히게 됩니다. 그러나 요셉은 감옥에서도 자기의 일을 충실히 감당함으로 인정을 받아 책임자가 됩니다.

어느 날 요셉은 감옥에 들어온 두 관원장의 꿈을 해석하여 한 사람을 복직시킵니다. 그러나 관원장은 2년이 지나도록 요셉의 은혜를 잊어버립니다. 결국 요셉은 사람에 대한 의지를 포기하고 감옥에서 지냅니다. 이런 과정을 거쳐 요셉은 하나님만을 의지하는 사람으로 점차 성장합니다. 본인이 알지 못하는 가운데 하나님은 요셉을 꿈을 이루는 사람으로 만들어 갑니다. 그리스도인은 하나님이 주시는 연단의 과정을 잘 이기고 하나님을 신뢰하는 것이 필요합니다.

3. 요셉에게 주신 축복

요셉은 갑자기 바로의 부름을 받습니다. 이것은 하나님이 이전에 옥에서 꿈을 해석해 준 관원장을 사용하심으로 이루어집니다. 하나님은 바로에게 꿈을 꾸게 하시고 관원장을 통해 요셉을 기억나게 하시면서 요셉을 왕궁으로 불러들입니다. 요셉은 바로의 꿈을 해석합니다. 그리고 생각지 않게 애굽의 총리가 됩니다.

꿈을 해석했다고 해서 애굽의 총리가 되는 것이 아닙니다. 이것은 인간의 힘으로 불가능합니다. 결국 하나님이 모든 것을 진행하신 것을 알 수 있습니다. 하나님의 때가 되면 우리를 축복해 주십니다. 우리도 그때까지 인내하고 기다리는 믿음을 가지는 것이 중요합니다.

요셉은 바로의 총리가 되어 형들을 만나게 되고 원수와 같은 형들을 용서합니다. 이것은 그동안 요셉이 자기의 인생 여정이 하나님의 인도하심이었음을 확인했기 때문에 나타난 자연스러운 행동이었습니다. 요셉이 복을 받은 것은 자기의 노력이 아닌 전적인 하나님의 은혜였습니다. 지위도 얻었고 형제의 관계도 회복되었습니다. 모든 것이 하나님이 하신 일이었습니다.

4. 꿈을 이루는 요셉

하나님이 요셉에게 주신 꿈은 형들과 아버지를 섬기는 것입니다. 그것을 위해서 큰 사람이 되는 것이었습니다. 성공한 것은 다른 사람을 섬기기 위함입니다. 요셉은 아브라함부터 내려온 꿈을 이루는 도구였습니다. 야곱에게 주신 하나님의 약속은 큰 민족을 이루는 일이었습니다. 하나님은 이 일을 요셉을 통하여 이루게 했습니다.

결국 70명의 야곱의 식구들이 애굽으로 이주하였습니다. 그리고 요셉이 그들을 보살피게 되었습니다. 야곱의 가족들이 기근이 들어서 살 수 없었던 것은 결국 요셉에게 주신 하나님의 꿈을 이루는 과정이었습니다. 처음에 요셉이 받았던 꿈대로 부모와 형들이 모두 요셉에게 신세를 지는 상황이 되었습니다. 아마 요셉은 자기가 애굽의 총리가 되어 꿈을 이루는 사람이 될 줄 몰랐을 것입니다. 하나님을 신뢰하고 나가면 하나님은 우리가 생각한 것보다 더 큰 복을 허락하십니다.

5. 진정한 성공자 요셉

요셉의 마지막 모습은 섬기는 자입니다. 요셉은 이스라엘 민족을 번성하게 하는 데 기여했습니다. 에브라임과 므낫세의 아들과 형들의 자녀를 양육했습니다. 이것은 앞으로 번성할 이스라엘 자손을 양육하는 일이었습니다. 요셉은 자기의 일이 아닌 하나님의 역사를 이루는 것이 꿈이었습니다. 그래서 자기가 죽고 난 후에 가나안 땅에 이를 때 자기의 유골을 가지고 가라고 말합니다. 죽으면서도 요셉의 꿈은 애굽이 아닌 가나안 땅이었습니다.

요셉에게는 총리보다 하나님의 약속이 더 중요했습니다. 그것을 위해 자기의 성공을 바쳤습니다. 진정한 성공은 하나님을 위한 성공이 되어야 합니다. 하나님의 영광을 위한 성공이 되지 못하면 아무리 대단한 성공도 의미가 없습니다. 그것은 일시적인 것이요, 영원한 성공이 되지 못합니다.

이런 면에서 요셉은 이 땅이 목표가 아닌 영원을 그리면서 산 진정한 성공자였습니다. 하나님의 약속이 계속되는 것을 소원하며 다음 세대를 키우는 일이야말로 우리가 꿈꾸어야 할 모습니다. 우리의 성공이 이 일에 기여한다면 얼마나 좋을까요?

3. 출애굽 시대

(출애굽기 1~19장)

노예 생활 → 출애굽

하나님은 아브라함–이삭–야곱–요셉의 족장들을 이스라엘 백성으로 삼으시고 크게 번성하게 하셨습니다. 요셉을 통하여 애굽에 야곱의 아들들을 이주하게 하시고 그곳에서 한 국가로 성장해 갔습니다. 드디어 이백만 명 이상 되는 큰 민족으로 번성하게 하셨습니다. 이것은 이미 아브라함에게 오래전에 주셨던 하나님의 약속의 성취입니다. 하루아침에 일어난 것이 아닌 오랜 기다림과 믿음을 지킨 사람들에 의해 이루어진 것입니다.

애굽은 잠시 있는 곳이지 하나님이 꿈꾼 땅은 아닙니다. 이제 때가 되어 하나님은 이스라엘 백성을 움직여 약속의 땅으로 인도하시게 됩니다. 이것이 출애굽 시대입니다. 이스라엘 백성으로서 새 출발을 하는 순간입니다.

노예 생활 10

1. 번성하는 이스라엘

야곱의 열두 아들이 애굽에서 번성하여 큰 민족을 이루는 때가 되었습니다. 이제 한 국가로서 역할을 할 수가 있게 되었습니다. 하나님은 이스라엘 사람들에게 번성하는 축복을 주셨습니다.

이것은 아브라함에게 약속하셨던 말씀이 성취되는 순간입니다. 모든 일은 하나님의 약속에 따라 움직입니다. 이스라엘은 하나님의 뜻을 이루는 민족으로 선택받았습니다. 70명이었던 야곱의 식구들은 애굽에서 이제 200만 명이나 되는 거대한 민족으로 번성하게 되었습니다. 한 나라를 이루기에 충분한 민족으로 성장했습니다.

2. 믿음의 사람들

이스라엘 민족의 번성에 위협을 느낀 애굽 사람들이 히브리인 남자 아이를 죽이려 했지만 실패로 돌아갔습니다. 하나님이 하시는 일을 사람이 막을 수 없었습니다. 점차 인구가 많아지자 애굽 왕 바로는 위기를 느껴 히브리인들을 핍박했고 그로 인해 히브리인은 고통

속에 지내게 되었습니다. 그러나 하나님이 은혜를 베풀자 이스라엘 백성은 생육하고 번성하는 일이 점점 더 많아졌습니다. 그리고 심히 강대한 민족으로 자라갔습니다.

위기 때마다 하나님은 하나님의 사람을 통하여 구원하는 일을 진행하십니다. 이때 사용된 사람이 십브라와 부아라는 산파입니다. 하나님을 경외하는 산파를 바로는 이길 수 없었습니다. 산파들은 지혜롭게 히브리인 남자들을 살렸습니다. 하나님을 경외하는 산파에게 하나님은 복을 내려서 그 집을 강성하게 하셨습니다. 애굽 왕은 결국 강제로 백성들에게 명하여 히브리인 남자 아이를 강에 던져 죽게 했습니다.

3. 고난 중에서도 함께하신 하나님

애굽 왕이 이스라엘을 핍박하자 학대받은 백성들은 하나님에게 부르짖고 구원을 요청합니다. 이스라엘 백성을 위한 하나님의 계획은 이미 아브라함에게 주셨던 그 약속의 복입니다. 즉 가나안 땅에 이스라엘 백성을 인도하여 내는 일입니다.

하나님은 이스라엘 백성이 부르짖는 기도 소리를 들으셨습니다. 그리고 애굽 사람들의 학대를 모두 보고 계셨습니다. 그것은 곧 하나님은 이스라엘을 구원하시기 위한 계획을 가지고 있음을 말해 주고 있습니다. 다만 하나님의 때에 이스라엘을 구원하실 것입니다. 그때까지 믿음을 가지고 기다리는 것이 중요합니다. 당장 해결되지 않고 응답이 없다 해도 하나님은 우리를 버리지 않으심을 믿어야 합니다. 하나님은 한 번 선택한 백성을 결코 버리지 않습니다. 이것을 안다면 고난 가운데서도 능히 이길 수 있고 평안을 가질 수 있습니다.

4. 준비된 하나님의 사람

하나님은 스스로 인간을 구원하실 수 있는 능력이 있습니다. 그러나 하나님은 혼자서 모든 일을 하시는 분이 아닙니다. 하나님은 언제나 사람을 통하여 구원하십니다. 그것은 인간을 만드신 하나님이 인간의 대리권을 인정하시고 그것을 끝까지 지키는 신실함에 따른 것입니다. 하나님은 사람을 로봇으로 만드신 분이 아니고 사람을 통하여 세상을 다스리고 구원을 이루시는 분입니다.

이런 면에서 하나님은 이스라엘 백성을 구원하시기 위해 한 사람이 필요했습니다. 그 사람이 바로 모세였습니다. 모세는 이미 남자를 강에 버리라는 애굽 왕의 명령에도 불구하고 기적으로 살아남은 사람입니다. 그는 하수에 버려졌지만 바로의 딸에게 구원을 받아 바로의 궁에서 은밀하게 길러졌습니다.

이렇게 해서 하나님은 한 사람을 준비시켰는데 80년이라는 시간이 걸렸습니다. 어느 날 하나님은 모세를 부르셨습니다. 그리고 백성을 구원하라는 사명을 주십니다.

모세는 하나님의 부름을 거부하고 핑계를 댑니다. 자기의 부족함을 알기 때문입니다. 그러나 하나님의 입장에서 보면 이런 사람이 하나님의 일을 하기에 적합한 사람입니다. 왜냐하면 하나님의 일을 하려는 사람은 하나님만 의지하는 것이 가장 좋은 자질이기 때문입니다. 그런 모세에게 하나님은 자신의 능력을 보여주면서 하나님을 더욱 신뢰하게 하십니다.

언제까지 우리가 준비되어야 합니까? 그것은 하나님 앞에서 자기의 무력함을 느끼고 하나님만 의지하는 그때까지입니다. 하나님은 내가 할 수 있는 일은 시키지 않습니다. 내가 할 수 없는 것을 시키시는 분이십니다. 모세를 준비시키기 위해 80년을 기다렸다는 것은 한 사람이 얼마나 중요한지를 보여주는 대목입니다.

출애굽 11

1. 모세와 이스라엘 백성

모세를 애굽으로 보내시는 하나님은 곧 이스라엘 백성을 구원하시는 하나님이십니다. 하나님은 이스라엘의 신음만 들으시는 것이 아니라 이스라엘과 맺은 언약을 기억하시는 하나님이십니다. 아브라함과 이삭과 야곱과 맺었던 약속을 기억하시고 그것을 지키실 때를 기다리신 하나님이십니다. 하나님이 이스라엘을 구원하시면서 드디어 이스라엘은 하나님의 백성이 되는 것입니다. 이런 구원의 과정을 통해서 하나님이 진정한 신임을 이스라엘에게 알게 하려는 것입니다.

우리가 믿는 하나님은 언약을 지키시고 기억하시는 하나님입니다. 그리고 하나님은 그 약속에 따라 움직이시고 모든 일을 시행하십니다. 출애굽을 통하여 이스라엘과 하나님은 서로 인격적인 관계를 맺게 됩니다. "너희로 내 백성을 삼고 나는 너희 하나님이 되리니." 이런 점에서 출애굽 사건은 이스라엘 백성에게 특별한, 매우 중요한 사건입니다

2. 모세와 아론

모세와 아론은 바로 앞에 나가기 전에 이미 바로의 반응에 대해서 하나님의 예언을 들었습니다. 그것은 모세가 표징과 이적을 많이 행하지만 바로가 마음을 강퍅하게 하여 듣지 않을 것이라는 것입니다. 그리고 이스라엘 백성을 인도하여 낼 때에야 비로소 애굽 사람들이 하나님이 참 신임을 알게 될 것임을 말씀하셨습니다. 이때 모세의 나이가 팔십 세였고 아론의 나이가 팔십삼 세였습니다.

모세와 아론은 바로가 듣지 않으리라는 것을 알고 갔습니다. 점점 더 강퍅해지는 바로를 통해 시험에 들지 않고 오히려 하나님에 대한 믿음을 더 확인하기 위해서입니다. 사람들은 표적과 이적을 통해서 믿으려 하지만 그것 때문에 믿음을 가지는 것이 더 어려울 수 있습니다. 그럴수록 바로가 더 강퍅해지는 과정이 그것을 말해 줍니다.

믿음은 오직 하나님이 주시는 은혜에 의해 가질 수 있습니다. 인간의 힘으로는 안됩니다. 표적을 본다고 꼭 믿음이 생기는 것이 아닙니다. 하나님이 도와주셔야 믿음이 생깁니다.

3. 애굽 신들과의 전쟁

모세가 행한 열 가지 이적은 애굽 술객들도 따라 행했습니다. 피 재앙과 개구리 재앙은 애굽의 술사들도 따라서 행했습니다. 그러나 세 번째 이적인 이 재앙부터는 따라 하지 못했습니다. 그것은 세 번째 재앙이 자연을 통해서 일어난 것이 아니라, 이가 사람과 생축에게 있기 때문이었습니다. 이것은 애굽의 술사들이 행하는 이적은 부분적이며, 자연을 통하여 술수를 부린 속임수임을 의미합니다. 온 땅의

티끌이 이가 되는 일은 쉽지 않습니다. 물이 피가 되게 하고 개구리가 생기게 하는 것은 인간의 속임수로 가능하나 이를 만들어 내는 것은 불가능했습니다.

애굽의 술사들은 자기들이 따라하지 못하자 바로 이것은 술수가 아니라 하나님의 권능으로 일어난 것이라고 말합니다. 그러나 바로는 이것을 거부합니다. 애굽 신들은 자연신입니다. 열 가지 재앙은 모두 애굽의 우상신이었습니다. 열 재앙을 통하여 애굽에서 섬기는 자연신이 패배했음을 보여줍니다. 애굽 사람들이 믿고 있는 신들은 무능함을 보여주는 것이었습니다. 그것을 통해 우리는 만왕의 하나님을 드러내고 하나님만이 참신임을 알 수 있습니다.

4. 열 가지 재앙과 바로

나일 강의 피, 개구리, 이, 파리, 가축의 질병, 독종, 우박, 메뚜기, 어둠, 장자의 죽음 등 열 가지 재앙은 이 땅을 만드신 분, 곧 하나님이 참 신임을 보여주는 사건입니다. 애굽 사람들에게는 재앙이지만 이스라엘 백성에게는 하나님의 살아계심을 보여주는 것이었습니다. 믿음의 사람에게는 구원이지만 믿지 않는 사람에게는 심판입니다. 하나님이 하시는 일은 이중적인 의미가 있습니다.

바로는 마지막에 자신의 아들이 죽음을 당하자 항복을 합니다. 아무리 무서운 재앙이 와도 그것이 자신에게 직접적인 피해가 오지 않으면 사람들은 순응하지 않습니다. 그러나 자신에게 닥치는 재앙인 아들의 죽음은 바로를 더 이상 버티지 못하게 합니다. 이것을 통해 바로가 얼마나 강퍅한 사람의 대표자인지 알 수 있습니다. 강퍅한 사람은 더욱 강퍅합니다. 바로는 하나님이 함께한 모세를 이기지 못하고 결국 이스라엘 백성의 출애굽을 허락합니다.

5. 장자의 죽음과 유월절

열 번째 재앙인 장자의 죽음은 대를 끊는 일로 가장 무서운 재앙입니다. 아홉 가지 재앙은 애굽 사람들에게 내린 것이었지만 열 번째 재앙은 이스라엘과 애굽 사람 모두에게 해당되는 재앙이었습니다. 하나님은 재앙을 내리기 전에 이스라엘 백성에게 이길 수 있는 방법을 미리 알려 주었습니다. 그것은 유월절 어린 양을 잡고 그 피를 집 문설주에 바르는 일입니다.

하나님은 정하신 유월절 밤에 애굽 땅을 두루 다니면서 사람과 짐승의 처음 난 것을 다 치고 애굽의 모든 신들에게 벌을 내리리라고 말합니다. 그러나 피를 바른 집은 그냥 넘어갈 것이라고 말씀하십니다. '유월' 이란 '넘어간다' 는 의미입니다. 문설주에 바른 어린 양의 피를 보고 넘어간다는 것입니다. 하나님은 이 유월절 날을 기념하여 여호와의 절기를 삼고 영원히 지키라고 말합니다.

이스라엘 백성이 장자의 죽음에서 구원받는 것은 어린 양의 피로 인하여 이루어진 일입니다. 인간은 자기 힘으로 구원받을 수 없습니다. 하나님이 하라고 명하신 일을 믿고 순종함으로 구원을 받습니다. 이스라엘 백성으로 선택을 받았다고 해서 그것이 곧 구원을 보장하는 것은 아닙니다. 하나님의 말씀을 듣고 순종할 때, 그 피를 믿고 행동으로 옮길 때 구원을 받습니다. 이것은 이스라엘 백성이라고 해도 하나님의 말씀을 믿지 않고 피를 바르지 않으면 죽음을 면하기 어렵다는 것을 말합니다.

여기서 유월절 어린 양의 피는 예수 그리스도의 피를 예표합니다.

우리가 지금 구원받는 것은 예수께서 유월절의 어린 양으로 오셔서 우리를 위하여 대신 죽으신 십자가의 피를 통해서입니다. 우리가 믿는 십자가의 피를 보고 우리에게 닥칠 재앙인 죽음이 넘어갑니다. 우리가 믿지 않으면 그 피는 나에게 관계가 없습니다. 오늘도 우리가 이렇게 살아가는 것은 피의 공로 때문입니다. 죄로 인하여 영원히 사망에 이르게 될 우리지만 예수님의 피를 믿음으로 우리가 영원한 형벌에서 구원을 받게 되는 것입니다.

앞으로 이스라엘의 역사는 유월절의 의미를 알고 그것에 감사하며 매년 유월절을 지킴으로 구원을 확신하는 것에서 결정됩니다. 만약 이것을 잃어버리면 초심을 버리는 것으로 그 길이 순탄하지 않을 것입니다. 이스라엘 역사는 평생 유월절의 은혜가 임해야 하고 그것을 믿음으로 받아들일 때 하나님은 그들에게 복을 주십니다. 이런 면에서 유월절은 이스라엘의 성공 실패를 좌우하는 핵심신앙입니다.

성경 파노라마 | 구약2

인 | 도 | 자 | 지 | 침 | 서

4. 광야시대

(출애굽기 20~40장, 레위기, 민수기, 신명기)

홍해와 광야길 → 율법과 성막 → 제사와 절기

→ 불평과 방황 → 모세 설교

이스라엘 백성은 하나님의 도움으로 출애굽했지만 약속의 땅에 들어갈 준비가 아직 안 되었습니다. 그곳은 가나안 일곱 족속이 이미 진을 치고 있는 타락한 땅입니다. 바알 신을 섬기는 애굽과 같은 곳입니다. 그냥 들어가면 이스라엘 백성은 한순간에 바알에 미혹당하고 결국은 이방의 백성들처럼 살 수밖에 없었습니다.

하나님이 이스라엘 백성을 선택하시고 준비시켜 약속의 땅 가나안에 가게 하신 것은 하나님의 꿈이 있어서입니다. 그것은 이스라엘을 통하여 모든 나라가 복을 받기 위해서입니다. 오직 하나님만 섬기는 하나님의 백성을 만들기 위해서 약속의 땅을 주셨습니다. 이 땅이 하나님만 섬기는 약속의 땅이 되기 위해서는 이스라엘 백성이 하나님 앞에 바로 서는 훈련이 필요합니다. 세상과 다른 구별된 민족이 되기 위해서는 하나님의 특별한 훈련이 요구됩니다.

광야 생활은 하나님과 친밀한 관계를 가지는 행복한 시간입니다. 비록 육신적인 면은 힘들지만 영적으로는 하나님만 바라보는 깊은 시간이었습니다. 하나님은 이스라엘 백성을 어떻게 훈련하시어 하나님의 백성으로 만드시는지 광야 생활은 잘 보여줍니다.

01 홍해와 광야길

1. 애굽을 떠나는 이스라엘

이제 이스라엘 백성은 애굽에서의 400년 간의 생활을 청산하고 새로운 약속의 땅을 향해 출발합니다. 하나님이 지시한 약속의 땅을 향해 떠나갑니다. 이스라엘 백성이 택한 길이 아닌 하나님이 정한 길을 따라 이스라엘은 광야 여행을 시작합니다.

하나님이 정하신 길은 지름길인 해안도로가 아닌 광야길입니다. 시간적으로도 2주일 정도면 갈 수 있는 길인데 하나님은 40년이 걸리는 광야길을 택하여 이스라엘 백성을 인도하십니다. 그 이유가 무엇입니까?

출애굽기 13:17에 보면 가까운 블레셋 땅으로 가지 않은 이유는 "전쟁을 보면 이 백성들이 다시 애굽으로 돌아갈까 함"이라고 말씀하셨습니다. 그래서 홍해가 있는 광야길로 돌려 백성을 인도하셨습니다. 하나님은 이스라엘 백성의 상태를 너무나 잘 알고 계셨습니다. 그들은 아직 가나안 땅에 들어갈 준비가 되어 있지 않았습니다. 가나안 땅은 그냥 간다고 갈 수 있는 곳이 아닙니다.

우리 인생길은 내가 선택하는 것이 아니라 하나님이 선택하신 길을 따라가는 것입니다. 흔히 내 인생을 내가 산다고 하지만 그렇지 않습니다. 내 인생은 하나님이 정하신 인생길을 가는 것입니다. 그것이 성공의 길입니다. 그것을 벗어나면 실패하게 됩니다.

우리는 바로 눈앞만 보고 인생길을 결정합니다. 그러나 하나님이 정하신 인생길은 멀리 보고 정하신 길입니다. 우리가 돌아갈 것을 이미 알고 다시 돌아가지 않는 길을 정하십니다. 이스라엘이 떠나는 광야의 인생길은 온전히 하나님에게 맡기는 그런 삶입니다. 내가 돌아가고 싶다고 돌아갈 수 있는 것이 아닙니다. 이것은 오늘날의 우리 인생길과 같습니다.

애굽을 떠나는 이스라엘 백성의 모습은 400년 전에 요셉이 말한 내용을 실천하는 것임을 봅니다. 요셉의 해골을 취하여 나오는 행렬은 약속을 붙잡고 가는 모습입니다. 단순한 위기를 벗어나는 출애굽이 아닌 약속을 붙잡고 가는 모습입니다. 아브라함과 이삭과 야곱의 꿈을 요셉의 해골 속에 담아서 떠나는 이스라엘 백성의 모습은 오늘 우리가 명심해야 할 모습입니다.

우리의 인생길은 험난한 광야길이라 할지라도 약속을 붙잡고 가는 삶입니다. 비전과 꿈을 가슴에 품고 달려가는 사람은 행복합니다. 내가 가는 것이 아닌 약속을 붙잡고 가는 것입니다. 이것이 그리스도인의 삶입니다. 현재 내가 붙잡고 있는, 내 안에 있는 하나님의 꿈은 무엇입니까? 그것을 잡고 가는 사람은 행복합니다.

이스라엘 백성의 여정을 보면 자기에게 선택권이 있는 것이 아닙니다. 하나님께 있습니다. 낮에는 구름기둥으로 밤에는 불기둥으로 인도함을 받는다는 것은 하나님의 인도 속에 살아가는 것을 의미합니다. 내가 떠나고 싶다고 가는 것이 아니고 하나님의 구름기둥과 불기둥이 안내를 해야 갈 수 있는 것이 광야길입니다. 광야길은 낮에만 진행하는 것이 아니라 주야로 쉬지 않고 진행하는 길입니다.

우리의 삶이 이와 같습니다. 낮처럼 환한 길이 있습니다. 그러나 뜨거운 태양이 내리쬐는 상황이 생길 수 있습니다. 그러나 구름기둥이 인도하면 시원한 그늘에서 뜨거운 태양을 피할 수 있습니다. 밤과 같은 어두운 상황도 생길 수 있습니다. 그러나 밤에는 불기둥으로 어두운 곳을 비추는 것을 경험할 수 있습니다.

오늘도 우리 인생길에는 구름기둥과 불기둥이 모두 필요합니다.

2. 홍해를 건넘

이스라엘이 떠나는 광야길은 결코 순탄한 길이 아닙니다. 하나님이 인도하시는 인생길은 순탄하지 않습니다. 이스라엘 백성이 첫 번째 맞이한 곳은 홍해입니다. 홍해는 이스라엘에게 중요한 곳입니다. 세상과 하나님을 결정하는 분기점이 되는 곳입니다. 홍해를 건너면 이제 더 이상 돌아갈 수 없는 강을 건너는 것입니다. 그리고 애굽 사람들이 더 이상 좇아올 수 없는 안전한 곳에 이르게 되는 것입니다.

그런데 홍해를 어떻게 건널 것인가? 홍해는 인간의 힘으로 건널 수 없습니다. 바로는 재앙의 심판의 의미를 알지 못하고 마음이 강퍅해집니다. 그리고 이스라엘 백성의 뒤를 좇습니다. 결국 이런 일을 통하여 하나님은 자신의 영광을 드러내고 진정한 하나님이심을 드러내십니다. 바로는 특별 병거 육백 승과 애굽의 모든 병거와 장관을 다 거느리고 이스라엘 뒤를 좇습니다. 이것은 하나님이 바로의 마음을 강퍅하게 하심으로 이루어진 일입니다.(14:4, 8)

이스라엘 백성은 이것을 보자 심히 두려워하며 하나님에게 부르짖고 모세를 원망합니다. "이 광야에서 우리를 죽게 하느냐" 고 하면서 애굽 사람을 섬기는 것이 광야에서 죽는 것보다 낫다고 말합니다. 그러자 모세는 "두려워 말고 하나님이 오늘날 행하시는 구원을 보라"고 말합니다. 그리고 하나님은 홍해를 갈라지게 합니다. 하나님은 동풍을 일으켜 밤새도록 바닷물을 물러가게 하고 바다를 마른 땅으로 만들어 이스라엘 백성을 건너가게 하십니다. 물이 좌우의 벽이 되게 하여 이스라엘 사람에게 침범하지 못하게 하셨습니다. 그러나 애굽 사람들은 물의 벽이 무너져 버려 모두 바닷물에 잠겨 시체가 되었습니다.

이것을 보고 이스라엘 사람들은 하나님을 경외하고 드디어 하나님과 모세를 믿게 되었습니다. 이런 구원 사건을 보고 모세와 이스라엘 자손과 미리암이 화답하며 하나님을 찬양합니다. "너희는 여호와를 찬송하라. 그는 높고 영화로우심이요 말과 그 탄 자를 바다에 던지셨음이로다."

이스라엘이 건짐을 받은 홍해 사건은 이스라엘 역사에서 중요한 구원 체험입니다. 이것은 그리스도인이 세례를 받음으로 죄에서 구원을 받는 사건과도 같은 의미를 지니고 있습니다. 홍해를 건너면서 그들은 이미 죽었다가 다시 살아난 사람들이었습니다. 더 이상 자신을 의지해서는 안 되는 존재들입니다. 이제는 하나님에 대해서 산 사람들입니다.

3. 광야 생활

애굽을 떠나 홍해를 무사히 건넌 이스라엘은 이제 광야를 행진합니다. 마라—엘림—신광야 등으로 광야를 거치고 있습니다. 가도 가도 끝이 없는 광야 생활은 힘든 나날들입니다. 그러나 이스라엘은 이런 과정을 통해 하나님을 의지하는 법을 배웠고 하나님이 이스라엘과 동행하심을 체험하게 되었습니다.

하나님은 이스라엘 백성을 광야로 인도하였고 그들을 책임지십니다. 사실 광야는 이스라엘 백성이 제 힘으로 살아갈 수 있는 곳이 아닙니다. 하나님이 도와주시지 않으면 살 수 없습니다. 그래서 하나님은 때에 따라 이스라엘 백성에게 필요한 것을 공급하셨습니다.

음식은 광야에서 나는 것이 아닌 하늘에서 내리는 만나를 먹게 하셨습니다. 듣지도 보지도 못한 만나는 오직 광야에서만 먹을 수 있는 음식입니다. 또 메추라기를 하늘에서 내려주심으로 고기를 먹게 하셨습니다. 메추라기도 인간의 힘으로는 잡을 수 없습니다. 하나님은 인간이 잡을 수 있도록 그것을 날게 하셨고 인간은 그것을 잡아먹었습니다.

이렇게 하나님이 공급해 주신 음식으로 이스라엘 백성은 무려 40년을 살았습니다. 오늘 우리도 내가 일하고 노력하지만 하나님의 도움으로 살아가고 있는 것입니다. 하나님이 도와주시지 않으면 어느 것 하나 할 수 있는 일이 없습니다.

음료는 반석을 쳐서 생수가 나오게 했습니다. 오직 하나님만이 하실 수 있는 물 공급 방법입니다. 이스라엘 백성은 광야에서 목이 말라 모세를 많이 원망했습니다. 그때마다 모세는 바위에 지팡이를 쳐서 물을 내게 했습니다.

또 아말렉이 이스라엘을 공격하여 힘들게 했습니다. 그때 하나님이 도와주셔서 이들과의 전쟁에서 이기게 했습니다. 이스라엘은 전쟁을 보면 무서워 떠는 사람들입니다. 그때 하나님은 여호수아와 사람들을 택하여 적들과 싸우게 했습니다. 그들이 싸울 때에 산꼭대기에서 모세가 손을 들면 이스라엘이 승리를 하고, 손을 내리면 아말렉이 이겼습니다. 이것은 비록 사람들이 싸우는 것이지만 전쟁을 하시는 분은 하나님이라는 것을 보여주는 사건입니다. 사람이 일을 계획하지만 그것을 이루시는 분은 하나님이십니다. 이스라엘의 승리는 사람이 아닌 하나님에게 있음을 보여줍니다.

이제 이스라엘은 한 국가의 체계를 세워 나가는 중입니다. 마냥 모세에게만 의지해서는 안 됩니다. 모세 혼자서 사람들의 재판을 감당하지 못하자 이드로가 모세에게 조언을 하여 조직을 갖추게 합니다. 이드로는 모세에게 말하여 재덕과 진실함을 겸비한 사람들을 백성들 위에 세워 재판을 하게 했습니다. 그 제도가 천부장, 백부장, 오십부장, 십부장 제도입니다.

우리가 사는 인생은 광야와 같은 삶입니다. 세상은 하나님의 도우심이 없으면 단 하루도 살 수 없는 곳입니다. 누가 행복한 사람입니까? 하나님을 의지하고 그때마다 주시는 기적적인 방법으로 살아가는 사람이 행복합니다. 만나와 메추라기, 반석의 물, 구름기둥과 불기둥 같은 하나님의 기적을 체험하며 사는 세상살이는 즐겁습니다. 당장은 어려울지라도 믿음을 가지고 하나님께 구하면 하나님이 도와주십니다. 우리는 세상을 내 힘이 아닌 하나님의 은혜로 살아가는 법을 터득해야 합니다.

02 율법과 성막

광야를 지나서 이제 시내 산에 이르렀습니다. 하나님은 처음 모세에게 약속했던 바로 그 지점으로 백성들을 이끌고 돌아왔습니다. 하나님은 한 번 하신 약속은 꼭 지키시는 분입니다. 하나님의 말씀에 순종하는 사람에게 하나님은 이런 성취를 보여주십니다.

이제 시내 산에 도착한 이스라엘 백성이 해야 할 일은 하나님을 예배하고 섬기는 일입니다. 이스라엘 백성이 시내 산에 오게 된 것은 우연이 아닙니다. 시내 산은 모세가 이미 하나님께 약속을 받았던 장소입니다. 모세에게 약속하셨던 바로 그 소명의 장소로 이스라엘 백성을 인도하셨습니다.

"하나님이 가라사대 내가 정녕 너와 함께 있으리라. 네가 백성을 애굽에서 인도하여 낸 후에 너희가 이 산에서 하나님을 섬기리니 이것이 너를 보낸 증거니라." (출 3:12)

시내 산은 하나님께 예배하는 곳입니다. 이곳에서 하나님은 이스라엘 백성을 하나님을 섬기는 백성으로 만들기 위해서 출애굽하게 하셨습니다. 그리고 광야 생활을 통하여 참된 예배자를 만들어 가나안 땅에 들어가 이스라엘을 하나님만 섬기는 백성이 되게 하셨습니다.

하나님을 예배하는 사람이 되기 위해서는 예배의 대상인 하나님을 바르게 알아야 합니다. 그리고 인간 스스로 자신이 누구인가를 발견해야 합니다. 그리고 예배하는 구별된 장소가 필요합니다. 그래서 하나님은 시내 산에서 두 가지 중요한 것을 이스라엘 백성에게 내려주셨습니다. 첫 번째가 율법이고, 두 번째가 성막입니다.

1. 율법

율법은 하나님이 누구인가를 알려주고 그것을 통해 우리가 누구인가를 알게 하는 하나님의 계시 방법이며 하나님의 가르침입니다. 율법은 크게 원리에 해당되는 십계명이 있습니다. 이것은 도덕법으로 이스라엘뿐 아니라 모든 사람에게 언제나 유효한 법입니다. 십계명은 성경의 내용을 핵심적으로 요약 정리한 것입니다.

그것에 근거한 세부적인 법으로 상황법이 있습니다. 다양한 상황에 따라 십계명의 원리를 적용한 세부시행 규칙입니다. 이것은 상황에 따라 변하기 때문에 그대로 적용하기보다는 그 원리를 찾아서 적용하는 것이 중요합니다. 상황법에는 광야의 이스라엘 상황에 해당되는 내용도 있습니다. 예를 들면 눈은 눈으로 이는 이로 갚으라는 것은 이동하는 광야 생활과 연관이 있습니다. 이것을 모두에게 그대로 적용하면 문제가 됩니다. 또 부모를 친 자는 반드시 죽이라고 했는데 이것도 그대로 적용하는 것에는 문제가 있습니다.

율법에는 613개의 계명이 있습니다. 결혼과 민법과 경제적인 내용 등 아주 다양한 법들이 소개되어 있습니다. 우리는 이런 법들을 통해서 하나님의 뜻과 생각을 이해하고 그것을 지키는 것이 중요합니다.

법보다도 그 정신과 마음이 중요합니다. 법은 하나님이 인간을 얼마나 사랑하시는지를 보여줍니다. 그리고 법을 통해 우리 자신의 무력함과 죄인된 것을 깨닫게 됩니다.

인간은 많은 법들을 모두 지킬 수는 없습니다. 누구도 이것을 완전하게 지키지는 못합니다. 그런데 왜 하나님은 이런 율법을 우리에게 주셨을까요? 그것은 율법을 통해서 우리가 죄인이며 인간의 힘으로는 하나님의 의에 이르지 못함을 알게 하기 위해서입니다. 하나님 앞에서 모든 사람은 죄인임을 알게 하는 데 율법을 주신 목적이 있습니다. 더 나아가 하나님과 인간을 사랑해야 함을 재확인하는 의미도 들어 있습니다.

하나님의 영이 우리 안에 거하시면 우리는 그 힘으로 말씀을 지킬 수 있습니다. 그러나 내 힘으로는 불가능합니다. 이런 면에서 하나님의 영을 받아야 하고 우리 속에 새 영이 들어와야 합니다. 예수님을 믿음으로 말씀을 이룰 수 있고, 말씀을 지킬 수 있는 길이 열렸습니다. 구약의 율법들을 보면서 이것을 새롭게 깨닫는다면 우리는 하나님과 이웃을 더욱더 사랑하는 사람이 될 수 있습니다. 우리는 율법을 대하면서 우리의 연약함을 더 깨닫게 됩니다.

하나님이 이스라엘 백성에게 율법을 주신 것은 '하나님은 곧 말씀' 이시라는 것을 의미합니다. 이방 신과 다르게 하나님은 언약과 말씀을 통해 우리 속에 임하십니다. 그리고 만남이 이루어집니다. 말씀이 없으면 우리의 기도도 예배도 헛것이 됩니다. 율법이 없다면 자칫 하나님이 아닌 우상에게 예배하는 것이 될 수 있습니다. 이런 면에서 이방 애굽 신들과 하나님은 서로 다릅니다.

2. 성막

하나님은 모세에게 율법을 주시고 성막 건립을 하게 하셨습니다. 성막은 하나님을 위하여 짓습니다. 성막은 하나님이 임재하시는 장소입니다. 세상과 구별된 장소로 정기적으로 이스라엘 백성과 하나님이 만나는 장소가 성막입니다. 그런 이유로 하나님은 성막을 만들게 했고 그것을 위한 자세한 도면까지 알려주었습니다. 아울러 성막에서 행할 제사법과 제사장과 절기 등에 대해서 설명하셨습니다.

성막은 구별된 곳입니다. 그러므로 아무렇게나 성막에 들어갈 수 없습니다.

성막의 중심은 지성소에 있는 언약궤입니다. 그것은 곧 말씀으로 다가오시는 하나님을 의미합니다. 그리고 언약궤를 중심으로 성소와 성막뜰이 배치되어 있습니다.

이스라엘 백성은 성막 안에서 이루어지는 제사를 통하여 자신이 지은 죄를 용서받고 하나님과 화목할 수 있습니다. 하나님은 이스라엘 백성이 율법을 지킬 수 없는 것을 아시고, 죄를 지을 때 해결하는 방법으로 성막을 만들어 제사를 드리게 했음을 알 수 있습니다. 성막은 하나님의 무한한 사랑이 심어져 있는 곳입니다. 죄인된 인간들과 만나기를 원하시는 하나님의 간절한 사랑이 성막 속에 들어있습니다.

성막과 성막에서 행해지는 제사와 절기의 자세한 내용은 출애굽기 후반과 레위기에 잘 나와 있습니다.

03 제사와 절기

1. 제사

제사는 무엇일까?

제사는 하나님께 드리는 예배입니다. 이방 종교에도 제사가 있습니다. 그들의 제사와 다른 점은 하나님에게 드리는 제사는 하나님과 인간의 화목에 목적이 있습니다. 그냥 하나님께 나와서는 화목이 이루어질 수 없습니다. 제물을 가지고 와서 바침으로 그 피를 통하여 용서를 받은 후에 하나님과의 만남이 이루어집니다. 그래서 인간의 죄를 대신하여 희생물인 동물이 죽게 되는 것입니다. 그리고 한 주간을 하나님과 만남을 가지면서 살아갑니다.

이것은 오늘날 우리가 예수님이 흘리신 보혈의 피로 인하여 하나님께 예배드릴 수 있는 것과 같습니다. 그렇게 용서를 받으면 죄에서 자유를 얻고 살아갈 수 있습니다. 제사를 드릴 때는 제물을 태워서 드리는데 하나님은 그때 올려지는 냄새를 받으십니다.

이스라엘이 광야에서 죄를 사하기 위하여 드린 제사는 다섯 가지입니다.

첫째, 번제로 이것은 동물을 태워서 드리는 온전한 제사로 복종을 의미합니다. 번제의 중심은 동물을 죽이고 제단 위에서 태우는 일입니다. 이것은 제사를 통해서 우리의 자신을 바치는 것을 의미합니다. 마음과 성품과 힘을 다하여 네 하나님을 사랑하는 것을 의미한다고 볼 수 있습니다.

둘째, 소제는 고운 가루를 매일 드리는 것으로, 가루 위에 기름을 붓고 유향을 놓아 제사장들에게 가지고 가면 제사장은 고운 기름가루 한 줌과 모든 유향을 취하여 단 위에서 불사르게 됩니다. 하나님께서는 그 향기를 받으십니다. 소제를 드릴 때는 첫 이삭을 드리는데, 첫 이삭을 볶아 찧은 것으로 소제를 삼아 드립니다. 이것은 봉사의 삶을 의미합니다.

셋째, 화목제입니다. 짐승에 있는 기름을 취하여 드리고 나머지는 각자 자기의 몫으로 가지고 교제를 나눕니다. 고기를 먹는 방법에 따라 제사의 모습이 다릅니다. 화목제는 희생 제물을 당일에 먹어야 합니다. 그러나 희생 예물이 자원이나 서원의 예물이면 남은 것은 이튿날에 먹어도 됩니다. 그리고 희생 제물이 삼 일까지 남았다면 그것은 불살라야 합니다. 만약에 삼 일에 희생 제물을 조금이라도 먹으면 그 제사는 열납되지 않습니다. 그리고 먹을 때 고기는 먹지만 피와 기름을 먹지 말라고 말씀하십니다.

화목제에서 짐승의 가슴과 뒷다리는 제사장의 몫입니다. 하나님과 이웃의 화목을 의미합니다.

넷째, 속죄제입니다. 이것은 속죄를 위한 것으로, 제사를 드리는 모든 사람이 아니라 자기 죄를 깨닫는 자만이 앞으로 나옵니다. 이것은 곧 죄를 깨닫는 삶을 말합니다. 죄를 범하고 그 지은 죄를 깨달으면 수송아지를 속죄제로 드립니다. 주로 부지중에 지은 죄가 여기에 해당됩니다.

다섯째, 속건제입니다. 이것은 알면서도 고의적으로 죄를 지은 사람이 드리는 것으로, 그 경중에 따라 대가를 치르는 제사입니다. 이것은 만족하는 삶을 의미합니다.

2. 제사장

백성을 대신하여 제사를 집행하는 제사장은 제사만큼이나 중요합니다. 제사를 드릴 때 제사장이 지켜야 할 법이 있습니다. 예를 들면 번제를 드릴 때 제사장들은 단 위에 불을 두고, 불 위에 나무를 벌여 놓고 동물을 각을 떠서 머리와 기름을 단 위의 불에 있는 나무에 벌여 놓습니다. 내장과 정강이는 물로 씻고 전부를 불살라 제사를 드립니다.

또 제사장의 몸가짐은 일반 백성들과 구별됩니다. 예를 들면 제사장은 죽은 자로 인하여 스스로를 더럽혀서는 안됩니다. 제사장은 머리털을 깎아 대머리같이 하면 안됩니다. 수염 양편을 깎지 말고 살을 베지 말아야 합니다. 하나님의 이름을 욕되게 해서는 안되기 때문입니다. 하나님의 식물을 드리는 자는 거룩해야 하기 때문입니다

기생이나 부정한 여인을 취해서 안됩니다. 물론 이혼당한 여인을 취해서도 안됩니다. 만약 제사장의 딸이 행음하면 그 딸은 아비를 욕되게 했기 때문에 불살라야 합니다. 또 시체를 가까이 하면 안됩니다. 아내를 삼을 때는 처녀를 취해야 합니다.

모든 그리스도인은 세상에서 제사장과 같은 사람입니다. 구별된 모습으로 세상과 하나님을 이어주는 역할을 해야 할 것입니다.

3. 절기

제사는 안식일이나 정해진 절기에 따라 드렸습니다. 안식에 대해서는 매 주일 드리는 안식일과 7년마다 드리는 안식년과 50년째에 드리는 희년이 있습니다. 이스라엘은 시간에 중요성을 부여하고 있습니다. 몸을 구별하여 드리듯이 시간도 거룩한 시간을 정하여 드리고 있습니다.

절기는 안식일처럼 거룩한 날과 거룩한 주간이 있습니다. 안식년은 칠 년째 지키는 것으로 땅은 묵히고 가난한 자들과 들짐승들이 먹을 수 있도록 추수를 하지 말아야 합니다. 그리고 50년째 되는 희년에는 땅이 다시 휴경기를 보냅니다. 그때에는 땅이나 집을 저당잡힌 사람들은 값을 지불하지 않고 자기 소유를 되돌려받았습니다. 빚 때문에 노예로 팔려 온 사람들은 자유를 얻었습니다. 이런 조치를 한 것은 어떤 가족도 영원히 궁핍하지 않게 하고 소수의 부자들의 손에 땅과 재산이 축적되지 못하게 하기 위한 것입니다. 이것은 이스라엘의 뿌리와 같은, 애굽에서 종살이하던 자신들에게 하나님께서 해방을 주신 것을 기억하고 그것을 기념하기 위한 것이었습니다. 자기들의 정체성과 존재를 이런 희년을 통하여 다시 새롭게 하는 의미가 있습니다.

"이스라엘 자손은 나의 품꾼이 됨이라. 그들은 내가 애굽 땅에서 인도하여 낸 나의 품꾼이요 나는 너의 하나님 여호와니라."(레 25:55)

절기는 국가적으로 지키는 것입니다. 큰 가족 행사 후에 고기를 먹을 수 있는 날은 국가적인 절기입니다. 이때는 모든 남자들이 예루살렘으로 올라가 합당한 희생물을 드려야 합니다. 절기는 안식일이 기본입니다. 이것을 기초로 절기가 일 년 동안 구성되어 있습니다.

일곱째 날이 거룩한 날이듯이 일곱째 달인 칠월은 거룩한 달입니다. 특히 대속죄일은 이스라엘 절기 가운데 가장 중요한 날입니다. 7월 10일에 해당되는 대속죄일은 죄나 부정으로 생긴 오염을 씻어 성소를 깨끗하게 하는 날입니다. 나답과 아비후가 장막을 더럽혀 죽음에 이른 것처럼 대속죄일은 이런 재난을 반복하지 않기 위해서 생긴 날입니다.

유월절과 오순절, 나팔절과 속죄일과 초막절은 이스라엘이 지킨 대표적인 절기입니다. 이것은 이스라엘에게 해당되는 절기입니다. 그러나 그 원리는 우리에게도 그대로 적용됩니다. 교회는 이것을 적용하여 유월절에 해당되는 사순절과 부활절, 오순절에 해당되는 성령강림절, 초실절에 해당되는 맥추감사절, 초막절과 장막절에 해당되는 추수감사절을 지키고 있습니다.

매 주일마다 안식일을 지키고 일 년 중의 절기들을 지키면서 하나님의 은혜를 기억하는 것은 의미가 있습니다. 이것을 생활화하여 모든 삶을 하나님을 기억하는 시간으로 삼는다면 신앙생활에 큰 유익이 있을 것입니다. 특히 자녀들과 가정의 교육으로 이보다 더한 지침은 없을 것입니다.

불평과 방황 04

시내 산을 떠난 후의 광야 생활 이야기는 민수기에서 다루고 있습니다. 민수기는 광야 학교의 이야기입니다.

1. 시내 산에서 광야 여행 준비

하나님은 이스라엘 백성을 시내 산에서 하나님의 백성으로 준비시켰습니다. 법과 제사와 여러 가지 구별된 삶의 지침을 주심으로 이방 나라와 다른 민족을 세우기를 원하셨습니다. 이것은 앞으로 들어갈 가나안 땅과 긴밀히 연관되어 있습니다. 그들과 혼합하지 않고 하나님의 백성으로서 살아가려면 이런 훈련과 준비가 필요합니다. 그렇지 않으면 언제 어떻게 그들과 혼합될지 모릅니다. 하나님을 믿는 사람의 성공은 물질적으로 부유하고 명예와 권세를 얻는 것이 아니라 세상과 혼합되지 않고 거룩한 삶을 사는 것입니다.

이제 이스라엘 백성은 시내 산 학교를 졸업하고 광야를 통과해야 합니다. 이때 인구가 603,550명입니다. 물론 남자의 숫자로 센 가족의 수라고 보면 되겠습니다. 전체 인구로 보면 약 200만 명 정도 되지 않나 생각됩니다. 이제 이스라엘 백성이 광야 여행을 시작하는데, 그 모습은 구름기둥이 인도하는 삶입니다. 구름이 성막에서 떠오르면 이스라엘 자손은 진행했습니다. 그리고 구름이 머무는 곳에는 진을 쳤습니다. 이것은 모두가 하나님의 명령에 따라 이동했음을 의미합니다. 광야 생활은 이스라엘 백성들이 혼자 사는 것이 아닌 하나님의 인도하심을 따라 사는 생활임을 보여줍니다. 하나님이 안 도와주시면 앞으로 한 발자국도 나갈 수 없습니다.

오늘 우리 그리스도인의 삶도 이와 같습니다. 세상에서의 삶은 마치 이스라엘 백성의 광야를 행진하는 삶의 방식과 같습니다. 하나님이 하루를 시작하시지 않으면 우리는 세상에 나갈 수 없습니다. 이것을 고백하고 산다면 얼마나 좋을까요?

이스라엘 백성의 광야 행진은 나팔을 통하여 이루어집니다. 나팔 규정을 두어서 나팔소리에 따라 움직입니다. 예를 들면 두 나팔을 불 때는 온 회중이 회막문 앞에 모이고, 하나만 불면 이스라엘 천부장들이 모입니다. 대적자들이 나타나 그들을 치러 나갈 때도 나팔을 부는데 그것은 하나님이 구원해 주신다는 것을 의미합니다. 나팔은 일종의 하나님의 신호입니다. 하나님의 신호와 사인이 있을 때 우리는 나아가야 합니다. 우리 마음대로 나서면 안됩니다.

나는 얼마나 하나님의 신호를 기다리고 그것에 순종하고 있습니까?

민수기 10:10은 시내 산에서 출발하기 전의 이야기입니다. 민수기 10:11부터는 시내 산과 광야의 분기점이 되는 구절로 성경의 맥을 이해하는 데 중요합니다.

2. 광야에서 불평

거룩한 생활로 훈련받은 이스라엘 백성이지만 그들 마음속에 있는 죄악은 하나님을 거부하게 만듭니다. 이스라엘 백성은 그동안 하나님이 베풀어 주셨던 은혜를 잊어버리고 하나님께 불평을 계속합니다. 그들 마음속에 탐욕이 있어서입니다. 그중 하나는 음식에 대한 불평입니다. 먹을 것이 만나밖에 없다고 불평합니다. 고기를 그리워하고 애굽으로 되돌아갔으면 합니다. 그러자 하나님은 그들의 요구대로 고기를 줍니다. 메추라기를 보내주셔서 일 개월 간 먹게 하는데, 코에 냄새가 넘쳐나서 싫어하기까지 내려주십니다.

또 불평과 불만은 모세를 향해서 일어납니다. 아론과 미리암은 모세가 구스 여자를 취했다고 비방합니다. 아론과 미리암은 모세의 형제들입니다. 그러자 하나님이 진노하시어 미리암에게는 문둥병을 내리십니다.

그러나 이것은 지도자 모세를 불신하며 비방하는 일이 일어나는 시작점입니다. 이것은 하나님을 거역하는 간접적인 행동입니다. 모세를 비방하는 것은 하나님을 비방하는 것입니다. 하나님이 지도자를 잘못 세웠다고 불평하는 것과 같습니다. 이것은 마치 아담이 하와 같은 아내를 주어서 자기를 범죄하게 만들었다고 하나님께 항변하는 것과 같습니다.

인간의 자기 중심의 죄악이 얼마나 큰지 알 수 있습니다.

3. 가데스 바네아 사건

하나님께 대한 이런 백성들의 불평은 광야 생활에서 10회에 걸쳐서 계속 이루어집니다. 그리고 가데스 바네아서 절정을 이룹니다.

모세는 가나안 땅에 정탐꾼 열둘을 보냅니다. 열명의 장탐꾼들은 백성들에게 말합니다.

"우리는 능히 그들을 이길 수 없다. 그들은 우리보다 강하다. 우리가 본 백성들은 거대한 사람들이고 우리가 보아도 우리는 그들에 비하면 메뚜기같이 작다."

결과적으로 도저히 이길 수 없다는 말입니다. 그러면 애굽에서 나온 일이 허사가 되고 맙니다. 그러자 백성들은 그의 말을 듣고 밤새도록 곡하면서 울었습니다. 그리고 모세와 아론을 원망하며 하나님이 우리를 망하게 한다고 불평합니다. 그들은 애굽으로 돌아가자고 합니다. 모세를 버리고 한 장관을 세워 애굽으로 돌아가자고 말합니다.

하나님의 입장에서 보면 기가 막힐 일입니다. 하나님이 그동안 하신 일을 모두 허사로 만드는 악한 일입니다. 그동안 베푸신 하나님의 기적의 은혜는 어디로 갔습니까? 그들은 하나님이 하신 일을 완전히 잊어버렸습니다.

그러나 갈렙과 여호수아는 말합니다.

"그 땅은 심히 아름다운 땅이다. 하나님이 우리를 위하시면 그 땅으로 인도하여 들이실 것이다. 그 땅은 과연 젖과 꿀이 흐르는 땅이다. 하나님을 거역하지 말고 그 땅의 백성을 두려워하지 말자. 그들은 우리의 밥이라. 그들의 보호자는 그들에게서 떠나갔고 하나님은 우리와 함께 하신다. 그러니 두려워하지 말자."

그 말을 들은 사람들은 더욱 분노하여 그들을 돌로 쳐서 죽이려 했습니다. 그러자 하나님이 이스라엘 자손에게 나타나시어 전염병을 내려 그들을 쳐 멸하겠다고 말씀하십니다.

모세가 중재하여 겨우 급한 불을 껐지만 하나님의 진노를 막지 못했습니다. 결국 원망한 이스라엘 백성은 이 광야에서 죽겠고 가나안 땅을 탐지한 날수를 일 년으로 환산하여 사십 년 간 광야 생활을 할 것을 명하십니다. 하나님을 거역한 백성들은 모두 광야에서 죽을 것이라고 말합니다. 그러나 하나님을 믿었던 여호수아와 갈렙은 죽지 않게 했습니다. 하나님의 말씀대로 후에 가나안 땅에 여호수아와 갈렙 두 사람이 들어가게 됩니다.

이스라엘의 이런 거역의 과정을 보면 하나님은 분노하실 만했음을 알 수 있습니다. 지도자 모세까지 자기 마음대로 바꾸고 하나님을 믿는 신실한 사람 여호수아와 갈렙을 돌로 쳐서 죽이려는 마당에 하나님이 나서지 않을 수 없었습니다.

우리는 이것을 통해 인간이 얼마나 악한지를 볼 수 있습니다. 오늘날 우리도 그렇게 많은 하나님의 구원과 은혜를 받았음에도 조금 어려우면 하나님을 믿지 못하고 불신하며 불평할 때가 많습니다. 이스라엘 백성을 보면 우리의 모습을 그대로 재현하는 것 같습니다.

4. 계속되는 불평과 원망

이스라엘의 이러한 불평과 하나님에 대한 도전은 계속됩니다. 마침내 이스라엘 백성의 패역함을 도저히 참지 못하고 화를 낸 모세가 백성들의 올무에 걸려서 넘어집니다. 결국 모세는 이 잘못으로 인하여 가나안에 들어가지 못합니다. 원망과 불평이 얼마나 무서운지를 보여주고 그것이 모든 사람을 파괴시키는 주범임을 알게 하는 사건입니다.

모세가 너무 화가 나서 반석을 향하여 두 번 지팡이를 쳐서 물을 나게 했는데 이것은 하나님의 명령이 아닌 자기 생각이었습니다. 그동안 행했던 자기의 경험이 화를 통하여 자연스럽게 나왔습니다. 하나님은 모세에게 물을 명하여 내게 했지 반석을 사용하게 하지 않았습니다.

우리가 볼 때는 그것이 그렇게 큰 죄인가 하는 생각이 들 수 있지만 이것은 백성이 아닌 지도자의 책임을 물은 것입니다. 하나님의 율법을 정확하게 전하고 가르쳐야 할 책임이 지도자에게 있는데 모세는 그것을 어겼습니다. 허용되지 않는 불로 제사를 드린 아론의 아들이 죽임을 당한 것을 보면 이것은 결코 작은 죄가 아닙니다. 율법에 대한 순종을 지도자 스스로 어긴 것은 책임을 물어 마땅합니다.

놋뱀 사건은 먹을 것에 대한 마지막 불평을 그리고 있습니다. 이번에는 하나님이 재앙으로 심판하지 않고 뱀을 통하여 치명타를 입히게 합니다. 모세가 백성의 구원을 위해서 기도하자, 놋뱀을 만들어 장대에 매달아 보임으로 장대를 본 사람은 뱀에게 물린 것이 낫게 됩합니다. 여기서 쉬지 않고 불평과 원망을 하는 이스라엘 백성을 볼 수 있습니다. 그렇게 큰 재앙과 책망을 받음에도 달라지지 않고 문제만 있으면 또 원망하고 거역하는 이스라엘 백성의 모습은 모든 인간에게 있는 모습입니다. 이것은 오늘날 우리에게도 그대로 나타나는 악한 모습입니다.

마지막에 이스라엘은 모압 여인과 음행을 저지릅니다. 이것은 세상의 유혹에 빠지는 이스라엘의 모습을 그리고 있습니다. 이 죄악은 개인의 범죄가 아닌 국가적인 범죄입니다. 이것은 모세가 시내 산에 올라가 율법을 받는 중에 산 아래에서 사람들이 황금 송아지를 만들어 경배하는 것과 같은 모습입니다. 아직 가나안에 들어가기 전임에도 이런 유혹에 빠지는 것은 인간의 본성이 얼마나 악한지를 말하고 있습니다.

26장에는 두 번째 인구조사의 내용이 나옵니다. 애굽에서 나온 세대는 거의 다 죽었습니다. 이때 인구조사 결과는 첫 인구조사인 603,550명과 거의 같은 601,730명입니다. 40년의 광야 생활은 옛 세대 60만 명이 죽고 다시 새로운 세대 60만 명이 채워지는 기간이었습니다. 이제 가나안에 입성하는 것은 새로운 세대들입니다. 하나님을 거역하는 이전 세대는 모두 광야에서 죽었습니다. 이것은 하나님을 불순종하고 거역하는 사람은 하나님의 약속에 참여하지 못함을 보여주고 있습니다.

05 모세 설교

출애굽기와 레위기에 나오는 법은 율법의 내용이라면, 신명기는 율법에 관한 설교입니다. 율법은 하나님이 모세를 통하여 주셨고, 이스라엘 백성에게 율법을 가르치고 설교한 것도 모세를 통하여 가르치셨습니다.

신명기의 모세 설교 내용은 구약에서 가장 영향력이 있는 것으로 신약에서 가장 많이 인용하고 있는 내용입니다. 신명기는 모세가 행한 설교로 수사적인 표현이 가득합니다. 반복적인 내용이 많이 나오며 율법을 설득하려는 의도를 가지고 있습니다. 과거의 이야기를 들려주어 앞으로의 실수를 방지하는 효과가 있습니다. 일종의 차세대를 향하여 가르치는 양육과정이라고 보면 됩니다.

모세는 선지자의 원형으로 백성에게 율법을 해석해 주고 율법의 요구하는 바를 설명하며 장래에 그들의 순종과 불순종이 어떤 결과를 가져오는지를 제시하고 있습니다. 이것은 후에 선지자들이 행했던 것과 동일한 모습입니다.

1. 과거—첫 번째 설교 내용(신 1~4장)

하나님은 이스라엘 백성을 선택하고 출애굽하여 광야를 구름기둥과 불기둥으로 인도하셨습니다. 그 과정에서 이스라엘이 가장 큰 죄를 범한 것은 가데스 바네아에서 열두 정탐꾼을 보낼 때입니다. 여호수아와 갈렙의 말을 듣기보다는 다른 10명의 정탐꾼의 말을 들음으로 하나님을 거역했습니다. 그 결과 40년 동안 광야에서 유리하게 되고 전 세대는 모두 광야에서 죽게 됩니다.

하나님을 거역하면 이처럼 죽음을 당하게 될 것입니다. 그러므로 자녀들에게 말씀을 가르쳐 준행하도록 하는 것이 중요한 사명입니다. 그렇게 하면 하나님께서 주시는 약속의 땅에서 축복을 받게 될 것입니다. 광야에서 목도한 일을 기억하며 자녀에게 가르치고 마음에 새기는 일이 중요합니다.

2. 현재—두 번째 설교 내용(신 5~28장)

신명기 6:4 이후의 내용은 쉐마라고 하는 부분입니다. 이스라엘이 꼭 들어야 할 중요한 일은 한 분이신 하나님을 사랑하는 일입니다. 하나님을 사랑하되 마음과 성품과 힘을 다하여 사랑하는 일입니다. 그리고 먼저 부모가 이 말씀을 마음에 새기고 자녀에게 가르치고 지키게 하는 일입니다. 즉 자녀교육이야말로 이스라엘을 앞으로 장구하게 하는 축복의 비결입니다.

하나님은 말씀을 통해서 우리에게 임하십니다. 말씀은 하나님의 인격입니다. 우리가 하나님을 만날 수 있는 길은 말씀을 통해서입니다. 말씀을 거역하면 그것은 곧 하나님을 거역하는 것이 됩니다. 말씀 없이 하나님을 믿게 되면 그것은 자기가 만든 우상과 같은 하나님을 믿는 것이 됩니다. 하나님을 믿지만 그것은 하나님을 믿는 것이 아닙니다. 이렇게 되면 내가 임의적으로 정한 하나님을 믿게 되고 결국은 자기를 믿는 결과가 일어날 수 있습니다. 모세가 말씀을 강조하는 것은 바로 이런 이유 때문입니다. 말씀은 자기를 포기하게 만드는 가장 강력한 힘입니다.

3. 미래–세 번째 설교 내용(신 29~34장)

이스라엘 백성이 약속한 땅에서 축복받는 길은 하나님의 말씀을 잘 순종하고 따르는 길입니다. 하나님이 이스라엘 백성을 축복하시는 근거는 오직 하나입니다. 하나님의 말씀을 잘 듣고 명령을 지켜 행하는 일입니다. 그렇게 하면 하나님께서 이스라엘 백성을 세계 모든 민족 위에 뛰어나게 하실 것입니다. 그리고 하나님의 말씀을 잘 순종하면 모든 복이 임하게 될 것입니다. 자손뿐 아니라 물질의 복도 허락하십니다. 어디를 가든지 복을 받게 됩니다.

그러나 하나님의 말씀을 순종하지 않으면 성읍과 모든 생활 속에서 하나님의 저주가 임하게 될 것입니다. 들어가도 저주를 받고 나가도 저주를 받게 될 것입니다. 내가 열심히 산다고 복을 받는 것이 아닙니다. 하나님이 복을 주셔야 합니다. 이런 면에서 하나님의 말씀을 순종하는 것은 축복의 비결입니다.

모세의 뒤를 이어 지도자가 된 여호수아는 이스라엘을 이끌고 가나안에 들어갈 사람입니다. 모세는 여호수아에게 마지막 권면을 합니다. 하나님의 명령대로 사는 것이 일차 원칙입니다. 그렇게 하면 하나님이 백성과 함께하고 하나님이 약속한 것을 주실 것이라고 말합니다. 특히 하나님이 함께하실 것을 강조하면서 두려워하거나 놀라지 말고 담대하게 임무를 수행하라고 말합니다.

모세는 이스라엘 장로들에게 칠 년 끝 해 초막절이 되면 하나님이 택하신 곳에 모여 율법을 낭독하고 이스라엘로 듣게 하라고 말합니다. 이때는 남녀와 어린이와 성 안의 모든 타국인을 모아 그들로 듣고 배우게 하고 하나님의 말씀을 지켜 행하게 할 것을 권면합니다. 특히 하나님의 말씀을 알지 못하는 자녀들에게 듣고 하나님 경외하는 것을 배우게 하라고 말합니다.

여호수아가 해야 할 일은 모세를 이어 하나님의 말씀을 잘 전수하는 일입니다. 자손 대대로 말씀이 잘 전수하도록 하는 일은 하나님의 일을 영원토록 하는 귀한 일입니다.

이런 면에서 우리들의 자녀들에게 말씀을 가르치고 양육하는 일은 매우 중요한 일입니다. 우리가 언약을 계속 이어가는 일에 기여한다면 얼마나 좋을까요?

5. 정복시대

(여호수아)

가나안 입성

이스라엘은 40년의 광야 생활을 마치고 이제 그렇게 바라던 약속의 땅 가나안에 들어가게 됩니다. 정복시대는 모세의 뒤를 이은 여호수아를 통하여 그 땅을 어떻게 정복하는지 잘 그리고 있습니다. 이것은 우리가 세상을 정복하는 모습을 보여주고 있습니다.

세상을 정복하는 것은 혈과 육이 아닌 말씀입니다. 언약의 말씀이신 하나님께 순종하며 가나안 땅을 정복하는 이야기는 아주 드라마틱합니다. 세상 어디서도 듣지 못한 방법으로 이스라엘이 가나안 땅을 정복합니다. 여호수아를 통하여 약속의 땅을 정복하고 나서 땅을 분배하는 과정까지 살펴보면서 오늘날 우리가 세상을 어떻게 정복해야 하는지 지혜를 얻을 수 있을 것입니다. 세상 사람들과 다른 하나님만이 제시한 구별된 방법을 우리가 몸에 익혀야 할 것입니다.

가나안 입성 06

1. 정복

여호수아가 부여받은 사명은 하나님의 말씀을 묵상하면서 이스라엘로 하여금 그것을 떠나지 않게 하는 일입니다. 그렇게 하면 어디로 가든지 형통하게 할 것이고 하나님이 약속한 땅을 주실 것입니다. 하나님은 여호수아에게 마음을 강하게 하고 담대하게 하여 이 사명을 감당할 것을 말씀하십니다. 하나님이 우리와 평생 함께하고 우리를 떠나지 않게 하는 길은 말씀을 붙잡고 살아가는 것입니다. 하나님은 말씀을 사랑하는 사람과 함께하십니다.

가나안 땅에 들어가는 것은 이스라엘 백성의 안락과 즐거움을 위한 것이 아닙니다. 그것은 이스라엘을 세상 백성 중에 뛰어난 백성이 되게 하는 것입니다. 그것은 말씀을 지키는 백성으로 살게 하기 위해서입니다. 그렇게 할 때 열방 중에서 하나님이 높아집니다. 궁극적으로는 모든 민족이 이스라엘로 인하여 복을 받기 위한 것입니다. 이 일에 사용되는 것이 이스라엘의 사명입니다. 이것이 이스라엘을 향한 하나님의 비전입니다. 오늘 그리스도인은 여호수아처럼 칼이나 물질이 아닌 말씀으로 세상을 정복해야 합니다.

여호수아가 가나안을 정복한 중요한 과정은 다음과 같습니다. 중앙을 먼저 공격하여 허리를 자르고, 그 다음에 남부를 그리고 북부를 공격하는 순서로 가나안 정복이 시작됩니다.

1) 여리고 정탐

여호수아는 백성을 무장시켜서 요단 강을 건너기 전에 두 명의 정탐군을 보냈습니다.

그들이 여리고에 들어가서 만난 사람은 라합입니다. 두 정탐군이 도망치다가 우연히 만난 사람이었지만 결국 라합은 하나님이 구원해야 할 사람이었습니다. 결과적으로 한 사람의 영혼을 구원하기 위해 정탐을 하러 들어간 것입니다. 라합은 창기로 신분이 비천하지만 후에 예수님의 족보에 들어가는 위대한 사람입니다. 그는 믿음을 가지고 하나님을 바라고 있었고, 하나님은 그것을 기억하시어 열두 정탐군을 보낸 것입니다. 라합을 구원하기 전까지는 여리고 정복은 보류되어야 합니다. 생각하면 아주 감동적인 이야기입니다.

2) 요단 강 건넘

요단 강을 건너는 이스라엘의 모습은 장관입니다. 이것은 마치 이스라엘이 출애굽하여 홍해를 건너는 일과 같습니다. 제사장의 언약궤를 통하여 물이 갈라지는 것은 모세의 지팡이를 통해 홍해를 가르는 일과 같습니다. 홍해는 이스라엘 전 세대가 경험한 구원 사건이라면, 요단 강은 이스라엘 차세대가 경험하는 기적의 사건입니다. 말씀을 따라가면 승리할 수 있다는 것을 미리 알려 주는 증표와 같습니다. 요단 강을 건너면서 말씀의 위력을 실제적으로 경험했다는 점에서 중요한 사건입니다.

3) 여리고 무너짐

이렇게 요단 강을 건넌 이스라엘은 두 번째 장애물인 여리고 성을 하나님의 도움으로 무너뜨립니다. 인간의 힘으로는 도저히 무너뜨릴 수 없는 강한 성입니다. 그러나 하나님이 함께하심으로 여리고 성을 아주 쉽게 무너뜨립니다. 이스라엘이 한 일은 하나님의 말씀대로 순종한 것밖에 없습니다. 제사장들이 언약궤를 메고 그 백성들이 뒤를 따라 여리고 성을 칠 일 동안 돌았는데, 그 결과 여리고가 무너졌습니다. 인간의 상식으로는 불가능한 일입니다.

이것을 통해 하나님이 하신 일을 드러냈고 말씀의 위력이 얼마나 대단한지를 보여주었습니다. 이전에 모세가 신명기를 통해서 한 설교처럼 하나님의 말씀에 순종하면 복을 받는 것을 이스라엘이 직접 경험한 것입니다. 가나안 땅에서 말씀대로 살면 복을 받는다는 것을 경험한 이스라엘의 마음이 어떠했을까요? 가나안 사람들에게는 간담이 서늘하게 하는 모습이고 이스라엘 사람에게는 감격이 넘치는 순간입니다.

4) 아이 성의 실패와 성공

아이 성은 작은 성으로 여리고 성에 비하면 아무것도 아닙니다. 그래서 그들은 인간적인 생각으로 3,000명만 데리고 가서 정복하려 했지만 결국은 실패하고 말았습니다. 여호수아가 하나님의 명령을 듣지 않고 백성들의 말을 들었다가 실패한 사례입니다. 말씀을 불순종하면 어떤 결과가 임하는지를 보여주고 있습니다.

성공, 실패는 작고 크고가 문제가 아니라 하나님의 말씀에 순종하느냐 안 하느냐가 문제입니다. 우리는 성공과 실패를 작은 것이냐 큰 것이냐를 두고 말하지만 그것은 문제가 아닙니다. 성공, 실패는 하나님의 말씀에 순종하느냐, 안 하느냐에 달려 있습니다. 아무리 작아도 하나님의 말씀에 순종하지 않으면 그것은 실패합니다. 그러나 아무리 큰 일이라도 하나님의 말씀에 순종하면 성공합니다. 결국 나중에 하나님의 말씀에 순종하여 30,000명을 데리고 다시 아이 성을 칩니다. 그리고 하나님의 도움으로 정복합니다.

5) 기브온 전투

여리고 성과 아이 성이 무너지는 것을 보고 가나안 연합군 중에 하나인 기브온이 이스라엘에게 항복합니다. 아무래도 싸움에 승산이 없다고 생각했던 것 같습니다. 여호수아는 기브온과 화친을 맺고 그들을 종으로 삼습니다. 그러자 함께했던 가나안 연합군들이 배신한 기브온을 치러 옵니다. 여호수아가 나서서 그들을 무찌릅니다. 이 싸움에서도 하나님은 이스라엘과 함께하셔서 태양을 하루 동안 공중에 머물게 하여 이스라엘을 승리하게 하십니다. 태양을 움직이시는 하나님을 이스라엘은 직접 경험합니다. 하나님은 말씀에 순종하는 사람을 향해 태양까지도 움직여 도와주십니다.

6) 하솔 전투

하솔 전투는 북쪽 가나안 땅을 정복한 이야기입니다. 남부에서 가나안이 이스라엘에게 패배했다는 이야기를 듣고 북쪽의 동맹군이 하솔을 중심으로 모입니다. 이때 모인 왕들이 31명입니다. 북쪽 왕들이 모두 모였습니다. 그들은 힘을 모아서 메롬 물가에서 이스라엘과 전투를 했지만 하나님을 이길 수 없었습니다. 이스라엘과 싸운 것이 아니라 하나님과 싸우는 것이기에, 그들이 이스라엘을 이긴다는 것은 불가능한 일이었습니다. 그들이 모여서 전쟁을 한 것이 결과적으로 한 번에 패배한 것이 되었습니다. 이스라엘 입장에서는 아주 손쉽게 북쪽을 정복한 것이 되었습니다.

이스라엘이 가나안을 정복한 것은 전적으로 하나님의 도우심에 의한 것입니다. 말씀에 순종한 결과로 나타난 것이었습니다. 이스라엘은 칼과 창으로 가나안을 정복한 것이 아닌 말씀에 순종함으로 승리했습니다. 모세를 통하여 하신 말씀이 그대로 실현되었습니다.

오늘도 우리가 하나님의 말씀대로 순종하면서 살면 하나님이 움직이시고, 하나님이 도와주심으로 놀라운 역사를 일으킵니다. 이스라엘의 가나안 정복을 통해 우리는 말씀에 따라 움직이시는 하나님의 모습을 발견합니다.

2. 분배

가나안 땅을 하나님의 힘으로 정복한 이스라엘은 이제 각 지파에게 그 땅을 분배하는 일이 남았습니다. 땅은 제비를 뽑아 분배했습니다. 그것은 인간의 욕망이 아닌 하나님의 말씀에 순종한다는 의미가 있습니다. 땅을 정복하는 것도 어렵지만 땅을 분배하는 것은 더 어려운 일입니다. 인간적 욕심이 생기면 여기서 이스라엘은 분열할 수 있습니다. 자녀들이 아버지 재산 나누는 과정에서 불화가 생기는 것과 같습니다.

이스라엘은 땅 분배에 모두 순종합니다. 거기에는 하나님의 뜻이 담겨 있습니다. 이것은 이미 야곱이 열두 아들을 축복한 내용과 관련이 있습니다. 그것에 따라 이스라엘 지파가 결정되고 땅이 분배됩니다. 우연으로 이루어지는 것 같지만 약속에 따라 땅의 분배가 이루어집니다.

이때 여호수아와 함께 가나안 정탐을 했던 갈렙이 자기에게 주신다고 약속했던 그 땅을 달라고 말합니다. 40세가 되었을 때 이루어진 일이지만 갈렙은 하나님의 약속을 기억하고 지금까지 묵묵히 여호수아를 도와 여기까지 왔습니다. 비록 85세가 되었지만 하나님이 주신 땅을 정복하겠다는 의지를 보입니다. 하나님이 자기와 함께하시면 능히 가나안 사람들을 쫓아낼 수 있다고 말합니다. 그것은 말씀을 이루는 일이었습니다. 이런 갈렙의 모습은 다른 지파들에게도 동일한 모델이 되었을 것입니다. 이스라엘 지파들이 어떻게 나머지 땅을 정복해야 하는지를 보여주는 대목입니다.

특별히 부지 중에 죄를 범한 사람이 피할 수 있는 여섯 개의 도피성은 하나님의 사랑을 보여주는 내용입니다. 죄를 다룰 때 나타난 외적인 결과보다는 그 중심을 먼저 본다는 점에서 의미가 있습니다. 하나님의 자비로운 모습을 발견하게 합니다. 우리는 중심보다는 외적인 것에 좌우되는 경우가 많습니다.

또 레위 지파에게는 분깃을 주지 않았습니다. 그들은 하나님의 종으로 제사를 담당하는 사람들입니다. 제사장 직무를 하기 위해서는 일상의 일을 할 수 없습니다. 대신 성읍과 들을 주어서 레위 사람을 살게 했습니다. 그 성읍은 각 지파의 중심 지역이 되었습니다.

3. 세겜 언약

여호수아의 고별 설교라고 불리는 세겜 언약은 세겜에서 장로들에게 행한 것입니다. 이것은 앞으로 이스라엘의 운명을 좌우하는 일로서 중요한 부분입니다. 언약을 얼마나 잘 기억하고 얼마나 잘 지키느냐에 따라 이스라엘의 미래가 결정되기 때문입니다.

이것은 모세가 가나안에 들어갈 차세대에게 명한 신명기 설교와도 같은 의미를 가지고 있습니다. 여호수아 역시 모세처럼 차세대를 이끌고 갈 장로들에게 권면합니다. 그 내용은 가나안의 우상을 따르지 말고 오직 하나님만 섬기라는 것입니다. 그리고 여호수아 자신이 그 모델이 되어 모두 따를 것이라고 말합니다. 하나님만 섬기는 것에 이스라엘의 성공 실패가 달려 있다는 말입니다.

그러자 이스라엘 사람들은 그렇게 하겠다고 맹세합니다. 여호수아는 큰 돌을 취하여 세우고 돌을 증인으로 삼아 하나님과 이스라엘이 배반하지 않도록 장치를 마련합니다. 그리고 여호수아는 죽게 됩니다.

이 말씀을 지킨 장로들이 사는 날 동안에는 이스라엘 백성들이 하나님을 섬기게 됩니다.(수 24:31)

6. 사사시대

(사사기)

사사들 → 선지자 사무엘

사사시대는 이스라엘 열두 지파가 가나안 땅을 정복하고 분배하여 살았던 초기의 이야기를 그리고 있습니다. 가나안 땅에서 이스라엘 백성은 과연 하나님의 뜻대로 살았는가?

하나님은 왕을 세우지 않고 사사들을 통하여 친히 정치를 했습니다. 사람에 의지하기보다는 하나님께 의지하는 나라를 원하셨습니다. 그러나 사사시대는 얼마 가지 못해서 타락하며 하나님을 거역하는 삶을 살아갑니다. 사사시대는 실패의 시대를 그리고 있습니다. 이스라엘이 하나님의 언약과 약속을 저버리고 어떻게 이방 나라와 같이 변해 가는지를 보여주고 있습니다. 모세와 여호수아가 그렇게 강조하며 다짐했던 명령이 무용지물이 되며 인간의 악한 생각으로 치닫게 됩니다. 보이지 않는 하나님을 왕으로 섬기기보다는 눈에 보이는 인간을 왕으로 섬기고자 하는 인간의 악함이 드러나는 시대입니다. 하나님을 너무 슬프게 하는 과정이 시간이 가면서 점점 더 강하게 전개됩니다. 사사시대는 가나안에 들어온 이스라엘이 어떻게 무너지는지 잘 보여주고 있습니다.

사사들 07

사사시대는 하나님이 통치하는 시대입니다. 이스라엘은 다른 나라처럼 왕을 두지 않고 하나님이 그때마다 필요한 구원자인 사사를 세워서 통치하는 신정 정치입니다. 이것은 이방 나라와 다른 정치구조였습니다. 그렇게 함으로써 이스라엘의 왕이 사람이 아닌 하나님이심을 보이게 했고, 세상 사람에게 이스라엘은 하나님이 통치하는 나라임을 알리려 했던 것입니다. 이런 사사제도는 하나님의 꿈을 이루는 최선의 선택이었습니다.

1. 죄—징계—회개—구원의 사이클

사사시대는 크게 죄—징계—회개—구원 4개의 사이클로 반복하여 진행됩니다.

가나안에 정착한 이스라엘 백성의 문제점은 크게 두 가지를 들 수 있습니다. 첫째 문제는 가나안 사람들을 모두 쫓아내지 못했다는 점입니다. 남겨진 가나안 사람들이 올무가 되어 결국은 이스라엘을 죄짓게 했습니다. 이것은 하나님의 말씀을 어긴 결과입니다. 가나안 사람을 쫓아내라고 하신 하나님의 말씀을 경솔히 여김으로 인해 결국 그것이 이스라엘을 어렵게 만들었습니다.

두 번째 문제는 가나안의 신인 바알들을 섬겼기 때문입니다. 구원해 주신 하나님을 버리고 가나안의 풍요의 신인 바알을 섬기면서 하나님을 진노하게 했습니다. 그것은 하나님의 약속을 어긴 것입니다. 하나님을 배반하는 일이었습니다.

바알을 섬기면서 하나님을 배반한 이스라엘을 위해 하나님은 징계를 내리셨습니다. 그 방법은 이방으로 하여금 침략하고 노략하게 하신 것입니다. 이스라엘은 그런 고난을 힘들어 하면서 하나님을 찾고 부르짖게 됩니다. 그때 하나님은 그 응답으로 사사들을 보내주셨습니다.

2. 일곱 번에 걸친 반복적인 반역

사사기 3~21장에는 12명의 사사들이 나옵니다. 하나님이 이스라엘을 구원하시기 위해서 보낸 사사들은 옷니엘, 에훗, 삼갈, 드보라, 기드온, 돌라, 야일, 입다, 입산, 엘론, 압돈, 삼손 등입니다.

옷니엘은 갈렙의 동생입니다. 첫 번째 사사로 흠이 없는 가장 훌륭한 사사의 모델입니다. 그가 있는 동안에는 전쟁이 없고 평화로왔습니다. 두 번째 사사는 에훗으로 모압 왕을 죽입니다. 그는 모압 사람 1만 명을 죽이고 항복시킵니다. 세 번째 사사는 드보라입니다. 여자 사사로 동역자 바락을 통하여 가나안의 야빈을 물리칩니다. 드보라는 온 나라에 있는 우상을 없애고 40년 간 평화시대를 엽니다.

네 번째 사사는 기드온입니다. 기드온은 우상 신당을 파괴합니다. 기드온은 양털 표적을 통해 하나님의 승리를 확인합니다. 300명을 데리고 135,000명을 이깁니다. 그러나 나중에 제사장이 달고 다니는 에봇과 금귀고리를 받아들여 백성들로 죄를 범하게 하는 데 기여합니다. 다섯 번째 사사로는 입다를 들 수 있습니다. 입다는 잘못된 서원을 해서 자기 딸을 바치는 불행을 겪습니다.

여섯 번째 사사로는 블레셋과 대항한 삼손을 들 수 있습니다. 나면서부터 나실인으로 구별된 삼손은 사사기에 가장 많은 내용을 담고 있습니다. 힘이 좋아서 혼자서 블레셋 사람 1,000명을 죽이기도 합니다. 그러나 마지막에 블레셋의 기생 들릴라에게 유혹을 당해 두 눈이 뽑혀 감옥에서 노동하는 신세가 됩니다. 그러나 하나님께 회개하고 기도하여 다시 힘을 얻어 다곤 신전과 함께 블레셋 사람들을 무너뜨립니다. 삼손이 죽을 때 죽인 자가 살아 있을 때 죽인 자의 숫자보다 더 많습니다. 마지막에 삼손은 영광을 얻습니다.

삼손의 일대기를 길게 그린 것은 이스라엘의 모습을 연상하게 합니다. 그리고 사사마저도 타락함으로 이스라엘은 점차 패망에 이르게 되는 것을 보여주고 있습니다.

이런 과정이 계속됨에도 이스라엘은 회개하지 않고 하나님을 거역하는 길로 들어섭니다. 점점 더 강퍅해지는 이스라엘의 어두운 상황이 사사기 마지막으로 갈수록 더 많이 나타납니다.

3. 하나님을 거부하는 인간의 타락

하나님은 400년 간 이스라엘의 타락을 보고서도 멸망시키지 않고 사사를 통하여 계속 구원하십니다. 하나님의 자비를 볼 수 있는 대목입니다. 그렇지만 이스라엘은 점점 타락의 속도가 더해지면서 하나님을 떠나게 됩니다. 이들이 어느 정도 타락해 가는지를 볼 수 있는 것이 세 가지 사건입니다.

첫째 / 신앙적 타락(삿 17:6~8)

단 지파 미가가 돈으로 개인 신당을 만들고 개인적으로 제사장을 고용합니다. 종교가 사유화되면서 신앙의 부패가 시작됩니다. 여기에 레위 지파의 제사장들이 동참하면서 종교적 타락과 부패가 더 해집니다. 종교가 물질과 연결되면 그 순간 부패하게 됩니다.

둘째 / 도덕적 타락(삿 19:1~3)

기브아에서 베냐민 지파의 레위인 첩 농락 사건이 일어납니다. 분노한 레위인은 첩을 열두 조각을 내어 12지파에 보내게 됩니다. 지도자의 도덕적 부패를 보여주는 대목입니다. 한 나라의 지도자가 타락하면 나라의 미래는 암울합니다. 지금 이스라엘의 상황이 이와 같습니다. 레위는 당시 이스라엘의 지도자입니다. 그런데 거룩한 제사장의 역할을 못하고 첩을 두는 일이 일어난다는 것은 당시 지도자상이 어느 정도인지를 보여주고 있습니다.

셋째 / 정치적 타락(삿 21:1~25)

이스라엘 지파 간에 전쟁이 일어나 베냐민 지파가 사라질 위기에 처하게 됩니다. 남자들이 죽으면서 베냐민의 지파가 대가 끊기게 되는 위기를 맞이합니다. 겨우 실로 여자를 주어 결혼하게 하면서 베냐민 지파의 명맥이 이어집니다. 열두 지파 중에 한 지파가 사라지면 하나님의 약속이 사라지게 됩니다. 이스라엘의 미래가 결정되는 중대한 위기의 사건이었습니다.

이것은 이스라엘에 왕이 없음으로 생겨난 일이었습니다. 각자 자기 소견대로 행하는 인간의 악함이 만들어낸 결과였습니다. 하나님을 왕으로 삼는 것을 거부하고 자기 스스로 왕이 되려는 인간의 악함을 드러내 줍니다.

결과적으로 사사시대는 하나님은 하나님이 원하시는 나라를 꿈꾸었던 반면, 이스라엘은 그 마음을 읽지 못하고 자기 생각대로 하여 이방 나라와 같은 모습으로 변해 가는 이야기입니다. 즉 사사시대는 이스라엘의 실패한 역사 이야기입니다.

08 선지자 사무엘

1. 소년 사무엘

사사시대가 위기를 맞이하면서 이스라엘은 점점 신앙의 위기에 처하게 됩니다. 당시 엘리는 사사로서 역할을 감당하지 못합니다. 결국 엘리는 자녀들의 악행으로 인하여 충격을 받아 목이 부러져 죽습니다. 그의 뒤를 이은 어린 사무엘은 이전의 사사들과 다르게 충실한 하나님의 사람입니다. 사무엘은 어머니 한나가 기도하여 낳은 아들로 한나가 하나님께 바친 사람이었습니다.

사무엘은 어릴 때부터 세마포 옷을 입고 하나님 앞에서 살았습니다. 사무엘은 자라면서 하나님과 사람들에게 은총을 받았습니다. 하나님이 사무엘과 함께 계시므로 그 말한 것은 하나도 땅에 떨어지지 않았습니다. 그만큼 사무엘은 어릴 때부터 양육을 잘 받은 충실한 하나님의 종이었습니다. 악한 암흑의 시대에 보화같이 태어난, 이스라엘의 위기를 해결하는 준비된 사람입니다.

이렇게 해서 사무엘은 이스라엘의 사사이면서 제사장으로서 지도자 역할을 하게 됩니다.

2. 기도의 사람

사무엘은 기도의 사람이었습니다. 하나님의 말씀을 듣고 순종하며 하나님과 동행하는 사람이었습니다. 백성들의 죄악을 대신하여 기도하는 사무엘은 이스라엘의 버팀목이었습니다. 사무엘은 백성을 위해서 기도하는 것을 쉬지 않았습니다. 그리고 의로운 도를 가르치는 일을 잘 감당했습니다. 사무엘은 말씀과 기도에 전무하는 사도들의 전형이었습니다. 하나님과 좋은 관계를 가지고 산 보기 드문 이스라엘의 지도자였습니다.

이런 사무엘에게 하나님은 능력을 주셨습니다. 그중 하나가 사무엘의 기도로 블레셋 군대를 물리친 사건입니다. 하나님이 사무엘의 기도를 들어주심으로 이스라엘을 공격하던 블레셋이 패하게 됩니다. 하나님은 큰 우레를 사용하여 블레셋을 패하게 하셨습니다.

3. 왕을 요구하는 백성들

사무엘은 이스라엘을 순회하면서 하나님의 말씀을 가르친 순회 전도자였습니다. 당시 모든 이스라엘이 사무엘의 지도를 받았습니다. 사무엘은 백성들로 하여금 이방을 의지하기보다는 하나님을 의지하게 만드는 역할을 감당했습니다. 그러나 사무엘이 늙자 그의 아들들을 사사로 삼았지만 부정한 일을 저질러 백성들의 신뢰를 잃었습니다. 이것은 결과적으로 백성들이 왕을 구하는 빌미가 되었습니다.

하나님이 생각한 이스라엘 통치 방식은 어려움이 있을 때 하나님이 사사를 통해 구원의 일을 하시는 그런 나라입니다. 그것은 하나님이 통치하는 나라로 이방인들의 나라와 구별된 나라입니다. 모든 나라는 왕이 있어야 유지됩니다. 지도자가 없으면 불안해 합니다. 그들은 왕이 없이 나라를 유지하는 것을 상상도 못합니다. 그러나 하나님은 왕이 없어도 통치가 가능한 그런 나라를 바라셨습니다. 왕이 없다는 것은 결과적으로 하나님이 왕이 된다는 것을 보여주는 것입니다.

그러나 그것을 이루는 것은 불가능했습니다. 인간이 악했기 때문입니다. 인간은 하나님을 전폭적으로 신뢰하지 못했습니다. 인간은 하나님에게 왕을 요구했습니다. 이것은 이방인들의 방식입니다. 진정한 왕은 하나님밖에 없습니다. 모든 왕은 하나님이 세운 왕입니다. 인간이 왕이 되면 하나님을 대신할 가능성이 있습니다. 심지어 그 힘으로 하나님을 대항하기도 합니다.

결국 하나님은 인간들의 요구를 들어주시고 왕을 허락합니다. 백성들은 자신을 대신하여 싸워 줄 왕이 필요했습니다. 사실 그동안 하나님이 대신하여 싸워 주었지만 백성들은 그것을 알지 못했습니다.

4. 사무엘의 사명

왕을 요구하는 백성들에게 사무엘은 그것이 얼마나 큰 죄인지 말합니다. 백성들이 세운 왕이 하나님을 따르면 좋지만 그렇지 않으면 하나님이 징계할 것을 엄하게 말씀하십니다. 그리고 이것이 진실임을 알리는 징표로 사무엘이 기도하자 우레와 비가 내리는 기적이 일어납니다. 이것은 왕을 구한 일이 하나님 앞에 크게 잘못한 일임을 보여주는 사건입니다. 그 일로 백성들은 하나님과 사무엘을 크게 두려워합니다.

사무엘은 이스라엘 왕을 세우는 일을 합니다. 기름을 붓고 지도자를 세우는 역할을 합니다. 그 첫 번째 왕이 사울입니다. 그러나 사울 왕은 하나님의 뜻을 저버리고 불순종함으로 왕의 자격이 상실됩니다. 그리고 그 뒤를 이어 두 번째 왕으로 다윗을 기름 부어 세웁니다. 이렇게 해서 사무엘은 자기의 사명을 다하게 됩니다. 이제 이스라엘은 왕정시대로 접어들게 됩니다.

성경 파노라마 | 구약3

인 | 도 | 자 | 지 | 침 | 서

7. 통일왕국시대

(사무엘상 · 하, 열왕기상 1~10장)

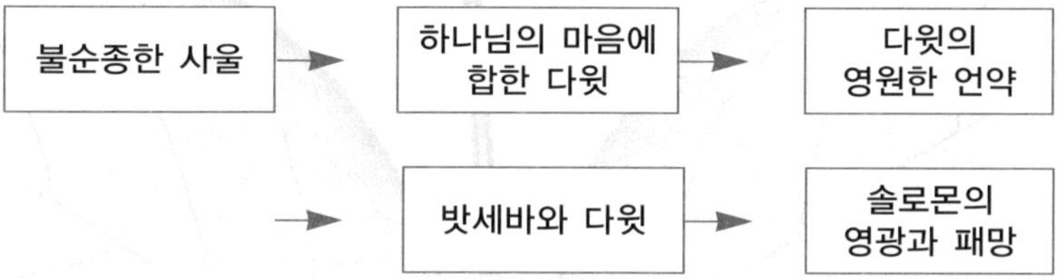

이스라엘 백성이 이방 나라처럼 왕을 달라고 계속 구하자 하나님은 그들의 요구를 들어주십니다. 말로 이해가 안 되면 직접 몸으로 경험해야 합니다. 문제가 있는 제도이지만 하나님은 그것을 허락합니다.

통일왕국은 세 명의 왕 즉, 사울—다윗—솔로몬 왕이 통치합니다. 세 명의 왕은 우리들의 영적 모습을 그대로 보여줍니다. 자연인 사울 왕, 믿음의 사람 다윗 왕, 세상과 믿음을 동시에 가진 솔로몬 왕이 소개됩니다. 세 명의 왕은 서로 연결성을 가지고 왕정의 문제점을 그대로 드러내고 있습니다. 그 속에서 하나님은 다윗 왕을 통해 해결책을 제시하면서 친히 역사를 주도하십니다.

통일왕국의 이야기를 통하여 인간의 교만을 다시 살펴보고 어떻게 사는 것을 하나님이 기뻐하시는가를 정리할 수 있습니다.

01 불순종한 사울 왕

1. 초기의 사울 왕

사울 왕은 이스라엘 초대왕입니다. 사울은 이스라엘 백성이 왕을 달라고 한 요구에 따라 주신 왕입니다. 사울 왕은 베냐민 지파의 사람으로 준수하고 키가 큰 사람이었습니다.

그는 외적으로 훌륭했습니다. 백성들의 요구에 합당한 모습이었습니다. 백성들은 인간적인 왕을 요구했습니다. 하나님은 그것에 맞는 왕으로 사울을 주셨습니다. 사울은 초기에 암몬 사람을 물리침으로 사람들에게 인정을 받았습니다. 백성들은 자기들을 위해 싸워 줄 왕을 찾았는데 그것에 잘 부응한 왕이 사울이었습니다. 초기의 사울은 겸손했고 성공적이었습니다.

2. 불순종한 사울 왕

그러나 사울은 얼마 가지 못해 자기의 교만을 드러냈습니다. 몇 가지 사울이 저지른 잘못은 그것을 잘 드러내 주고 있습니다.

블레셋과의 전투에서 사울은 사무엘을 기다리지 못하고 자기가 제사를 지내는 실수를 저지릅니다. 왕의 자리를 넘어선 악한 사울을 봅니다. 모든 것을 자기 힘으로 하고자 하는 인간의 욕망이 드러난 것입니다.

그리고 아말렉과의 전투에서는 하나님의 명령을 어깁니다. 왕의 가장 큰 임무는 하나님의 말씀을 듣는 일입니다. 그러나 사울 왕은 하나님의 말씀을 어기고 자기가 원하는 일을 합니다. 아말렉은 애굽에서 이스라엘 백성이 나올 때 괴롭혔던 사람들입니다. 하나님은 그들을 모두 죽이라고 말씀합니다. 그러나 사울은 아각 왕과 소와 양 중에 가장 좋은 것은 남기고 가치 없는 것만 진멸합니다. 그리고 그것을 백성이 한 일이라고 변명합니다. 사무엘의 책망에도 불구하고 사울은 회개하지 않고 여전히 변명하면서 하나님보다 백성을 더 두려워하게 됩니다.

하나님의 말씀을 어긴 것은 왕으로서 자격이 없습니다. 왕의 가장 중요한 사명은 업적이나 일을 잘하는 것이 아니라 하나님의 말씀을 듣고 순종하는 일입니다. 사울은 이것을 착각했고 스스로 왕의 자리에서 물러날 수밖에 없는 죄악을 저질렀습니다.

3. 다윗을 시기하는 사울

사울은 하나님을 저버림으로 하나님으로부터 폐위되었습니다. 하나님은 사울을 대신하여 다윗을 왕으로 세웠습니다. 이것을 안 사울은 다윗을 시기하기 시작했습니다. 하나님의 신이 떠나자 악신이 들어가면서 사울은 점점 욕망과 시기와 악을 행하는 인물로 변해 갑니다. 전쟁에서 승리하고 돌아오는 사울과 다윗을 향해 백성들이 "사울은 천천이요, 다윗은 만만이요" 하는 노래를 듣고 더욱 시기심이 생겨 다윗을 죽이려 합니다.

사울은 미갈과의 결혼을 빌미로 다윗을 블레셋과 싸우게 해서 죽게 하려 하지만, 다윗은 오히려 블레셋을 죽이게 됩니다. 사울은 계속하여 다윗을 죽이려고 하지만, 번번히 실패합니다. 그것은 하나님이 다윗을 도와주었기 때문입니다. 하나님이 함께하는 사람은 이길 수 없습니다. 세상에서 승리의 비결은 인간의 힘과 계략에 있는 것이 아니라 하나님이 동행하는 것에 달려 있습니다.

사울은 엄청난 죄를 저지르는데, 하나님의 제사장을 85명이나 죽입니다. 피신하는 다윗을 도와주었다는 명목으로 무고한 하나님의 제사장들을 잔인하게 죽입니다. 이것은 사울이 얼마나 악한 상황까지 갔는지를 보여줍니다. 사울은 명목상으로는 왕이었지만 실제는 왕이 아니었습니다. 어딘가 쫓기는 불안한 왕이었고 점점 패망에 이르는 비참한 모습이었습니다.

4. 패망하는 사울

사울은 블레셋과 전쟁의 위험이 닥쳐오자 이것을 타개하는 방법으로 이방 접신 무당을 찾아가 도움을 구합니다. 하나님을 의지하고 구하면 해결될 수 있는데 사울은 오히려 끝까지 하나님을 의지하기보다는 사람을 의지하는 어리석음을 보입니다. 죽은 사무엘을 불러내어 도움을 구하려는 사울의 모습은 그가 얼마나 하나님보다 사람을 의지하려는 인물인가를 알 수 있습니다. 자기가 한 일이 얼마나 악한 일인지 전혀 파악하지 못하는 사울의 모습은 하나님을 떠나면 어떻게 되는지를 보여주는 좋은 예가 됩니다.

결국 사울은 길보아 전투에서 블레셋에게 패하여 더 이상 도망하지 못할 상황에 이르자 병사에게 자기를 죽게 해달라고 부탁하고 불행한 인생을 마칩니다. 하나님보다 사람을 더 사랑하고 하나님께 구하기보다는 사람을 더 두려워하며 의지한 결과가 얼마나 비참한지를 잘 보여주고 있습니다. 이것은 또한 이스라엘 백성이 선택한 왕의 제도가 얼마나 악한 것인지를 보여주는 실상입니다. 그리고 왕이 하나님을 의지하지 않으면 나중에 어떤 결과가 되는지 보여주는 것이기도 합니다.

우리는 사울 왕의 이야기를 읽으면서 인간의 악함을 그대로 봅니다. 지금도 하나님보다 사람을 의지하려는 인간의 욕심들을 많이 보게 됩니다. 오늘 우리도 그것에 매여 있기도 합니다. 하나님의 명령을 지키는 것이 인간의 성공과 실패를 좌우하는 것임을 다시 한번 깨닫게 됩니다.

02 하나님의 마음에 합한 다윗 왕

1. 목자 다윗

다윗은 사울의 뒤를 이어 왕이 된 이스라엘의 두 번째 왕입니다. 다윗은 왕으로 부름을 받을 때 사울과는 다른 모습이었습니다. 사울은 백성의 마음에 합한 왕이었지만 다윗은 하나님의 마음에 합한 왕이었습니다. 다윗은 외모보다 중심에서 하나님께 인정을 받았습니다.

사무엘이 이새의 집에서 아들들을 모아 놓고 왕을 선택하는 과정은 이것을 잘 보여줍니다. 여기서 외모로 왕을 선택하는 인간의 모습을 볼 수 있습니다. 사무엘조차도 첫째인 엘리압을 보고 마음이 끌려 이스라엘 왕으로 생각합니다. 그러나 하나님은 사무엘을 책망합니다. 그리고 다윗을 찾아오게 하여 그를 이스라엘 두 번째 왕으로 세웁니다. 다윗은 아버지 이새로부터도 왕이 될 만한 사람으로 인정을 받지 못한 아들이었지만 하나님은 그를 선택하여 왕으로 세웠습니다. 어디서든지 하나님을 바라보고 살아가면 하나님은 그것을 기억하시고 나중에 크게 사용합니다.

이렇게 해서 다윗은 사무엘을 통해 기름 부음을 받았지만 많은 준비가 필요했습니다. 그래서 즉시 왕으로 세움을 받지 않고 왕궁으로 들어가서 왕의 수업을 받습니다. 사울 왕의 시중을 들면서 음악을 통해 사울의 병을 고치는 일을 합니다. 그리고 거인 골리앗을 물리침으로 하나님의 이름을 높입니다.

다윗은 하나님의 이름이 모독당하는 것을 참지 못하는 사람으로, 그만큼 하나님을 위해 산 사람임을 알 수 있습니다. 그러나 사울은 오직 자기 이름에만 관심이 있고 하나님의 이름이 땅에 떨어져도 아무 상관없었습니다. 그것과 비교하면 다윗은 사울과 전혀 다른 사람이었습니다. 이런 다윗에게 하나님은 능력을 주셔서 골리앗을 능히 이기게 하심을 볼 수 있습니다.

2. 왕의 수업을 받는 다윗

다윗은 사울에게 시기를 받으면서 미래의 왕으로서 수업을 받습니다. 사울은 다윗을 훈련시키는 조교와 같은 역할을 합니다. 다윗은 사울에게 계속 쫓기면서 살해의 위협을 당합니다. 그때마다 하나님은 주변 사람을 통하여 다윗을 구해 줍니다. 특히 사울의 딸 미갈과 아들 요나단을 통해서 도움을 받습니다.

다윗은 사울에게 쫓기는 신세가 되어 이리저리 도망합니다. 그러나 하나님이 함께하는 다윗을 사울은 죽일 수가 없었습니다. 생명은 하나님께 속한 것입니다. 하나님이 허락하지 않으면 결코 생명을 빼앗을 수 없습니다.

이런 죽음의 과정과 연단을 통해 다윗은 철저히 하나님만 의지하는 사람으로 만들어져 갑니다. 왕으로서 가장 중요한 자격은 어떤 상황에서도 하나님만 의지하는 것입니다. 그럴 때 하나님의 마음에 합한 왕으로서 임무를 수행할 수 있습니다. 이런 다윗의 고난은 후에 다윗이 왕으로서 임무를 다할 때 큰 도움이 됩니다. 빨리 왕이 되는 것이 중요한 것이 아닙니다. 느려도 어떤 사람이 되는가 더 중요합니다. 그렇지 못하면 사울처럼 될 수 있습니다. 아마 다윗은 사울의 몰락을 보면서 그것을 더욱더 깨달았을 것입니다.

3. 겸손한 다윗

다윗은 이런 연단을 통해서 점차 하나님이 인정하는 겸손한 사람으로 만들어져 갑니다. 당장은 다윗에게 닥치는 연단이 힘들고 어렵지만 후에 하나님의 나라에 귀하게 사용되는 것을 봅니다. 다윗은 이런 과정을 통해 겸손을 배우게 됩니다.

두 번에 걸쳐서 다윗은 사울을 죽일 수 있는 기회가 생깁니다. 그러나 다윗은 그런 기회를 자기를 위해 사용하지 않고 오히려 하나님을 드러내는 기회로 삼습니다. 하나님이 기름 부은 사울을 죽이는 일은 결코 범하지 않습니다. 하나님이 처리하도록 기다리고 그 뜻에 맡깁니다. 이것은 다윗이 얼마나 겸손한지를 보여줍니다.

겸손은 하나님 앞에서 자기를 낮추는 일입니다. 하나님의 말씀에 순종하는 것이 겸손입니다. 교만한 자는 하나님의 말씀을 거역합니다. 그리고 자기가 하고 싶은 일을 합니다. 모든 일을 철저히 하나님에게만 의지한 다윗은 이스라엘 왕으로서 손색이 없는 사람입니다. 결국 다윗은 삼십 세에 왕이 되어 40년 간 나라를 다스립니다.

오늘도 하나님은 아름다운 리더를 찾고 있습니다. 그 리더는 하나님을 의지하는 겸손한 사람입니다. 하나님의 뜻을 이루는 것을 자기의 의를 이루는 것보다 더 소중하게 생각하는 그런 사람입니다. 물론 이런 사람이 하루아침에 되지는 않습니다. 많은 연단과 고생을 통하여 점차 하나님의 사람으로 만들어져 갑니다. 아름다운 리더가 되기 위해서는 하나님이 허락한 그 과정을 잘 이기고 나가는 것이 중요합니다.

03 다윗의 영원한 언약

1. 언약을 사랑하는 다윗

하나님의 역사는 사람이 아닌 언약을 통해 이루어집니다. 아브라함부터 내려온 이스라엘 역사는 언약에 따른 역사였습니다. 언약을 소중하게 여기고 언약에 순종하는 사람을 통해서 하나님은 역사를 진행하십니다. 세상의 역사는 인간의 생각이 아닌 하나님의 약속에 따라 이루어집니다.

이스라엘에게 중요한 것은 하나님의 말씀입니다. 그것을 상징하는 것이 언약궤입니다. 사사시대에 엘리의 아들들은 언약궤를 전쟁터에 가지고 나갔다가 블레셋에 빼앗겼습니다. 그 언약궤가 아직 이스라엘에 돌아오지 못하고 있었지만 사울은 왕이 되었음에도 하나님의 언약궤를 가져올 생각이 없었습니다. 하나님께 관심을 갖지 못하다 보니 자연히 사울은 언약을 무시했습니다. 이스라엘이 하나님의 언약에 따라 통치되는 것을 몰랐습니다.

그러나 다윗은 하나님의 언약을 소중하게 여기는 사람이었습니다. 왕이 되자 가장 먼저 한 일이 하나님의 언약궤를 찾는 일이었습니다. 20년 간 아비나답의 집에 보관되었던 언약궤를 다시 가져오는 일을 성실히 수행합니다. 다윗은 언약궤가 돌아오자 너무나 감격하여 왕의 의관을 벗고 하나님 앞에서 춤을 춥니다. 언약궤를 하나님이라 생각하고 찬양을 하고 경배를 하는 모습입니다. 다윗은 비록 지금은 자신이 이스라엘의 왕이지만 진정한 이스라엘 왕은 하나님이심을 알았습니다. 언약궤가 들어오는 것은 곧 왕이 입성하는 것과 같습니다. 그렇다면 다윗이 나가서 그를 맞이해야 하고, 그를 위하여 춤을 추는 것은 너무나 당연한 일입니다. 그러나 이것을 깨닫는 사람은 다윗 이외에 아무도 없었습니다.

다윗의 부인 미갈은 다윗이 춤을 추는 것을 보고 마음속으로 업신여겼습니다. 어리석은 미갈은 왕이 체통 없이 자기 몸을 드러낸 것에 대해 비난합니다. 그 죄로 미갈은 죽는 날까지 자식을 낳지 못합니다. 우리는 이것을 통해 다윗이 얼마나 하나님의 언약을 사모하는지를 알 수 있습니다. 다윗은 하나님을 제대로 이해한 사람이었습니다.

2. 성전 건축의 소망

다윗은 언약궤를 모셔 두는 장소인 성전을 세울 것을 하나님께 소원합니다. 자기 집에 비해 언약궤를 두는 장소가 초라했기 때문입니다. 하나님은 그런 다윗의 마음을 받으시고 성전 건축을 허락합니다. 그러나 성전을 짓는 일은 아들 솔로몬에게 위임하십니다. 다윗의 마음은 받으시고 실제로 성전을 건축하는 일은 후일로 미룹니다. 이것은 하나님이 다윗에게 성전 건축보다 더 소중한 것을 주기 위함을 알 수 있습니다. 다윗의 그 마음을 받으신 하나님을 느끼게 됩니다. 이것은 성전 건축을 실제 하지는 못했지만 이미 다윗이 성전을 건축한 것과 다름없음을 의미합니다.

3. 영원한 다윗의 언약

성전 건축에 담긴 하나님의 깊은 뜻은 다윗의 언약에 잘 나타나 있습니다. 성전 건축에 대한 하나님의 뜻은 이것입니다. 다윗이 하나님을 위하여 성전을 건축하고자 하는 마음을 전하자 하나님은 기쁘게 받으십니다. 그렇지만 하나님은 사람이 지은 집에 거하는 분이 아님을 말씀하십니다. 그리고 언제 하나님이 집을 지어 달라고 한 적이 있느냐고 하십니다. 그리고 오히려 하나님이 다윗을 위하여 영원한 집을 지어 주겠다고 약속하십니다. 다윗의 집과 나라가 하나님 앞에서 보전되고 영원할 것을 약속하십니다. 하나님은 다윗을 통해 하나님의 나라를 건설하겠다고 약속하십니다.

다윗은 가장 소중한 복을 받습니다. 왕의 자리보다, 성전 건축보다 더 큰 축복을 받게 됩니다. 우리는 이 부분을 다윗의 언약이라고 말합니다. 이것은 다윗의 생애에서 가장 중요한 부분입니다. 다윗을 다윗되게 한 것은 다윗을 위하여 세워 주신 하나님의 언약입니다. 이보다 더 큰 축복은 없습니다. 성경의 맥은 이 다윗의 언약을 통해 이어져 갑니다. 후에 이 언약대로 다윗의 가문에서 예수 그리스도가 태어나십니다.

다윗의 아들 솔로몬이 나중에 잘못을 하여 나라를 분열되게 만드는 죄를 범합니다. 그러나 그를 폐위시키지 않은 이유는 다윗과 맺은 언약 때문입니다. 그것이 솔로몬을 지켜 주었습니다. 행위보다 언약이 선행합니다. 우리가 구원받는 것도 행위가 아닌 언약으로 주어집니다. 그 약속을 붙잡고 갈 때 하나님은 축복해 주십니다.

밧세바와 다윗 04

1. 인간 다윗

영원한 약속을 통해 하나님의 사랑을 많이 받은 다윗이었지만 그도 인간입니다. 완전할 수 없습니다. 하나님의 축복을 받아 다윗은 왕이 되었고 나라가 안정이 되어서 편안한 삶을 누렸습니다. 이제는 다윗이 직접 전쟁을 나가지 않아도 될 정도로 나라가 강해졌습니다.

그러나 이런 평안한 순간이 결국 다윗을 넘어지게 했습니다. 선 줄로 생각하면 넘어질까 조심하라고 했는데, 바로 이것을 두고 한 말입니다.

다윗은 네 가지의 죄를 범했습니다.

1) 게으르고 나태한 죄

지금 전쟁 중임에도 왕은 한가하게 거닐고 있었습니다. 지도자로서 긴장감이 떨어지면 유혹을 받게 됩니다. 나태함을 조심해야 합니다. 너무 편안하면 인간은 죄를 짓게 됩니다. 게으름과 나태함은 하나님께 죄를 짓는 것입니다. 열심히 일하면서 수고하면 죄를 지을 시간이 없습니다. 부유한 사람이 죄를 더 많이 짓는 이유가 이 때문입니다. 먹고 살기 힘든 사람은 죄를 지을 여유가 없습니다.

2) 눈으로 범한 죄

죄는 보는 것으로부터 옵니다. 그래서 보는 것을 잘 해야 합니다. 다윗은 여인이 목욕하는 것을 보았습니다. 보는 것을 통해 죄가 마음 속에 들어와 유혹을 합니다. 보는 것을 선별해야 합니다. 구별하여 보아야 하고 좋은 것만 보아야 합니다. 보지 말아야 할 것은 더 이상 보지 않는 것이 좋습니다.

3) 마음으로 범한 죄

다윗은 아름다운 여인의 목욕 장면을 보는 정도에서 그치지 않고 그 다음 단계로 나아갔습니다. 그 여인이 누구인지 알아보게 합니다. 그 여자가 결혼한 사람임을 알고서도, 더구나 자기 부하의 부인인 줄 알면서도 마음으로 음욕을 품게 됩니다.

죄는 마음에서 시작됩니다. 마음을 잡지 못하고 죄와 타협하면 순식간에 죄가 들어옵니다.

4) 행동으로 범한 죄

다윗은 여자를 불러오게 하고 동침하여 아이를 잉태하게 합니다. 마음으로 결정하면 행동으로 옮기는 것은 쉽습니다. 마음에서 결정한 것을 실행하는 것은 행동입니다. 우리가 행동으로 옮기지 못하는 것은 마음에서 결정이 안 되었기 때문입니다. 일단 마음에 접수가 되면 행동으로 실천하는 것은 쉽습니다. 빠르게 진행됩니다.

그리고 결국은 살인까지 서슴지 않게 행합니다. 다윗은 우리아를 죽이고 밧세바를 자기 아내로 차지합니다. 왕으로서 흔히 할 수 있는 일이지만 그것은 세상의 왕의 모습입니다. 하나님을 섬기는 왕으로서는 합당치 않은 일입니다. 그것은 하나님을 모욕하는 일이고 하나님을 무시했을 때 나타나는 현상입니다. 자기가 강하고, 자기가 왕이라는 생각이 들었을 때 이런 형상이 일어납니다. 이 순간 다윗에게 하나님이 보이지 않았습니다. 누구든지 자기 욕망에 사로잡히면 진실이 안 보이고 하나님이 안중에 없습니다.

이것은 오늘날 우리가 죄를 짓는 과정을 그대로 보여줍니다. 우리도 언제라도 다윗과 같은 죄를 범할 수 있음을 보여주는 사건입니다. 결국 다윗은 순식간에 엄청난 죄를 범하게 됩니다.

한 번 사단이 마음을 잡으면 그 다음은 아주 쉽게 진행이 됩니다. 자기도 모르게 악한 일을 행하게 됩니다. 마음으로 들어오는 것을 조심하고 이것을 잘 방어해야 합니다. 그렇지 않으면 누구라도 다윗과 같은 행동으로 이어질 수 있습니다.

다윗은 자기의 죄로만 끝나지 않고 그 죄에 다른 사람을 동참시킵니다. 마치 하와가 죄를 짓고 아담에게 다가가서 함께 죄를 범하는 것과 같은 현상입니다.

2. 회개하는 다윗

성경은 이런 다윗의 행위가 하나님이 보시기에 악했다고 말합니다. 이것은 이스라엘 왕들이 행했던 악의 모습과 같은 것입니다. 하나님이 보시기에 악했다는 것은 하나님을 무시했다는 것을 말합니다. 하나님을 인식했으면 이런 죄는 짓지 않았을 것입니다.

다윗은 나단 선지자를 통하여 자기의 잘못을 깨닫게 됩니다. 나단 선지자는 비유를 들려주면서 자연스럽게 다윗이 자신의 잘못을 깨단게 합니다. 다윗은 자기의 죄를 회개합니다. "내가 여호와께 죄를 범하였노라." 이런 회개가 결국 다윗을 새롭게 했습니다.

그러나 죄를 회개했지만 그렇다고 그가 지은 죄가 그냥 없어지는 것은 아닙니다. 자기 죄의 대가로 하나님의 징계를 받습니다. 잘못했어도 매가 취소되지 않습니다. 왜 그럴까요? 그것은 다음에 죄를 짓지 않기 위해서입니다. 다윗이 우리아를 죽였기 때문에 그 대가로 다윗의 집은 칼이 떠나지 않게 됩니다. 남의 부인을 가로챘기 때문에 백주에 다윗의 후처들이 욕을 보게 됩니다. 그리고 죄로 인해 낳은 다윗의 아들은 죽게 됩니다.

시편 51편에는 다윗의 회개 내용이 소개되고 있습니다. "우슬초로 나를 정결케하소서. 내가 정하리이다. 나를 씻기소서. 내가 눈보다 희리이다." 시편 51편을 읽어 보면 다윗은 철저히 자신의 죄를 회개한 것을 볼 수 있습니다. 인간은 죄인이기에 늘 죄를 지을 가능성이 있습니다. 중요한 것은 죄를 지을 때마다 회개하고 하나님께 돌아오는 것입니다. 다윗의 죄는 크지만 그가 철저히 회개하고 다시는 그런 죄에 빠지지 않은 것은 우리가 본받아야 할 모습입니다.

3. 다윗의 징계와 회복

다윗은 자신이 지은 죄의 대가를 정확하게 받습니다. 어떻게 보면 잔인할 정도로 철저하게 대가를 받습니다. 다윗은 이런 과정을 통하여 새롭게 거듭나고 성군으로 만들어집니다.

다윗은 아들의 죽음을 맛봅니다. 그리고 자녀들 사이에 근친상간이 일어나는 것을 봅니다. 다윗의 아들 암논이 이복동생 다말과 동침함으로 일어나서는 안될 일이 생겼습니다. 그 일로 인하여 압살롬은 암논이 누이 다말을 욕되게 했으므로 암논을 죽이는 형제 살인 사건이 일어납니다. 다윗은 자신이 행했던 일을 그대로 받으면서 하나님의 징계를 받습니다.

그리고 압살롬의 반역으로 다윗은 왕궁에서 쫓겨나 도피하는 신세가 됩니다. 마지막에는 아들 압살롬이 죽음을 맞는 아픔을 당합니다. 다윗은 다시 왕궁으로 돌아오지만, 모든 것을 다 잃어버린 초라한 모습입니다. 다시 왕으로 복귀하지만 이미 그의 가정은 모두 찢겨졌고 그의 도덕성과 지도력은 무너진 후였습니다. 보통 인간으로 생각하면 다윗은 더 이상 왕의 직무를 수행할 수 없는 신세입니다.

그러나 다윗은 이런 과정을 통해서 모든 것을 잃었지만 오직 한 가지는 얻었습니다. 그것은 하나님입니다. 하나님과 더욱 가까워졌고 오직 하나님만을 사랑하는 사람이 되었습니다. 모든 것을 잃었다 해도 하나님을 얻으면 모든 것을 얻는 것이 됩니다. 그러나 모두를 얻었다 해도 하나님을 잃어버리면 그는 모든 것을 다 잃어버린 것이 됩니다.

이런 면에서 보면 다윗은 행복한 사람입니다. 비록 이리저리 찢긴 상처투성이였지만 이것을 통해 다윗은 더욱 견고해졌고 하나님을 진정으로 사랑하는 사람이 되었습니다. 그가 남긴 시편들은 이런 하나님의 찬양으로 가득 차 있습니다.

다윗이 당한 징계는 결과적으로 다윗을 새롭게 만드는 기회가 되었습니다. 오늘 우리가 당하는 징계와 고난은 우리를 연단하고 정결한 사람으로 거듭나게 하는 축복이 됨을 잊지 말아야 할 것입니다. 그 속에서 하나님을 의지한다면 말입니다.

05 솔로몬의 영광과 패망

1. 왕이 된 솔로몬

다윗의 뒤를 이어 왕이 될 서열로 아도니아가 있었습니다. 제사장 아비아달은 자기 의지대로 아도니아를 왕으로 세워 다윗의 솔로몬 선택에 반기를 들었습니다. 그러나 하나님이 선택한 왕은 솔로몬이었습니다. 다윗은 밧세바를 앞으로 불러 솔로몬이 왕이 될 것을 선언합니다.

솔로몬이 왕이 된 것은 전적인 하나님의 은혜입니다. 인간의 질서로는 왕이 될 수 없었습니다. 하나님이 다윗에게 언약한 그대로 솔로몬이 이스라엘의 세 번째 왕이 됩니다. 제사장 사독과 선지자 나단은 솔로몬에게 기름을 부어 이스라엘 왕으로 삼고 솔로몬 왕 만세를 부릅니다.

다윗은 아들 솔로몬에게 마지막 권면을 합니다. 가장 중요한 일은 하나님의 명을 지켜 그 길로 행하는 일입니다. 그렇게 되면 어디로 가든지 형통하리라고 말합니다. 이것은 이전에 자손 대대로 내려온 하나님의 말씀입니다. 다윗 자신이 철저히 깨달았던 말씀이기도 합니다.

솔로몬이 왕위에 오를 때 나라의 모습은 아주 견고한 상태였습니다. 다윗이 이룬 업적을 그대로 이어받아 솔로몬은 평안한 상태에서 왕권을 인수받습니다. 하나님이 베푸신 특별한 은혜입니다. 백성들은 솔로몬을 이스라엘 다음 왕으로 인정하여 만세를 부르고 왕을 따르게 됩니다.

솔로몬은 왕에 오르자 하나님께 지혜를 구합니다. 하나님은 이것을 좋게 보고 솔로몬에게 지혜와 총명한 마음을 주십니다. 그리고 솔로몬이 구하지 않은 부와 영광까지 솔로몬에게 줍니다. 하나님은 솔로몬에게 열왕 중에 솔로몬과 같은 자가 없을 것이라고 말합니다. 그리고 만약 다윗처럼 하나님의 말씀의 법도를 지키면 장구하게 될 것을 약속합니다.

솔로몬에게 맡겨진 중대한 사명은 다윗에게 허락한 성전을 건축하는 일입니다. 하나님은 솔로몬의 나라를 굳게 하고 영원까지 이르게 하겠다고 약속합니다. 솔로몬은 다윗에게 주신 약속에 따라 성전을 건축합니다. 다윗은 성전 건축을 위해서 모든 준비를 하고 물려줍니다. 그 아들 솔로몬은 성전을 건축하여 하나님의 이름을 높입니다.

약속을 자손대대로 이어가는 아름다운 모습을 봅니다. 위대한 가문은 재산을 물려주기보다는 언약을 물려주고 언약을 계속 이어가는 통로 역할을 합니다.

2. 언약을 체결하고 영광을 얻는 솔로몬

성전을 건축하고 나서 솔로몬은 하나님과 언약을 맺습니다. 하나님은 솔로몬에게 말씀을 잘 지키면 이스라엘 왕위를 영원하게 할 것이지만 계명을 어기고 다른 신을 섬기면 이스라엘을 가나안 땅에서 끊어 버릴 것이라고 경고합니다. 다른 신을 섬기고 숭배하면 하나님은 재앙을 내리신다고 말씀하십니다.

하나님은 성전을 건축한 솔로몬에게 큰 복을 주십니다. 솔로몬의 재산과 지혜를 천하 열왕보다 크게 하십니다. 솔로몬은 인간이 가질 수 있는 부와 권세와 영광과 지혜를 모두 얻는 인물이 됩니다. 솔로몬이 통치하던 때는 나라가 평화롭게 되어 전쟁이 없었습니다. 솔로몬은 모든 면에서 엄청난 축복을 받습니다.

이 세상 어느 왕도 솔로몬과 같은 영광을 누린 왕은 없습니다. 솔로몬은 인간이 누릴 수 있는 영광을 모두 누려 본 유일한 사람입니다. 이것은 전적으로 하나님이 은혜로 주신 것들입니다. 하나님을 믿는 사람에게 얼마나 축복해 주실 수 있는지를 보여주는 좋은 사례입니다. 우리가 아무리 부귀와 영광을 얻어도 솔로몬처럼 모든 것을 갖기는 어렵습니다. 솔로몬이 누린 부와 권세와 지혜와 인기와 평안함은 세상에서 누릴 수 있는 최고의 복입니다. 이것은 말씀대로 사는 사람에게 주시는 하나님의 축복을 실제적으로 보여주는 사건입니다.

3. 죄를 범하는 솔로몬

솔로몬은 엄청난 영광과 부와 인기를 누렸지만 얼마 가지 못해 타락하게 됩니다. 초심을 잃어버리고 눈에 보이는 물질과 이방 여자에게 사로잡혀 하나님과의 약속을 어기게 됩니다. 솔로몬은 바로의 딸을 비롯해 많은 여인을 사랑하게 됩니다. 그 수를 보면 후비가 칠백 명이요 빈장이 삼백 인으로 도합 천 명의 부인을 갖게 됩니다.

문제는 이방의 왕비들이 솔로몬의 마음을 하나님에게서 사람에게로 돌리게 한 것입니다. 심지어 다른 신을 섬기게 함으로 하나님 앞에 죄를 짓게 됩니다. 이것은 그렇게 하나님이 강조했던 부분임에도 솔로몬은 하나님을 잃어버렸습니다. 이방 우상을 섬기게 되었고 재물과 말을 많이 가짐으로 자만해졌습니다.

사람은 부가 많아지고 권력이 생기고 인기가 높아지면 누구든지 교만하게 됩니다. 하나님보다는 세상을 더 좋아하게 됩니다. 잠시 있다 사라질 것임에도 사람들은 그것에 매력을 느껴 유혹에 빠집니다. 솔로몬이 바로 그런 사람이었습니다.

특히 솔로몬이 타락하게 된 가장 큰 요인은 여자입니다. 왕비들이 솔로몬의 마음을 사로잡아 하나님에게서 멀어지게 했습니다. 그렇게 지혜가 많았던 솔로몬은 점차 어리석음에 사로잡히는 신세가 되었습니다. 하나님은 이미 왕이 해서는 안 되는 일을 말씀하셨습니다. 신명기에 의하면 아내나 말을 많이 두는 것은 왕으로서 자격 미달입니다. 그러나 솔로몬은 말씀을 어기고 가질 수 있는 만큼 부와 여자를 가졌습니다.

4. 하나님의 징계

죄를 범한 솔로몬에게 내려진 하나님의 징계는 다윗보다 더 무서웠습니다. 다윗은 개인적인 징계를 받았지만 솔로몬은 국가적인 징계를 받았다는 점에서 더 심각합니다. 한 나라가 붕괴되는 결과를 가져왔습니다. 한 지도자의 잘못이 얼마나 큰 영향을 미치는지 잘 보여줍니다. 나라가 분열이 되면서 결국 바벨론의 포로가 되는 불행을 가져왔습니다.

그 시작은 바로 솔로몬의 죄악에서 비롯되었습니다. 솔로몬이 하나님을 떠나자 하나님은 두 번이나 그에게 나타나서 다른 신을 좇지 말라고 경고했지만 솔로몬은 듣지 않았습니다. 교만하면 다른 사람의 말이 들리지 않습니다. 오직 자기 생각만 옳습니다. 이때는 하나님의 음성을 전해도 듣지 못합니다. 이런 강퍅함은 하나님의 징계를 앞당기는 결과가 됩니다. 결국 솔로몬은 후반에 불행한 역사로 마무리합니다. 솔로몬은 처음은 좋았지만 나중에는 비참하게 마무리합니다.

사울도 처음에는 좋았지만 나중에 실패합니다. 마지막이 중요합니다. 처음에 아무리 잘 해도 마지막에 하나님을 떠나면 안됩니다. 그래서 믿음을 끝까지 지키는 것이 어렵습니다.

그러나 솔로몬이 그렇게 엄청난 죄를 지었지만 하나님은 그를 버리지 않으시고 왕을 유지시킵니다. 그것은 이전에 맺었던 다윗과의 언약 때문입니다. 솔로몬은 아버지 다윗의 덕을 보게 됩니다.

물질은 위험합니다. 물질이 너무 많으면 그 물질은 하나님을 대항하는 맘몬, 즉 사단이 될 수 있습니다. 하나님과 물질을 겸하여 섬길 수 없습니다.

5. 솔로몬의 저작들

솔로몬은 지혜를 담은 시가서를 남깁니다. 비록 자신의 인생은 잘못 살았다 해도 다음 세대는 바르게 살아야 합니다. 직접 타락과 악을 경험해 본 솔로몬의 메시지는 가슴에 와 닿습니다.

모든 경험은 솔로몬 한 사람으로 족합니다. 굳이 시간을 낭비하여 물질의 복을 추구할 필요가 없습니다. 권력도 마찬가지입니다. 솔로몬 하나로 충분합니다. 솔로몬의 교훈을 잘 받아들여 우리에게 적용하는 것이 필요합니다. 만약 이런 솔로몬의 교훈과 지혜를 십대에 깨닫고 자기의 삶에 적용한다면 위대한 영적 거인이 태어날 것입니다.

솔로몬이 남긴 저작들은 아가서, 잠언, 전도서 등입니다. 솔로몬은 비록 자신의 생애는 후반부에 실패했지만 이런 저작들을 통해 후대에 메시지를 전하고 있는 점을 볼 때, 솔로몬은 성공한 실패자라고 볼 수 있습니다.

1) 아가서

솔로몬은 하나님에 대한 사랑을 노래로 표현했습니다. 하나님을 찬양하는 내용을 술람미 여인의 비유를 통하여 그려내고 있습니다. 얼마나 하나님을 사랑하는지 아가서를 읽으면 알 수 있습니다.

2) 잠언

솔로몬은 자기의 젊은 시절을 회고하면서 세상의 어떤 것보다 하나님을 경외하는 것이 지식의 근본이라고 말합니다. 이것은 하나님의 말씀 안에 모든 것이 다 들어있다는 것을 의미합니다. 하나님을 경외하는 것을 즐거워하는 것이야말로 인간에게 가장 큰 축복임을 강조합니다.

3) 전도서

전도서는 솔로몬이 말년에 쓴 것으로 추정됩니다. 세상의 모든 부귀영화를 경험했지만 그것은 모두 바람을 잡는 것이고, 헛되고 헛된 일이라고 결론을 맺습니다. 그렇다면 무엇이 가장 귀한 것일까? 하나님을 경외하고 그 명령을 지키는 일이야말로 사람이 해야 할 본분이라고 말합니다. 세상의 부귀영화는 경험한다고 행복해지는 것은 아닙니다. 오히려 시간만 낭비할 수 있습니다. 처음부터 이것을 분명히 알고 나가는 것이 지혜로운 일입니다. 하나님을 사랑하고 경외하는 일에 모든 것을 집중하는 인생이 가장 가치 있는 삶입니다.

이것이 전도서를 기록한 이유입니다. 더 이상 인생을 허무하게 허비해서는 안될 것입니다. 전도서를 읽으면 인생 경험이 없어도 미리 지혜를 얻을 수 있습니다. 두 번 살 수 없는 단 한 번의 인생을 후회없이 살아야 합니다.

8. 분열왕국시대

(열왕기상 11장~열왕기하, 선지서)

분열된 왕국 → 선지자 사역

통일왕국시대를 통해서 왕정시대가 문제가 있음이 드러납니다. 결국 왕정시대가 실패로 돌아가는 과정을 분열왕국시대를 통해서 적나라하게 그리고 있습니다. 나라가 남북으로 나뉘어 40여 명의 왕들이 통치 하지만 남쪽의 히스기야와 요시야를 제외한 나머지 왕들은 한결같이 악한 왕으로 기록됩니다. 왕은 백성들을 하나님께로 이끌기보다는 오히려 하나님을 저버리게 만드는 역할을 합니다. 자기가 하나님을 대신하여 백성들을 미혹하는 모습을 분열왕국시대는 잘 그리고 있습니다.

분열왕국시대를 보면 하나님을 의지하기보다는 이방 나라와 물질과 바알신을 의지하는 악한 모습들이 반복하여 나옵니다. 이것을 책망하고 바르게 잡기 위하여 하나님이 시대마다 많은 선지자들을 보내지만 그들 이야기를 듣지 않음으로 이스라엘은 패망하게 됩니다.

한 나라의 흥망성쇠가 어떻게 결정되는지 분열왕국의 역사는 잘 보여줍니다.

06 분열된 왕국

1. 남과 북으로 분열되는 이스라엘

솔로몬 이후에 이스라엘 왕국은 남과 북으로 분열되었습니다. 솔로몬의 죄로 인하여 하나님이 징계하신 것입니다. 남쪽은 솔로몬의 아들 르호보암을 왕으로 세웠습니다. 유다와 베냐민 지파가 그를 따랐습니다. 그리고 북쪽은 솔로몬의 충성스러운 부하였던 여로보암을 열 개의 지파들이 모여서 왕으로 세웠습니다. 하나님의 예언대로 된 것입니다. 이것은 하나님의 말씀을 어긴 결과였습니다. 솔로몬은 다윗에게 물려받은 좋은 유산을 유지하지 못하고 말년에 우상 숭배에 빠져 하나님의 심판을 자초하게 되었습니다.

남쪽 르호보암은 41세에 왕이 되었습니다. 유다 역시 우상 숭배를 하면서 타락했습니다. 그들의 악한 행위는 열조 못지않았습니다. 북쪽 여로보암 역시 우상 숭배를 했습니다. 여로보암은 우상을 만들어서 백성으로 하여금 죄를 짓게 했습니다. 여로보암은 보통 백성으로 제사장을 삼고 누구든지 원하면 그 사람으로 산당의 제사장으로 삼았습니다. 북이스라엘은 계속하여 여로보암의 이런 죄를 반복했습니다.

두 왕국은 같이 타락했고 하나님의 심판을 받을 만했습니다. 그러나 두 왕국이 동일하지는 않았습니다. 르호보암의 아들 아비야는 그의 아버지와 마찬가지로 신실하지 않았습니다. 그러나 다윗을 위하여 그에게 등불을 주시되 그 아들을 세워 잇게 하사 예루살렘을 견고하게 하셨습니다(왕상 15:4). 행위로는 악했지만 다윗의 언약으로 그나마 남유다는 연명하게 되었습니다.

북왕국의 여로보암은 새로운 성소를 만들어 봉헌식을 올리는 중에 예언자의 고발을 통해 결국 하나님의 심판의 경고를 받습니다. 예언자의 경고에도 불구하고 여로보암은 자신의 길을 바꾸지 않았습니다. 결국 하나님의 심판이 여로보암에게 임하게 됩니다. 예언자 아히야를 통해 그의 아들 아비야가 죽게 되고 여로보암의 집안은 끝이 나고, 결국 북이스라엘은 앗수르로 유배당할 것을 선고합니다(왕상 14:15). 아직 북왕국의 멸망까지 거의 200년이 남았지만 여로보암과 열 지파들에게 준 여호와의 약속은 벌써 무너져 가고 있음을 알 수 있습니다.

2. 분열왕국의 왕들에 대한 하나님의 평가

북왕국은 여로보암에서 호세아까지 19명의 왕들이 통치합니다. 왕조가 아홉 번 바뀝니다. 이것은 암살과 분쟁과 죽음이 연속되는 피 흘리는 역사임을 보여줍니다. 19명의 왕들이 210년 간 통치를 했지만 모두 악했습니다. 하나님을 대신하여 송아지를 숭배함으로 하나님의 진노를 사서 심판을 받았습니다. 북왕국의 가장 번성했던 시기는 여로보암 2세였는데 그의 평가는 하나님이 보시기에 악했습니다. 후대의 왕들은 한결같이 여로보암의 죄에서 떠나지 않았습니다.

이것은 초대왕 여로보암의 죄가 얼마나 악한지를 보여주는 대목입니다.

결국 북이스라엘은 마지막 왕인 호세아를 끝으로 앗수르에게 멸망을 당합니다. 이것은 하나님을 배반한 결과로 주어진 하나님의 심판이었습니다. 오래전에 하나님의 말씀을 순종하면 축복이 임하지만 그렇지 못하면 저주가 임할 것이라는 하나님의 경고를 무시한 결과입니다.

남왕국은 325년 동안 통치를 하면서 북왕국보다 115년 정도 통치기간이 연장되었습니다. 왕으로 보아도 북왕국와 비슷한 20명의 왕이 통치했습니다. 그러나 북왕국과 다른 점이 있습니다. 남쪽은 한 왕조로 다윗의 계보를 그대로 유지하여 그나마 하나님의 언약을 이루는 맥이 끊기지 않았습니다.

이들도 하나님이 보시기에 악을 행한 왕들이 대부분이었습니다. 다만 그중에 크게 두 사람은 하나님께 인정받는 왕으로 소개되고 있습니다. 이들은 모두 유월절을 지키고 하나님의 말씀에 순종했습니다. 첫 번째 왕이 히스기야입니다. 히스기야 왕은 다윗과 같이 행하여 하나님이 보시기에 정직했습니다. 여러 산당을 부수고 하나님의 계명을 지켰습니다. 그리고 두 번째 왕은 요시야입니다. 그는 이스라엘 분열왕국의 왕들 중에서 가장 선한 왕으로 평가를 받고 있습니다.

요시야가 유월절을 지킨 것에 대해 성경은 이렇게 평가를 내립니다. "사사가 이스라엘을 다스리던 시대부터 이스라엘 열왕의 시대에든지 유다 열왕의 시대에든지 이렇게 유월절을 지킨 일이 없었더니 요시야 왕 십팔 년에 예루살렘에서 여호와 앞에 이 유월절을 지켰더라." (왕하 23:22~23)

또 요시야의 평가에 대해 성경은 이렇게 언급합니다.

"요시야같이 마음을 다하며 성품을 다하며 힘을 다하여 여호와를 향하여 모세의 모든 율법을 온전히 준행한 임금은 요시야 전에도 없었고 후에도 그와 같은 자가 없었더라"(왕하 23:25). 요시야는 구약 토라의 말씀을 성실히 준행한 손색이 없는 왕이었습니다.

3. 남북왕국의 멸망

남유다는 바벨론에 의해 멸망당했고 북이스라엘은 앗수르에 의해 멸망당했습니다. 다만 북이스라엘과 남유다가 다른 점은 남유다는 바벨론으로 포로로 잡혀갔지만 북이스라엘은 앗수르 혼합정책으로 나라가 사라졌습니다. 이렇게 보면 포로로 잡혀간 유다는 자기의 정체성을 지키는 의미에서 하나님이 특별히 사랑한 모습이라고 볼 수 있습니다. 이스라엘을 완전히 멸망시키지 않고 남겨 두어서 다시 회복하려는 하나님의 자비로움이 들어있습니다.

특히 요시야의 아들인 여호야긴 왕을 포로로 잡혀가게 하여 나중에 하나님의 약속의 계보를 잇게 하는 것을 보면 하나님의 깊은 섭리를 엿볼 수 있습니다.

가장 큰 행복은 오래 사느냐가 아니라 하나님을 얼마나 의지하느냐에 달려 있습니다. 어떤 상황에서도 포기하지 않고 하나님을 신뢰하고 하나님의 말씀을 순종하는 자에게 복 주심을 믿고 끝까지 달려가는 것이 중요합니다.

07 선지자의 사역

열왕들의 시대에 선지자들은 중요한 사명을 가지고 있습니다. 선지자들은 왕들이 하나님의 말씀을 순종하지 않고 다른 길을 갈 때 하나님의 입이 되어 경고와 책망을 하는 역할을 합니다. 그래서 하나님을 떠난 왕들 시대에 선지자들의 활동이 많았습니다. 선지자를 이해하기 위해서는 분열왕국의 역사와 왕들의 이야기를 같이 읽어야 합니다. 선지서만 읽게 되면 배경 지식이 없기에 이해가 힘듭니다. 각 시대를 이해하고 그때 사역했던 선지자들을 연결하여 성경을 읽으면 도움이 됩니다.

선지자는 크게 두 부류로 나눌 수 있습니다. 하나는 구술로 선지 사역을 한 사람들입니다. 물론 모든 선지자들이 구술로 사역을 했지만 나중에 문서로 기록된 선지자는 문서 선지자로 분류됩니다. 기록으로 남겨 후대에까지 교훈을 주기 위함입니다.

1. 구술 선지자

대표적인 구술 선지자로 엘리야와 엘리사가 있습니다. 열왕기상

17~20장에는 엘리야가 중점적으로 기록되었고, 열왕기하 1~8장에는 엘리사의 이야기입니다.

1) 엘리야

엘리야 선지자는 바알 선지자들과 대결한 것으로 유명합니다. 바알을 숭배하는 북이스라엘을 향해 사역을 했던 선지자입니다. 당시 왕은 아합으로 그 아내 이세벨이 바알 종교를 가져와 이스라엘에 유포시켰습니다. 특히 바알 선지자 450명과 아세라 선지자 400명은 이스라엘을 우상 숭배로 범죄하게 한 주범들입니다. 엘리야는 이들과 대결을 벌여서 어떤 신이 참 신인지를 증명하게 됩니다. 결국 하나님을 믿는 엘리야가 승리함으로 이들은 모두 죽임을 당합니다.

당시 북이스라엘이 얼마나 이런 우상 숭배자들에게 유혹을 당해서 어려움을 당했는지 짐작할 수 있습니다. 하나님이 가장 싫어하시는 우상 숭배에 앞장서는 왕은 멸망할 수밖에 없습니다. 자기뿐 아니라 백성들까지 죄를 짓게 한 그들의 죄는 용서받을 수 없습니다.

이런 면에서 엘리야의 활동은 대단한 일이었습니다. 하나님을 사랑하지 않고는 불가능한 일입니다. 엘리야는 이세벨에게 쫓겨 숨어 다녔지만 하나님은 엘리야를 도와주었습니다. 하나님은 까마귀를 통해 당신의 종을 먹이시고 입히시는 것을 볼 수 있습니다.

엘리야는 기아에 허덕이는 사르밧 과부를 기적을 베풀어 도와줍니다. 그리고 북쪽 아하시야의 죽음을 예언합니다. 아하시야 왕이 엘리야를 데려오라고 종들을 보낼 때 엘리사는 하나님의 사람임을 증명하는 표징으로 하늘에서 불이 내려와 오십 명을 불살라 죽이는 일이 생깁니다.

엘리야는 하나님이 함께한 사람이었습니다. 나중에 그는 죽음을 보지 않고 불수레를 타고 승천하게 됩니다. 그런 이유로 엘리야는 선지자 중의 선지자로 후대에 계속 불려지는 인물입니다.

2) 엘리사

엘리사는 엘리야의 후계자로 많은 기적을 베푼 선지자로 유명합니다. 특히 엘리사가 베푼 기적은 모두 생명과 연관이 있습니다. 비를 보내는 것, 음식을 마련해 주는 것, 아이를 낳지 못하는 여자에게 잉태하게 하는 것 등은 모두 생명이 회복되는 것들입니다. 물과 기름을 채우고 죽은 소년을 살리고, 독이 든 국을 해독하여 사람들의 생명을 살리고, 보리떡 20개와 채소 한 자루로 100명을 먹이며, 나아만 장군의 병을 치료하며, 죽은 후에도 사람을 살리는 일은 모두 생명과 죽음과 관계된 기적들입니다. 이것은 단순히 사람들에게 기적을 베풀었다는 의미를 넘어선 메시지가 있습니다.

그것은 선지자들의 목소리를 통하여, 또 이런 표적을 통하여 하나님에게로 돌아오면 이처럼 생명을 얻는다는 메시지가 담겨 있습니다. 왕이 예언자의 말을 귀담아 듣고 그것을 하나님의 말씀으로 받아들이면 이스라엘은 생명을 찾고 구원을 받는다고 말합니다. 오직 하나님만이 살 길이요, 바알을 숭배하면 그것은 곧 죽음임을 알리려는 의도가 있습니다. 특히 선지자의 말을 조롱하고 받아들이지 않으면 아이들이 암곰에 의해 죽임을 당하는 것처럼 될 것이라고 교훈하고 있습니다.

열왕기하 6:18~23에 나오는 아람 군대의 눈을 멀게 하는 기적은 인간의 힘으로 아무리 이기려고 해도 하나님을 이길 수 없으며, 하나님이 하시면 능치 못할 일이 없음을 보여주는 사건입니다. 적군이 전쟁을 위해 작전을 세워도 그 작전을 엘리사가 이미 알아차리게 됩니다.

도저히 이길 수 없는 싸움임을 보여주는 것입니다. 선지자의 이런 이야기들은 모두가 하나님께로 돌아오게 하려는 것과 관계가 있습니다. 더 이상 세상과 방백과 이방을 의지하지 않고 오직 하나님만 신뢰하고 나가는 자에게 하나님은 생명을 주심을 강력하게 촉구하고 있습니다.

그러나 엘리사와 요람 왕이 관계가 악화되면서 요람 왕은 하나님께 등을 돌립니다. 엘리사는 예후을 통하여 요람이 살해될 것을 예언합니다.

엘리사의 생애 마지막 시대를 전하는 열왕기하 13장은 이스라엘이 죽어가고 있음을 단적으로 보여줍니다. 엘리사의 예언을 듣지 않고 거부하는 이스라엘은 이제 점점 절망의 상태가 됩니다. 이제 이스라엘이 하나님께로 돌아오리라는 마지막 소망은 끊어졌습니다.

2. 문서 선지자

문서로 남겨진 선지자를 문서 선지자라고 말합니다. 북쪽에 관계된 선지자는 호세아와 아모스와 요나를 들 수 있습니다. 그리고 남쪽 유다에 관계된 선지자는 요엘, 이사야, 미가, 예레미야, 하박국 등입니다. 이들은 어두운 이스라엘 역사 속에서 하나님의 뜻을 전하는 사람들로 모두 고난과 어려움을 당했습니다. 귀와 눈이 어두워져 하나님의 음성을 듣지 못하는 당시 사람들에게 하나님의 말씀을 전하는 일은 쉬운 일이 아니었습니다. 그럼에도 선지자들은 소명감을 가지고 목숨을 내놓고 하나님의 말씀을 전했습니다.

이들은 사람들이 좋아하는 말을 전한 것이 아니라 진실된 하나님의 말씀을 전했습니다. 당시 백성들과 왕들이 저지르는 죄악을 들추어 내고 회개를 촉구하는 일은 무엇보다도 어려운 일입니다. 회개하지 않으면 하나님의 심판이 임한다는 메시지는 당시 왕들에게는 듣기 싫은 소리였습니다. 그러나 거기에 이스라엘의 죽고 사는 길이 있음을 그들은 몰랐습니다.

그리고 예언자들의 선언대로 이스라엘은 멸망했고 포로로 잡혀갔습니다. 하나님을 떠난 삶은 잠시 동안은 평안하고 좋지만 마지막은 비참합니다. 죄의 값은 사망입니다. 생명은 오직 하나님에게만 있습니다.

오늘날에도 이것은 그대로 적용됩니다. 하나님의 말씀을 거부하는 수많은 사람들이 있습니다. 그들에게 생명을 전하는 사람들이 되어야 합니다. 잠깐 동안 좋은 일에 시간을 보내는 것은 사단의 계략입니다. 하나님을 떠나서도 잘되는 것은 저주입니다. 비록 고난을 당해도 하나님을 잘 믿고 사는 것이 가장 성공적인 삶입니다. 나중에는 그 사람이 성공하게 되고 행복한 삶을 누리게 됩니다.

이런 점에서 선지자들의 메시지는 오늘날 우리에게도 유효합니다. 오늘도 바알 신과 같은 물질과 세상을 하나님보다 중요하게 생각하고 그것에 빠져 사는 사람들이 얼마나 많습니까? 그것을 사랑하도록 유혹하는 거짓 교사와 거짓 선지자들도 있습니다. 그들을 조심하고 참된 하나님의 말씀에 순종하는 삶을 살아야 할 것입니다. 후대까지 문서를 남겨서 우리에게 전하는 선지서들은 바로 이것을 전하고자 함이 아닐까요?

9. 포로시대

(예레미야, 다니엘, 에스겔)

포로 70년

하나님을 떠난 이스라엘은 이방 바벨론에 포로로 잡혀갑니다. 그리고 70년이라는 긴 기간을 포로로 생활하면서 자신을 돌아보는 기회를 갖습니다. 왜 자신들이 실패했는지, 역사적 교훈을 찾게 됩니다. 왕과 나라 없이 보내는 기간은 어떻게 보면 비참한 모습이었지만 영적으로 보면 하나님을 다시 찾는 기회가 되었습니다.

이스라엘은 버림받지 않고 하나님의 통치를 받습니다. 선지자들을 통해 미래의 희망을 품고 기다리게 됩니다. 그리고 이방 나라를 통해서 하나님이 선포되고 진정한 왕이 누구인지 알려지게 됩니다. 역사를 주관하는 분은 사람이 아닌 하나님이심을 포로기간의 이야기를 통해서 다시 한번 발견하게 됩니다.

스스로 강대국이라고 생각하며 이스라엘을 패망시켰던 바벨론은 결국 멸망합니다. 그 속에서 그루터기와 같이 다시 살아나는 이스라엘 민족의 이야기가 포로기 시대에 스릴 있게 전개됩니다.

08 포로 70년

1. 3차에 걸친 바벨론 포로

이스라엘의 죄악은 결국 바벨론 포로라는 엄청난 불행을 가져왔습니다. 바벨론에 포로로 잡혀가는 이스라엘의 상황은 비참했습니다.

1) 1차 포로: 다니엘과 귀족 출신의 몇몇 포로들

다니엘과 세 친구들은 이때 잡혀갔습니다. 바벨론은 이스라엘의 미래를 책임지는 천재들을 골라서 잡아갔는데 바로 다니엘과 세 친구들 같은 사람입니다. 그들을 잘 회유하고 교육하여 나중에 바벨론의 청지기로 삼으려는 의도가 있었습니다. 세상의 욕망을 가진 사람들 같으면 이런 바벨론의 작전에 걸려들었을 것입니다. 그리고 자기 배만 채우는 그런 삶을 살았을 것입니다.

그러나 다니엘과 세 친구는 달랐습니다. 하나님께 뜻을 정하는 그런 십대들이었습니다. 어릴 때부터 하나님을 잘 믿는 사람들이었고 그런 믿음은 바벨론의 회유와 핍박이 꺾지 못했습니다. 결국 바벨론은 다니엘에게 항복하고 나중에는 다니엘이 이방 왕국을 통치하는 아이러니한 상황을 맞이합니다. 사자 새끼를 잡아 키웠지만 나중에는 오히려 자란 사자에게 먹히는 꼴이 되었습니다.

다니엘은 바벨론뿐 아니라 바사시대까지 총독을 하면서 왕들을 지배하여 하나님의 사명을 감당합니다. 열방 중에서 하나님이 왕 중에 왕임을 드러내는 일을 했습니다. 하나님을 중심으로 산 한 사람의 영향력이 얼마나 큰 것인가를 보여주는 사례입니다. 분열왕국 때 수많은 왕들이 있었지만 그들은 다니엘 한 사람만한 모습을 갖지 못했습니다.

2) 2차 포로: 여호야긴 왕과 에스겔과 많은 사람들

2차 포로 때는 왕족들과 백성들이 잡혀갔습니다. 이들은 앞으로 돌아올 사람들입니다. 하나님이 남겨 둔 사람들입니다. 그래서 죽지 않고 살려 포로로 잡혀가게 했습니다. 이때 여호야긴 왕은 포로로 잡혀갔지만 나중까지 살아서 옥에서 풀려나와 왕의 역할을 합니다. 그리고 그 후예들이 포로귀환 때 중심 인물이 됩니다. 그 사람이 스룹바벨입니다. 이스라엘을 향한 하나님의 숨겨진 계획을 보게 됩니다.

에스겔은 그들의 지도자격으로 하나님의 백성들을 이끌었습니다. 이스라엘 백성에게 미래의 소망을 갖고 포로된 중에도 하나님의 약속을 믿고 살도록 했습니다.

3) 3차 포로: 시드기야 왕

시드기야는 요시야 왕의 아들이 아닌 여호야긴의 삼촌입니다. 유다 백성들은 그를 좋아하지 않았고 그런 이유로 재임 기간이 불안정했습니다. 시드기야는 애굽과 동맹을 맺어 바벨론에게 반항을 했습니다. 하나님을 의지하기보다는 이웃 나라의 힘을 빌어서 나라의 문제를 해결하려고 했습니다. 결국 바벨론의 미움을 사서 바벨론에게 함락당했습니다. 시드기야는 두 눈이 뽑혔습니다. 많은 백성들은 바벨론으로 포로로 잡혀갔습니다.

이렇게 해서 솔로몬의 아름다운 성전은 파괴되고 이스라엘은 586년에 멸망했습니다. 이것이 하나님을 떠난 이스라엘의 운명이었습니다. 예레미야를 통해서 하나님의 뜻을 전했지만 백성들은 그것을 거부하고 결국 스스로 멸망에 이르게 되었습니다.

이스라엘의 포로기는 크게 세 명의 선지자들의 활동을 통해서 정리할 수 있습니다.

2. 예레미야—남겨둔 고국의 사람들을 향한 사역

예레미야는 가장 힘든 곳을 맡아서 사역을 했습니다. 폐허가 된 이스라엘과 남겨진 사람들입니다. 그들은 힘없고 쓸모 없는 사람들이 대부분이었습니다. 그 속에서 예레미야는 이스라엘은 결코 멸망하지 않을 것을 말하면서 사람들에게 희망을 전했습니다. 예레미야는 백성들에게 70년 동안 바벨론에서 포로생활을 할 것이지만 나중에는 풀려나게 되고, 이스라엘을 정복한 바벨론은 멸망할 것을 예언합니다. 바벨론을 잠시 하나님의 도구로 사용한다는 것입니다. 일종의 이스라엘을 교육시키기 위한 징계의 회초리와 같은 것입니다.

또 예레미야는 남겨진 백성뿐 아니라 포로로 잡혀간 사람들에게 편지를 보내면서 희망을 전하는 사역을 합니다. 하나님의 생각은 재앙이 아니라 평안이요 장래에 소망을 주기 위한 고난이라는 것입니다. 하나님께 나아와 부르짖고 기도하면 하나님이 들으시고, 전심으로 찾고 찾으면 하나님을 만날 것을 말합니다. 다시 돌아오게 될 것이니 그때까지 인내하면서 소망을 잃지 말 것을 권면합니다.

나중에 예레미야는 백성들에게 애굽으로 가지 말고 이스라엘에 남아 있으라고 했음에도 백성들은 듣지 않고 애굽으로 도망갑니다. 예레미야는 백성들과 같이 가서 애굽에서 죽음을 맞이합니다. 예레미야는 이스라엘의 패망을 보면서 백성과 더불어 고난을 당하며 끝까지 백성들과 함께한 선지자였습니다.

3. 다니엘과 세 친구—바벨론 궁에서 이방을 향한 사역

다니엘은 하나님 앞에서 뜻을 정하고 그것을 끝까지 지킨 인물입니다. 비록 십대였지만 그는 누구 못지않은 신앙을 소유했습니다. 하나님께 목을 건 사람이었기에 그는 죽음을 무서워하지 않았습니다. 이방 나라 바벨론에서 자기 신앙을 지킨다는 것은 아주 힘든 일입니다. 그럼에도 다니엘은 온갖 핍박을 이겨내고 끝까지 하나님을 섬기면서 승리를 얻어냅니다.

다니엘의 세 친구도 이런 면에서 같은 신앙을 가지고 있었습니다. 풀무불에 들어갈 위기에 처해서도 세 친구는 하나님을 배반하지 않습니다. 설사 풀무불에 타서 죽는다 해도 하나님은 여전히 자기들의 하나님이심을 믿는 신앙은 생과 사를 초월한 신앙입니다. "그리 아니하실지라도"의 믿음은 오늘 우리가 바라보아야 할 믿음입니다.

세 친구가 끝까지 금신상에 절하지 아니한 것은 이스라엘이 바알신에게 절하면서 멸망했던 모습과 대조를 이룹니다. 다니엘은 시기하는 무리들의 모함을 받아 죽을 것을 뻔히 알고서도 하나님과 정한 약속을 지킵니다. 조서에 어인을 찍힌 것을 알고도 자기 집에 돌아가서는 예루살렘으로 향하여 열린 창 앞에서 전에 하던 대로 하루 세

번씩 무릎을 꿇고 기도하며 하나님께 감사를 드립니다. 오직 하나님에게만 소망을 두는 다니엘의 신앙은 모든 어려움을 이겨내는 힘이었습니다. 결국 사자굴에서 구출을 받는 기적을 체험하고 이것이 증거가 되어 자연스럽게 바벨론 왕을 굴복시키게 됩니다.

다니엘과 세 친구의 믿음은 한결같습니다. 변치 않는 믿음이 중요합니다. 어떤 어려움이 닥쳐도 끝까지 하나님을 신뢰하고 바라보는 사람에게 하나님은 구원을 이루십니다.

4. 에스겔—포로 중에 있는 백성들을 위한 사역

에스겔 선지자는 포로기간 중에도 이스라엘 백성들을 위해 사역을 합니다. 백성들을 향해 포로생활 중에서도 죄 짓지 말고 구원의 약속을 바라보면서 거룩한 삶을 살 것을 강조합니다. 이렇게 포로가 된 것은 하나님이 이스라엘을 멸망시키기 위함이 아니고 구원하여 새로운 민족으로 만들기 위함임을 말합니다.

포로기간 중에도 나이 든 관리들이 에스겔에게 조언을 듣기 위해 찾아옵니다. 포로 생활 중에서도 소망을 갖고 하나님을 바라보게 하는 데 에스겔은 큰 역할을 했습니다. 특히 마른 뼈가 살아나는 환상을 통하여 이스라엘의 미래를 보여주는 것은 에스겔의 중심 메시지입니다. 또한 남과 북이 하나가 되어 통일될 것과, 떠났던 여호와의 영광이 다시 돌아오면서 그곳에 하나님이 영원히 계실 것을 예언하고 있습니다. 현재만 보지 말고 미래의 하나님의 계획을 바라보면서 지금의 위기를 잘 이겨낼 것을 권면합니다.

에스겔은 비록 이스라엘이 하나님을 버려 이렇게 포로생활을 하지만 하나님은 이스라엘을 결코 버리지 않고 하나님의 영광을 이스라엘을 통하여 열방 중에 나타내게 할 것을 말합니다. 신실하신 하나님의 사랑과 인애를 엿보게 합니다.

10. 포로귀환 시대

(역대기, 에스라, 느헤미야, 에스더)

포로귀환 → 새로운 부흥 → 메시야 기다림

바벨론 포로 기간 70년이 지나자 하나님은 이미 약속한 예언에 따라 이스라엘을 회복시키십니다. 바사 왕 고레스를 감동하게 해서 이스라엘 백성으로 하여금 고국으로 돌아가라는 귀환령을 내립니다. 그리고 무너진 성전과 성벽을 다시 재건하는 계획을 가지고 지도자를 중심으로 재건운동을 일으킵니다. 이때는 물론 왕을 다시 세우지 않습니다. 그리고 사사들처럼 하나님에 의해 파송된 일시적인 지도자들을 통해서 이스라엘을 통치하며 개혁합니다.

그러나 백성들은 얼마 가지 못해서 다시 타락하고 이방인들과 결혼하면서 거룩함을 상실하게 됩니다. 하나님의 말씀을 어기고 자기 중심의 신앙으로 변질됩니다. 선지자들을 통하여 하나님의 말씀이 선포되지만 듣지 않고 형식적이고 의식만 남는 죽은 신앙이 되면서 다시 어려움에 처하게 됩니다.

이스라엘은 다시 이방 나라들의 속국이 되고 고난을 당합니다. 400년의 기나긴 암흑시대가 시작됩니다. 그리고 고난과 핍박을 당합니다. 어쩔 수 없는 인간의 한계와 죄성을 발견하면서 새로운 길이 일어나지 않고는 인간의 힘으로는 도저히 해결이 안 되는 상황이 생깁니다. 그리고 구원자 메시야를 기다리면서 새로운 희망이 전개됩니다.

포로귀환 09

1. 예언의 성취

예레미야의 예언은 이스라엘이 바벨론 70년 생활을 한 후에 다시 고국에 돌아올 것이며, 이스라엘을 포로로 잡아갔던 바벨론은 그들의 악한 행위로 인하여 보응당할 것이라는 메시지였습니다. 하나님은 한 번 선택한 백성을 버리지 않습니다. 하나님이 이스라엘을 포로 생활을 하게 한 것은 하나님 앞에서 범한 그들의 죄악 때문입니다. 회개할 기회를 주고 자기의 잘못을 뉘우쳐 하나님 앞에 바로 서게 하기 위한 것입니다. 하나님은 정해진 기간 동안 징계를 하십니다. 그 시간만 잘 지나면 하나님은 다시 회복을 시켜 주십니다. 그리고 이스라엘을 괴롭게 한 이방 나라는 하나님이 처리하신다는 것입니다.

이스라엘이 이런 메시지를 들었을 때 얼마나 놀라운 하나님의 은혜를 느꼈을까요 그러나 이스라엘의 입장에서는 70년은 너무 긴 기간이었고, 당장 해결되는 것이 아니기에 그것이 마음에 와 닿지 않을 수도 있었을 것입니다.

예레미야의 예언은 포로로 잡혀간 다니엘에게도 다시 확인된 말씀입니다. 다니엘은 예레미야에게 행한 말씀의 의미를 깨달았습니다.

예루살렘의 황무함이 칠십 년만에 마칠 것이라는 것입니다. 포로로 잡혀간 다니엘에게 이런 말씀은 큰 희망이 되었습니다. 다니엘은 이런 믿음을 가지고 포로기간을 지냈습니다.

소망이 있다면 우리는 어떤 어려움도 이길 수 있습니다. 꿈은 우리로 하여금 고난을 이기게 하는 원동력이 됩니다

다니엘은 앞으로 나타날 미래의 하나님의 시간표를 받았습니다. 특별한 환상을 통해 다니엘은 앞으로 일어날 인류의 종말 메시지를 받습니다. 자세하게 해석하기는 어렵지만 전체적인 다니엘서의 메시지는 이스라엘과 믿음의 사람들은 고난을 받으면서 어려움을 당하지만, 정한 때에 하나님의 진노가 믿는 사람을 괴롭힌 자에게 임할 것을 말합니다. 이것은 신약의 요한계시록과 연결됩니다.

믿음은 인내입니다. 하나님의 복은 거져 주어지지 않습니다. 그리스도인은 이기는 자입니다. 그러나 그 이김은 거져 오는 것이 아닙니다. 믿음으로 참고 인내하면서 나중에 받을 상입니다. 연단 과정은 오히려 자기의 죄를 용서받는 기간이며 거룩하고 흠 없게 만드는 기간입니다.

2. 고국 귀환령

하나님이 정한 70년이 지나자 하나님은 예레미야의 말씀을 응하게 하시려고 바사의 고레스 왕을 사용하십니다. 하나님은 고레스 왕을 감동하게 하사 나라에 조서를 내리십니다. 그 조서는 하나님이 자기에게 주신 권력을 가지고 이스라엘의 성전을 건축하게 하는 일입니다. 고레스는 하나님의 전을 건축하기 위해서 바사에 남아 있는 백성들에게 귀환령을 내립니다. 그리고 거기에 기거하는 사람들이 은

과 금과 기타 물건과 짐승으로 도와주고 예루살렘 전을 건축하는 데 드는 비용을 준비하게 합니다.

생각하면 놀라운 하나님의 은혜입니다. 아무도 상상하지 못한 일이 일어났습니다. 이스라엘을 포로로 잡아온 바벨론은 바사에 의해 멸망당하고 새로운 나라 왕인 고레스를 통해서 이스라엘은 귀환하도록 허락을 받습니다. 이것은 전적으로 하나님이 하신 일입니다. 어떻게 고레스가 이런 일을 할 수 있습니까? 이것에 대해서 성경은 하나님이 고레스를 감동하게 했다고 말합니다. 모두가 하나님이 이루신 일입니다.

하나님은 약속을 꼭 이루시는 분이십니다. 우리는 잊어버려도 하나님은 잊어버리지 않습니다. 그리고 하나님의 때에 정확하게 이루십니다. 이때 하나님은 모든 것을 다 사용하실 수 있는 능력이 있습니다. 심지어 이방 왕 고레스를 사용하신다는 것은 우리에게 많은 것을 느끼게 합니다. 그냥 돌아가게 한 것이 아니라 필요한 모든 것을 채워 주시면서 이루게 하시는 하나님을 발견하게 됩니다.

하나님은 하시고자 하시면 못할 일이 없는 전능의 하나님이십니다. 나는 얼마나 이런 하나님을 믿고 살아갑니까? 이런 전능의 하나님을 믿는다면 어떤 어려움도 이길 수 있고 믿음으로 참고 인내할 수 있을 것입니다.

10 새로운 부흥

이스라엘은 포로로 잡혀 간 것도 세 차례였듯이 포로귀환도 세 번에 걸쳐서 이루어집니다. 포로귀환은 이스라엘의 부흥이며 회복을 말합니다. 이스라엘 회복 이야기를 통하여 우리의 영적 부흥이 어떻게 이루어지는지를 보여줍니다.

1. 성전 재건—스룹바벨

1차 귀환은 주전 536년에 스룹바벨을 인솔자로 하여 귀환 인구가 49,897명입니다. 이들이 고국에 돌아와서 제일 먼저 해야 할 일은 성전을 재건하는 일입니다. 무너진 성전을 재건하는 일은 이스라엘의 중심을 회복하는 것과 관계가 있습니다. 성전은 하나님이 임재하시는 곳입니다. 이것은 하나님이 이스라엘에 다시 돌아오는 것을 상징합니다. 하나님과의 관계를 먼저 회복하는 일이 부흥의 첫째 요건입니다.

이스라엘은 스룹바벨을 중심으로 성전을 건축합니다. 드디어 성전 건축을 위해서 성전 기초가 놓임을 보고 이스라엘 백성은 찬송하며 즐거이 노래를 부릅니다. 이런 모습을 보고 통곡하는 사람들도 있었습니다. 아마 감격의 통곡이었을 것입니다. 울음소리와 노랫소리가 함께 들리는 성전 재건의 모습은 실로 감동적입니다.

그러나 이스라엘 백성은 성전 건축을 시작은 했지만 여러 가지 방해로 중간에 그만두었습니다. 이때 학개 선지자가 나타나서 성전 재건을 격려하게 됩니다. 학개 선지자의 입을 통하여 하신 하나님의 말씀은 당시 총독이었던 스룹바벨과 대제사장 여호수아와 백성들의 마음을 홍분시켜서 하나님의 전을 건축하는 마음을 갖게 합니다. 하나님의 일은 쉽게 되지 않습니다. 여러 가지 어려운 일이 발생합니다. 이것을 잘 이기고 나가야 하는데 그것이 쉽지 않습니다. 이때는 학개 선지자 같은 하나님의 종이 필요합니다.

이스라엘은 학개를 통해 새롭게 도전을 받고 성전 건축을 다시 진행하여 무너진 성전을 재건하는 일을 이룹니다. 그리고 봉헌하게 됩니다. 이스라엘 백성은 성전 봉헌식을 할 때 양과 소를 잡아서 제사를 드렸습니다. 그리고 정월 십사일에 유월절을 지키게 됩니다. 이것은 이스라엘의 정체성을 회복하는 것과 하나님의 명령을 지키는 의미가 있습니다.

이스라엘이 드디어 하나님 앞에 돌아서며 하나님의 말씀을 지키는 민족으로서 자리를 새롭게 만들었다는 것은 정말 오랜만의 일입니다. 이스라엘이 바벨론 70년 간 포로로 잡혀간 것은 하나님의 성전에서 하나님을 경배하지 않고 이방 신을 섬겼으며 또 하나님이 명하신 유월절을 지키지 못했기 때문입니다. 그런데 이렇게 유월절을 성전을 재건하여 지키는 것은 그동안 잃어버렸던 신앙을 회복하는 감격의 순간입니다.

영적 부흥을 위해서 필요한 일은 성전의 건축입니다. 자기 집보다는 성전입니다. 하나님의 집이 먼저 건축되지 않고서는 하나님의 복을 받기 어렵습니다. 무슨 일을 시작하든지 먼저 하나님의 집인 성전 건축이 우선입니다. 하나님께 예배드릴 수 있는 예배당 건축은 이런 점에서 중요합니다. 성도들이 모여 예배하는 집이 필요합니다. 이것이 일차적으로 이루어지지 않으면 이어서 다른 것을 할 수 없습니다.

또한 이것은 우리의 몸을 상징하기도 합니다. 그리스도인은 예수를 믿는 순간 몸이 성전이 됩니다. 거룩한 몸으로 변화되는 것입니다. 성령이 거하는 성전이 됩니다. 이런 면에서 그리스도인은 모두가 하나님의 성전을 가진 사람들입니다. 우리 몸이 하나님의 성전이 되지 않고서는 진정한 부흥은 시작되지 않습니다.

세상의 욕심과 타락으로 가득 찬 육신을 죽이고 이제는 하나님의 영광을 드러내는 몸으로 새롭게 거듭나야 합니다. 이것이 오늘날 우리에게 주는 진정한 성전 건축의 의미입니다.

예배당 건축만 일어나고 실제로 그리스도인이 거룩한 몸으로 새롭게 태어나지 않으면 그것은 아직 성전 건축이 제대로 이루어진 것이 아닙니다. 진정한 교회 건축은 성도들의 몸이 하나님이 거하시는 성전이 되는 것입니다.

2. 말씀을 통한 영적 부흥—에스라 학사

제2차 포로귀환 때 중심 인물은 에스라입니다. 에스라는 학사로 레위인들을 데리고 귀환을 합니다. 이때 돌아온 사람은 1,754명입니다. 성전을 건축한 지 58년이 지나서입니다. 바사의 아닥사스다 왕은 에스라에게 사람을 모집하여 돌아가게 했는데 함께 돌아갈 레위인이 없었습니다. 그리하여 38명의 레위인을 설득하여 2차 포로귀환 대열에 합류하게 합니다.

에스라가 돌아와서 할 일은 영적 부분을 재건하는 일입니다. 물질적으로 나라를 세우는 일 못지않게 영적으로 다지는 일이 더 중요합니다. 성전을 건축했지만 그들의 생활에는 아직 많은 문제가 있었습니다. 에스라에게 닥친 중요한 과제는 유대인들이 주변 사람들과 결혼하는 일이었습니다. 포로에서 돌아온 지 얼마 안 되어 4만 명 이상의 남자 가운데 이방 사람과 결혼한 사람이 113명이었습니다. 이것은 앞으로 이스라엘을 타락시키는 빌미가 됩니다. 이것을 막지 못하면 결국 이스라엘은 혼합되어 또 멸망하게 될 것입니다.

이것을 위해서 에스라가 해야 할 일은 말씀으로 그들을 무장시키는 일입니다. 그들의 마음이 세상의 욕망과 즐거움보다는 말씀을 사모하게 하는 일입니다. 그렇지 못하면 타락하는 것은 한순간입니다. 마음을 지키는 일이 중요한데 그것은 하나님의 말씀을 통해서만 가능합니다. 이 일을 위해서 하나님의 부름을 받은 사람이 학사 에스라입니다.

오늘 우리가 그리스도인이 되어 우리의 몸이 거룩한 성전이 되었지만 그 안에는 여전히 세상적인 욕망으로 가득 차 있습니다. 이것을 제거하지 않는 한 진정한 성전이 되지 못합니다. 외적으로 성전일 뿐 내적인 변화가 일어나지 않습니다. 말씀으로 내부를 채울 때만이 진정으로 하나님의 백성이 됩니다. 예배당 안에서 말씀을 배우고 가르치는 교육이 일어나야 합니다.

이런 면에서 보면 예배당 안에서 말씀의 풍성함이 넘쳐야 합니다. 그것이 우리의 교회를 새롭게 만드는 일이고, 우리 자신이 거룩한 성전으로 지어져 가는 일이 됩니다.

3. 무너진 성벽 재건-느헤미야 총독

당시 예루살렘은 이스라엘이 포로에서 귀환한 지 백 년이 지났는데도 예루살렘 성벽은 아직 복구되지 못한 상황이었습니다. 성벽이 무너지다 보니 성전이 안전하지 못했습니다. 느헤미야는 페르시아 왕궁에서 아닥사스다 왕의 술잔을 올리는 책임을 맡는 사람이었습니다. 느헤미야는 성령의 감동을 받았습니다. 예루살렘의 성벽이 무너진 상황을 전해 듣고 가만히 있을 수 없어서 왕에게 이스라엘에 돌아가게 해달라고 요청을 합니다.

느헤미야는 이스라엘로 돌아와 52일 동안 리더십을 발휘하여 빠르게 성벽을 재건합니다. 사마리아 사람들인 산발랏과 도비야는 느헤미야의 성벽 재건을 방해했지만 그것을 잘 이겨내고 드디어 성벽을 완성했습니다. 이런 일을 본 대적자들은 두려워하며 스스로 낙담합니다. 이것이 하나님이 함께하신 일임을 알았기 때문입니다.

느헤미야는 성벽을 완성한 후에 에스라를 초청하여 수문 앞 광장에서 말씀사경회를 엽니다. 그것은 성전과 성벽을 건축한 것은 하나님 앞에 바르게 사는 삶을 의미했기 때문입니다. 성전과 성벽 건축은 신앙의 갱신과 부흥을 위해 필요한 일입니다. 에스라는 이스라엘 백성들에게 죄를 회개하고 말씀을 지키고 절기를 지키며 하나님 앞에 돌아오는 삶을 촉구합니다.

이때 말씀을 낭독하는 일이 일어납니다. 그러자 백성들이 광대하신 하나님을 찬송하며 "아멘 아멘" 하며 응답하고 하나님을 경배하게 됩니다. 백성들이 율법의 말씀을 듣고 울며 회개하는 역사가 일어납니다.

예배당과 건물을 세우는 것은 외적으로 보이기 위한 것이 아닙니다. 하나님 앞에서 새로운 삶을 살기 위한 것입니다. 하나님의 말씀에 순종하며 그 말씀대로 살아가는 것이 가장 중요한 그리스도인의 일입니다. 그것을 통하여 하나님께 영광을 올려드리는 것이 삶의 목적입니다. 그런데 자칫 잘못하면 성전과 성벽을 건축하고서도 진정 삶의 갱신은 일어나지 않을 수 있습니다. 진정한 변화는 외적인 건물을 새롭게 만드는 것이 아닙니다. 사람의 변화입니다. 말씀을 통한 갱신이야말로 새로운 부흥의 시작입니다. 말씀의 갱신이 일어나지 않는 예배당과 성전은 의미가 없습니다. 그런 성전은 허물라고 주님이 말씀하셨습니다.

기독교는 외적인 것을 화려하게 만드는 종교나 의식이 아닙니다. 그 안에 모인 사람들이 말씀으로 변화되고, 하나님께 영광을 올리며 주님의 이름을 드러내는 데 목적이 있습니다. 이것을 위해 예배당과 성전을 건축하고 주변에 울타리를 치는 것입니다.

혹시 내 신앙은 남 앞에 보이는 외적인 신앙은 아닙니까? 말씀이 중심에 자리 잡지 않은 성전은 더 이상 성전은 아닙니다. 그런 성전은 하나님이 거하시지 않습니다.

11 메시야 기다림

1. 기다릴 메시야

하나님은 이스라엘을 가나안 땅에 들어오게 하여 새로운 하나님의 역사를 이루려고 했습니다. 말씀을 통하여 이룬 이 세상을 오직 말씀으로 통치하는 그런 나라를 꿈꾸었습니다.

그러나 이스라엘은 그런 하나님의 꿈을 읽지 못하고 이방 나라와 같은 세상을 그렸습니다. 결국 하나님 왕을 버리고 인간 왕을 세워 자기들의 왕국을 이루었고, 그 결과 하나님은 그들을 멸망시켰습니다.

이스라엘의 수많은 왕들이 있었지만 그들은 부족했습니다. 다만 다윗은 하나님의 마음에 합한 왕이었습니다. 하나님은 다윗 왕을 통하여 하나님의 온전한 왕을 예언했고 그가 통치할 나라를 꿈꾸게 했습니다. 그분이 예수 그리스도입니다. 진정한 만왕의 왕으로 오셔서 우리를 통치하는 예수 그리스도에 대해서 선지자들은 반복하여 예언합니다. 앞으로 오실 메시야이며 만왕의 왕인 그분은 이스라엘뿐 아니라 만방을 통치할 분이십니다. 이런 메시야에 대한 예언이 선지서에 반복하여 나타납니다.

이사야와 미가와 스가랴와 다니엘과 말라기 선지자는 앞으로 오실 메시야에 대해 언급합니다. 그분은 예수 그리스도입니다. 당시는 정확하게 예수 그리스도인지 몰랐지만 결국은 그분이 예수 그리스도임을 신약을 통해서 확인하게 됩니다.

성경은 이런 면에서 예수 그리스도를 향해 초점이 맞추어져 있습니다. 구약은 미완성의 모습으로 부족한 인간이 많이 제시됩니다. 이런 다양한 인간의 모습을 통해 온전하신 그리스도가 해결방법으로 제시됩니다. 암흑의 순간일수록 그들은 이런 선지자들을 통해 계시된 메시야 소망을 바라보면서 좌절하지 않고 메시야를 기다리게 됩니다.

특히 미가 5:2에 나오는 메시야 예언 구절은 앞으로 메시야가 어디서 태어날 것인지를 그대로 알려주는 본문입니다.

"베들레헴 에브라다야 너는 유다 족속 중에 작을지라도 다스릴 자가 네게서 내게로 나올 것이라. 그의 근본은 상고에, 태초에니라."

2. 하나님의 나라 통치

하나님이 원하시는 나라는 이방 나라들이 꿈꾸는 일시적인 나라가 아닌 영원한 나라입니다. 세상 나라는 잠시면 없어질 허무한 나라입니다. 아무리 강대한 나라일지라도 하나님이 없는 나라는 한순간에 사라졌습니다. 애굽, 앗수르, 바벨론, 바사, 헬라, 로마 등의 나라는 고대, 중세의 대표적인 큰 나라들입니다. 그러나 이런 나라들은 한결같이 세상의 욕망을 가진 나라들이었습니다. 힘과 부와 위엄으로 사람들을 현혹했지만 화려함은 잠시였습니다. 모두 역사의 현장으로 사라졌습니다. 이것이 수천 년의 역사를 통해 우리에게 주는 교훈입니다. 그런데도 우리는 여전히 사라질 그런 나라에 소망을 두고 살고 있는 경우가 많습니다. 매우 안타까운 일입니다.

우리가 꿈꾸는 나라는 하나님의 나라입니다. 의와 평강과 희락이 가득 찬 나라로, 그 나라는 밖에 있는 것이 아닌 우리 안에 있습니다. 눈에 보이는 것이 아닌 사람의 마음속에 있는 나라입니다.

그 나라의 주인은 인간의 몸으로 오신 예수 그리스도입니다. 하나님께서 천하의 왕이 되시는 그런 나라입니다. 이것은 후에 성령이 우리 각 사람에게 내재하심으로 이루어진 영원한 나라입니다. 이것이 하나님이 꿈꾸는 나라의 모습입니다.

그럼에도 사람들은 일시적인 이 세상의 나라에만 관심을 갖고 어리석게도 그것에 올인합니다. 눈에 보이는 것은 하나님의 나라가 아닙니다. 하나님의 나라는 눈에 보이지 않게 임하는 나라입니다. 주님이 중심이 되는 나라입니다.

"하나님의 나라는 먹는 것과 마시는 것이 아니요 성령 안에서 의와 평강과 희락이라."(롬 14:17)

3. 타락과 침묵—말라기

이스라엘은 귀환하여 성전과 성벽을 재건하고 말씀으로 은혜를 받고 새로운 나라를 꿈꾸었습니다. 그러나 얼마 가지 못하여 다시 예전의 모습으로 돌아갔습니다. 인간의 욕망과 죄악으로 성전과 이스라엘 땅은 부패하기 시작했습니다. 하나님이 왕이 되는 나라보다는 인간이 왕이 되는 나라의 모습이 여전히 나타났습니다. 인간의 힘으로는 도저히 안 되는 인간의 죄악이 드러나는 순간입니다.

말라기는 이런 이스라엘의 타락상에 대해서 잘 그리고 있습니다. 우리는 이것을 통해 인간의 죄악이 얼마나 뿌리 깊은 곳에 박혀 인간을 괴롭히고 파멸하게 하는지를 볼 수 있습니다. 인간의 힘으로는 해결할 수 없는 불가능한 상황이 나타나고 있습니다.

특히 지도자인 제사장들의 타락상과 그것에 영향을 받은 이스라엘 백성들의 죄악은 점점 더 심해지고 있습니다. 제사장들은 하나님께 제사를 드렸지만 형식적인 모습만 남았습니다.

예를 들면 눈먼 희생물을 드리고 병든 것, 저는 것을 드리면서도 뻔뻔스럽게 언제 하나님의 상을 더럽혔는지 묻습니다. 총독에게 드려도 받지 못할 것을 하나님에게 드리는 자들이 되고 말았습니다. 그래서 하나님은 제사를 받지 않으셨습니다. 심지어 하나님은 이런 더러운 제사를 드리는 성전의 문을 닫을 사람이 있었으면 좋겠다고 한탄하십니다. 하나님이 받지 못할 제사를 뻔뻔스럽게 드리는 제사장의 무딘 영성은 당시 이스라엘 지도자상이 어느 정도인지 보여주는 대목입니다. 하나님을 위한다고 하면서 오히려 하나님의 이름을 더럽히는 이스라엘의 상황은 악하기 이를 데 없습니다.

심지어 백성들은 십일조까지 도적질하는 상황에 이르게 됩니다. 하나님의 것을 도적질하는 것은 이제 하나님에 대한 생각이 사라져 버렸음을 의미합니다. 이것은 창세기 3장에 나오는 선악과를 따 먹는 것과 같은 죄악입니다. 모든 나무의 열매는 먹을 수 있지만 중앙에 있는 선악을 알게 하는 나무는 먹지 말라고 명한 금령을 어김으로 인간이 타락으로 들어선 것처럼 이스라엘의 상황도 이와 같았습니다. 마지막 남은 십일조까지 도적질하는 것은 이스라엘이 자기 스스로 왕이 되려는 악한 욕심을 드러내고 있는 모습을 그대로 보여줍니다.

결국 하나님은 이런 이스라엘 백성의 악한 모습에 대해 말라기 선지자를 통해 심판을 예고하십니다. 극렬한 풀무불과 같은 날이 이르게 되고 교만과 악을 행하는 자는 모두 사라지고 나면, 선을 행하는 그루터기만 살아남게 될 것을 말합니다. 하나님의 종이 나타나서 백성들의 마음을 돌아서게 하면서 새로운 날이 임할 것을 예고하고 있습니다. 현재의 이런 상태로는 안되고 새로운 하나님의 통치 방식이 도래함을 말합니다.

패망하는 이런 백성들에게 하나님은 오랫동안 침묵하시면서 결국 메시야를 통한 하나님의 나라 통치 시대를 예고하고 있습니다. 이제 400년의 침묵시대로 들어서게 됩니다. 이 시대는 겉으로 보면 암흑시대지만 이것은 새로운 탄생을 위한 준비 시간입니다.

인간은 죄인입니다. 인간은 자신의 힘으로 구원을 받을 수 없습니다. 하나님의 은혜로 다시 회복을 해도 결국 용수철처럼 다시 제자리로 돌아가는 인간의 악함을 구약의 역사를 통해서 발견하게 됩니다. 인간은 자기가 주인이 되어서 하나님을 거부하려는 속성을 모태로부터 지니고 있습니다. 이것을 인간 스스로 해결하는 것은 불가능합니다. 말씀을 지키면서 구원을 이루려고 하지만 역시 인간의 힘으로는 그것을 지킬 수 없음을 다시 확인하게 됩니다. 구약 성경 전체는 이것을 분명히 말해 줍니다.

그러면 어떻게 이 문제를 해결할 수 있는가? 하나님은 인간이 의롭게 되는 길을 400년의 침묵기간을 통해서 준비하고 계십니다. 이것은 구약의 선지자들이 그렇게 강조하면서 말했던 메시야를 바라보아야 함을 말해 주고 있습니다. 우리는 구약을 정리하면서, 인간은 어쩔 수 없는 죄인이며 오직 하나님의 은혜를 기다려야 하는 존재임을 발견할 수 있습니다.

성경 파노라마 | 신약1

인 | 도 | 자 | 지 | 침 | 서

11. 복음서 시대

(마태복음, 마가복음, 누가복음, 요한복음)

마태복음 → 마가복음 → 누가복음 → 요한복음

이스라엘이 핍박과 고난 속에서 그렇게 기다리던 메시야가 세상에 오셨습니다. 이 메시야는 이스라엘뿐 아니라 모든 인류를 구원하는 구원자입니다. 그분은 곧 예수 그리스도입니다.

복음서는 예수님이 누구이며 무엇을 행하셨는가를 보여주는 책입니다. 우리는 복음서를 읽을 때 예수님이 누구인지를 살피고 그가 행한 일을 통하여 주님의 생각과 마음을 찾는 것이 중요합니다. 구약은 엄밀히 보면 복음서를 향해 있습니다. 복음서에 나오는 그리스도를 드러내기 위한 그림자 역할을 하고 있습니다. 구약은 그리스도를 통해서 내용이 드러나고, 본질이 나타난다고 보면 됩니다.

복음서는 예수 그리스도에 대한 복음의 내용을 담고 있습니다. 특히 예수 그리스도 인격에 초점을 두고서 네 명의 저자가 다른 상황과 대상을 목표로 기록하고 있습니다. 하나님이 네 복음서를 우리에게 주신 이유는 무엇일까? 그것은 예수 그리스도를 우리로 하여금 인격적으로 만나게 하기 위함입니다.

네 복음서를 개관할 때 보통 단권 복음서로 정리하여 예수님의 일대기를 정리하는 방향으로 합니다. 그렇게 정리하는 것도 도움이 되지만 더 좋은 방법은 가능한 네 권의 특징을 살려서 저자가 그리고자

한 다양한 그리스도의 모습을 발견하게 하는 것입니다. 단권으로 핵심을 정리하는 방향으로 네 복음서를 정리하면 네 권에 각각 담겨져 있는 특징을 살리기 어렵습니다. 오히려 예수님의 모습을 다양한 측면에서 이해하는 데 방해가 될 수 있습니다. 또 사람이 임의적으로 네 권을 요약하며 다시 편집하는 것으로 이해될 수 있기에 본래의 맛이 떨어질 수 있습니다.

복음서 공부는 지식을 얻고자 함이라기보다는 예수님의 인격을 만나는 데 초점이 있습니다. 오히려 조금 복잡한 것 같지만 네 권의 특징을 살려서 개관하는 것이 더 좋은 방법입니다. 그것이 네 복음서를 주신 하나님의 의도가 아닐까 생각합니다. 4명의 의견을 다시 종합 정리하는 것보다는 네 명의 기자를 만나서 그 사람이 전하고자 하는 예수님의 모습을 살펴보면 실제적인 예수님을 만날 수 있는 강점이 있습니다. 이런 면에서 네 복음서의 내용을 각각의 책의 특징을 살려서 정리하는 방법을 택했습니다.

예를 들면 마태복음은 전체 내용이 구약의 말씀을 이루는 것과 연관이 있습니다. 마태는 모든 것이 말씀에 응하는 것과 관련을 갖고 전체 내용이 기록이 되었습니다. 그것을 통해 예수님은 구약의 예언의 말씀을 이루기 위해서 오신 분임을 알려주려는데 마태의 특징이 있음을 알 수 있습니다.

복음서는 성경에서 가장 중요한 클라이맥스입니다. 구약은 복음서를 향해 있고 사도행전과 서신서와 요한계시록은 복음서를 통해 나오는 열매입니다. 이런 면에서 성경은 복음서의 분량을 많이 할애했습니다.

마태복음 1 01

마태복음은 유대인을 향해 쓰여진 복음서로 그리스도를 만왕의 왕으로 그리고 있습니다. 구약 예언의 성취로 오신 예수님을 보여줍니다. 그런 의미에서 구약 성경 인용이 많고 "말씀을 이룬다"는 내용이 반복됩니다.

1. 예수님의 준비(마 1:1~4:16)

마태는 예수님의 공생애를 위한 준비로 크게 네 가지 내용을 기록하고 있습니다. 즉 족보 · 탄생 · 세례 · 시험입니다.

1) 족보

예수님의 족보를 통해서 우리는 몇 가지 교훈을 얻을 수 있습니다. 마태는 구약의 아브라함부터 그리스도에까지 족보를 14대로 나누어 소개하면서 중요한 핵심 사항을 다루었습니다. 이것은 마태가 정리한 일종의 구약개관 방법입니다. 아주 간단하게 요약 정리한 것으로 탁월한 마태의 지혜가 엿보입니다.

특히 다말, 우리아의 아내 밧세바, 룻, 라합, 마리아 등 여자가 들어간 것은 당시 남자들의 이름으로 기록되었던 구약의 족보 방식과는 사뭇 다릅니다. 여자뿐 아니라 이들은 이방인들이면서 창녀까지 포함되었다는 점에서 상식을 넘어선 충격적인 족보입니다. 이것은 예수님의 탄생이 아브라함부터 시작되었지만 이미 모든 열방을 포함했다는 것을 의미합니다. 이런 의미에서 보면 우리 그리스도인은 이미 예수 그리스도의 족보에 들어간 상속자들임을 알 수 있습니다. 모든 그리스도인은 이 족보와 상관이 있습니다. 이것이 마태가 의도한 족보의 특징입니다.

2) 탄생

예수님은 탄생하는 순간부터 고난을 당했습니다. 예수님은 작은 고을 중 하나인 베들레헴에서 아무도 알지 못하는 가운데 소리 없이 태어났습니다. 별을 연구하는 동방의 박사들에 의해서 예수님의 탄생이 알려집니다. 그리고 이방 박사들에게 예수님은 경배를 받습니다.

반면에 유대 땅 사람들은 자기 왕이 오지만 알아차리지 못하고 오히려 그것으로 소동하는 일이 벌어집니다. 헤롯이 예수를 죽이려는 것을 알고 하나님은 동방의 박사들을 다른 길로 돌아가게 합니다. 헤롯은 예수님을 죽이기 위해 두 살부터 그 아래로 아기들을 모두 죽이지만 하나님은 예수를 애굽으로 미리 피신시킵니다. 그리고 헤롯이 죽자 예수님은 다시 이스라엘로 돌아옵니다. 그러나 그 아들 헤롯 아켈라오가 유대의 임금이 됨으로 예수님은 다시 꿈의 지시를 받아 갈릴리 지방으로 떠나 나사렛으로 가서 어린 시절을 보내게 됩니다.

인간의 생각으로 보면 상황에 따라 어쩔 수 없이 일어난 것 같지만 이것은 이미 선지자로 하게 하신 말씀과 연관된 것입니다. 즉 나사렛 사람이라고 칭하리라고 말했던 것과 관련이 있습니다. 예수님의 탄생 사건은 순탄하지 않았습니다. 이것은 예수님이 탄생하신 때가 얼마나 힘들고 어려운 시기였는지 알 수 있습니다.

3) 세례

예수님은 나사렛에서 어린 시절을 보내신 후에 30세가 되어서 요한에게 세례를 받으십니다. 하나님의 아들인 예수님이 왜 세례를 받으셔야만 하는가? 그것은 세례를 통하여 하나님의 의를 이루는 것과 관련이 있습니다. 예수님은 말씀에 순종하는 의미에서 세례요한에게 세례를 받으셨습니다.

말씀을 이루는 것보다 더 소중한 것은 없습니다. 모든 것은 말씀을 이루는 것과 관련이 있습니다. 예수님의 사역은 모두가 이 말씀을 이루는 것과 연관되어 있습니다. 우리 인생도 나의 생각이 아닌 하나님의 뜻을 이루는 것과 관련될 때 의미 있는 삶이 됩니다.

4) 시험

예수님은 40일 동안 광야에서 시험을 받으십니다. 성령에 이끌리어 사단에게 시험을 받으십니다. 이것은 시험을 통하여 예수님의 공생애가 시작되는 의미가 있습니다. 시험을 거치지 못하면 뜻을 이룰 수가 없습니다

특히 예수님은 세 번에 걸친 사단의 시험을 말씀으로 이기셨습니다. 거짓된 유혹을 이길 수 있는 길은 진리를 통해서만 가능합니다. 이것은 예수님이 30년 동안 말씀으로 준비했음을 의미합니다. 우리의 싸움은 거짓과의 싸움입니다. 이것이 우리가 진리로 무장해야만

하는 이유입니다

진리를 전하기 위해서는 자기 안에 있는 비진리를 먼저 걷어 내야 합니다. 그것은 광야의 시험을 통하여 검증받게 됩니다. 말씀에 확고히 서는 것이야말로 하나님의 사역을 잘 감당하는 비결입니다. 하나님의 사역은 자신의 뜻이 아닌 하나님의 뜻을 이루는 것입니다. 오랫동안 하나님의 말씀에 서는 훈련은 하나님의 뜻을 이루는 일에 필수불가결한 일입니다.

세 번에 걸친 시험을 하나님의 말씀으로 물리친 주님의 모습은 오늘 우리가 시험을 어떻게 이겨야 하는지를 말해 줍니다.

2. 예수님의 선포(마 4:17~16:20)—말과 행동

예수님은 말씀이 육신이 되어 세상에 오신 분입니다. 예수님은 자신의 말과 행동에서 일치를 이룬 분입니다. 예수님의 중요한 사역 두 가지는 말과 행동입니다. 말로서 복음을 전하시고 표적과 기사 등 행동을 통해서 복음을 전했습니다. 이런 점에서 예수님의 말과 행동은 모두 기쁜소식이 되었습니다. '이때부터' 라는 구절은 예수님이 복음을 전하신 모습을 말해 주는 중요 구절입니다.

예수님이 전한 복음의 내용은 무엇일까?

그것은 "회개하라. 천국이 가까이 왔느니라" 입니다.

하나님을 믿지 않고 자기 자신을 믿는 것이 죄입니다. 자신을 포기하고 하나님에게로 돌아서는 것이 회개입니다. 그런 사람에게 천국이 임합니다. 자신으로 가득 찬 악한 마음에는 하나님의 영이 임하지 않습니다. 선과 악이 공존할 수 없습니다. 인간이 가질 수 있는 선은 자기를 비우고 하나님을 인정하는 것입니다. 하나님을 주인으로 받아들이는 것이 선입니다.

하나님을 받아들이기 위해서는 먼저 회개가 필요합니다. 자기 부인의 과정이 있지 않으면 하나님은 우리 안에 임하지 않습니다.

1) 첫 번째 말씀 선포(마 5~7장) – 산상수훈

예수님은 제자들에게 하나님의 말씀을 전하셨습니다. 제자들에게 전한 하나님나라 복음의 핵심 메시지는 무엇일까? 그것은 예수님이 복음이라는 것입니다. 마태복음 5:17에 말씀하셨습니다. "내가 율법이나 선지자나 폐하러 온 줄로 생각지 말라 폐하러 온 것이 아니요 완전케 하려 함이로다." 예수님은 곧 복음입니다. 예수님이 세상에 오신 것은 새로운 하나님의 말씀을 전하기 위함이 아닙니다. 이미 전한 율법(토라), 선지자(선지서)를 폐하는 것이 아닌 완전하게 하기 위한 것입니다. 이런 면에서 산상수훈의 말씀은 구약의 말씀을 넘어 완전하게 하는 의미를 지니고 있습니다. 구약에서 말하는 옛 사람이라는 말과 신약의 주님의 말씀은 서로 상호적이면서 보완과 성취를 이루고 있습니다. 구약과 신약은 이런 면에서 서로 떨어질 수 없는 하나된 말씀입니다.

그렇다면 주님의 말씀을 관통하는 핵심 구절은 무엇일까? 우리는 이것을 황금률이라고 말합니다. 마태복음 7:12에 나오는 "무엇이든지 남에게 대접을 받고자 하는 대로 너희도 남을 대접하라. 이것이 율법이요 선지자이니라" 입니다.

무슨 말씀입니까? 주님이 주신 말씀은 이웃을 내 몸처럼 사랑하는 것과 늘 관련을 맺어야 합니다. 자신만 생각하는 것은 복음이 아닙니다. 나에게도 좋고 남에게도 좋은 것이 되어야 합니다. 남에게 받고 싶은 대로 남에게 해주면 됩니다. 그것이 주님이 가르쳐 준 하나님나라의 원리입니다. 모든 일을 할 때 이런 마음을 가지고 하면 문제가 없습니다. 외적인 것보다 마음의 중심이 더 우선입니다.

2) 행동으로 사역(마 8~9:34)

주님의 말씀은 살아 있는 행동입니다. 주님의 말씀은 그냥 전해지는 사람의 말과 다릅니다. 주님의 말씀은 창조의 말씀이고 사람을 살리는 생명의 말씀입니다. 이런 주님의 말씀이 실제적으로 살아 있음을 보여주는 것이 곧 병자를 고치고 치료하는 능력입니다. 주님이 베푸신 능력은 그가 하신 말씀을 통해 이루어집니다. 이것들은 어떤 마술이나 특별한 방법으로 하는 것이 아닌 말씀으로 이루어진 특징을 가지고 있습니다. 그것은 곧 말씀이 행동임을 드러내 줍니다.

예를 들면 문둥병자를 고치신 일, 백부장 하인의 중풍병을 고친 일, 베드로 장모의 열병을 고치신 일, 귀신을 쫓아내고 병을 고치신 일, 바다를 잔잔하게 하신 일, 귀신 들린 두 사람을 고친 일, 침상에 누운 중풍병자를 고친 일, 혈루증 앓는 여자 고친 일, 두 소경을 고친 일, 벙어리된 자를 고친 일 등의 다양한 치유와 기적 사건이 8~9장에 집중적으로 소개됩니다. 이런 다양한 병자들을 예수님은 말씀으로만 고치신 것을 봅니다. 그것은 그의 말씀이 위대한 능력이 있음을 보여주는 사건입니다.

3) 두 번째 말씀 선포(마 9:35~10장) – 선교

예수님은 성과 촌과 회당에 두루 다니시면서 말씀을 전파하셨습니다. 예수님은 천국 복음을 전파하시고 아울러 모든 병과 약한 것을 고쳐 주셨습니다. 여기에서도 말씀과 치유는 같이 갑니다. 제자들에게도 이런 주님의 능력을 그대로 주셨습니다. 예수님은 열두 제자를 불러서 더러운 귀신을 쫓고 모든 병과 모든 약한 것을 고치는 능력을 주셨습니다. 주님에게 있는 동일한 능력을 주님을 따르는 제자들에게도 주셨습니다. 이것은 예수님을 믿는 자들에게도 동일하게 능력이 나타남을 보여줍니다. 오늘 우리에게도 믿음이 있다면 이런 주님의 능력이 임하게 됩니다.

4) 적대감 고조(마 11~12장)

예수님의 이런 말씀 전파와 병 고치는 사역은 사람들에게 희망과 기쁨을 주었습니다. 당시 병으로 고통을 받는 사람에게 하나님의 말씀은 희망이 되었습니다. 주님의 말씀은 곧 병든 자를 살리는 생명의 말씀이었습니다. 실제적으로 주님을 만나 말씀을 들으면 병들이 고침을 받았습니다.

그러나 이런 일들은 예수님에게는 오히려 어려움이 되었습니다. 병 고침이 많을수록 적대자들이 많아지고 유대인들은 예수님을 시기했습니다. 그래서 예수님은 제자들에게 자기를 나타내지 말라고 경계를 했습니다. 병을 고치는 주님을 향해 바리새인들은 귀신의 왕 바알세불을 힘입어 귀신을 쫓아낸다고 비난을 했습니다. 모든 사람의 눈에 드러나게 말씀의 역사가 나타남에도 그들은 이것을 믿지 못하거나 끝까지 거부했습니다.

지금도 복음의 역사가 일어남에도 믿지 않는 사람들이 있습니다. 보이는 표적을 구하면서도 오히려 믿지 않는 악한 사람들이 있습니다. 표적을 보면 볼수록 믿음이 자라기는커녕 더욱 강퍅해지는 사람들도 있습니다. 표적을 통해서 말씀을 보지 못하면 이런 현상이 일어납니다. 표적을 통해서 말씀이신 예수님을 만나고 믿으려 하기보다는 표적 자체만 보려고 할 때 사람들은 예수님을 거역하는 방향으로 나가게 됩니다. 이것은 성령을 거역하는 일입니다. 그래서 주님은 표적을 사람들에게 드러내기보다는 오히려 숨기시고 가능한 말하지 말라고 했습니다. 왜냐하면 사람들이 말씀을 잘못 오해할 수 있기 때문입니다.

말씀은 표적과만 연관된 것이 아닙니다. 오히려 말씀의 변화는 병을 고치는 외적인 것보다 사실은 마음의 변화가 더 중요합니다. 사람의 변화는 마음의 변화에서 시작됩니다. 외적인 표적 사건은 사람의 마음을 변화시키기 위한 도구일 뿐입니다.

5) 세 번째 말씀 선포(마 13장) – 비유

마음의 변화가 일어나기 위해서는 우선 말씀을 들어야 합니다. 말씀을 잘 받아들이기 위해서는 마음이 겸손해야 합니다. 마음의 밭이 좋아야 말씀이 잘 심겨집니다. 주님은 이런 사람의 마음을 아시기에 쉽게 이해할 수 있는 비유와 이야기로 말씀을 전하셨습니다. 마태복음 13장에는 비유들이 많이 나옵니다. 비유는 말씀을 보다 쉽게 이해하고 마음으로 받아들일 수 있게 합니다.

어린아이들이 비유를 잘 듣습니다. 오히려 어른들은 비유를 잘 이해 못하는 경우가 많습니다. 어린아이처럼 마음이 겸손하지 않으면 하나님의 말씀을 들을 수 없습니다.

마태복음 13장은 비유장으로 많은 비유들이 소개되고 있습니다. 씨 뿌리는 비유는 비유 중에 가장 기본이 되는 것입니다. 겨자씨와 누룩의 비유, 가라지 비유, 감추인 보화 비유, 좋은 진주 비유, 물고기와 그물 비유 등이 있습니다.

비유는 천국을 드러내 주는 이야기입니다. 천국을 인간의 지식으로 이해하는 것은 어렵습니다. 그러나 비유를 통해서는 가능합니다. 비유는 하나님이 만드신 세상의 이야기들입니다. 그것은 진실입니다. 사람이 꾸며낸 허탄한 이야기나 논증과는 다릅니다. 비유는 우리의 마음을 움직이는 놀라운 효과가 있습니다. 그것은 진리이기 때문입니다.

6) 베드로의 신앙고백(마 14:~16:20)

예수님의 말씀과 행동이 하나로 나타나는 대표적인 사건은 물고기 두 마리와 보리떡 다섯 개로 오천 명을 먹이신 일입니다. 인간의 생각으로는 도저히 불가능한 일입니다. 그러나 주님이 말씀하신 대로 제자들이 순종하자 놀라운 역사가 일어났습니다. 말씀의 힘입니다. 물 위를 걸으시는 예수님이 베드로를 물 위로 직접 걷게 하는 장면은 말씀을 믿고 따르면 어떤 일이 일어나는지 보여주는 대표적인 사건입니다. 말씀대로 할 때 역사가 일어납니다.

직접 말씀의 위력을 체험한 베드로는 후에 예수님에 대해서 위대한 신앙고백을 합니다. "주는 그리스도시요 살아계신 하나님의 아들"이라는 고백은 모든 제자들과 오늘날 우리들도 동일하게 고백해야 하는 신앙고백의 모델이 되고 있습니다. 하나님의 교회는 그런 고백을 한 사람들을 통해 세워집니다.

오늘도 우리는 주님을 하나님의 아들로 고백하고 믿어야 합니다. 주님의 말씀을 믿고 순종하면 우리들도 베드로처럼 놀라운 기적을 경험하고 하나님의 자녀가 됩니다. 하나님의 자녀가 되는 것은 표적을 보고서 믿는 것이 아니라 결국은 말씀을 믿는 데서 결정됩니다. 표적은 주님을 나의 구주로 믿기 위한 과정이요 도구입니다. 표적을 보고서도 예수를 믿지 않으면 그것은 헛된 것입니다. 우리는 표적을 보고서 예수를 믿기보다는 말씀을 듣고 믿고 순종하여 하나님의 자녀가 되었습니다. 하나님의 나라는 마음에서 일어나야 합니다.

마태복음 2 02

1. 예수님의 마음과 생각(마 16:21~20장)

그동안 사람들에게 예수님은 말씀을 전하고 표적을 행하면서 사람을 변화시키고, 많은 병자들을 고쳐 주셨습니다. 예수님은 그것을 통해 자신이 곧 하나님의 아들이심을 증거했습니다. 말씀으로 병을 고치고 귀신을 쫓아내고 바다를 잔잔하게 하고 물 위를 건너는 일은 사람의 힘으로는 불가능합니다. 그것은 오직 하나님만 가능합니다. 표적은 예수님이 진정 하나님의 아들이시고 구원자이심을 보여주는데 목적이 있었습니다. 인간의 병을 고치시는 것이 목적이 아니라 하나님의 아들이신 그리스도를 믿게 하는 것이 예수님의 목적이었습니다.

그리고 이제 자기 때가 되어 예수님은 자신을 드러내셨습니다. 이것을 메시야 비밀이라고 말합니다. 예수님은 세 번에 걸쳐서 제자들에게 자신이 하나님의 아들이고 이 땅에서 고난을 당하시고 죽으신 후에 사흘만에 부활할 것을 말씀하셨습니다.

기적과 표적을 베푸신 것을 통해 예수님은 자신이 곧 하나님의 아들이심을 제자들에게 보여주셨습니다. 그리고 그런 하나님의 아들인 자신이 인류를 위해 죽으실 것을 말씀하셨습니다. 그것은 제자들이 이해하기 어려운 일이었습니다. 주님을 따르는 제자들에게 주님이 죽으시는 일은 일어날 수 없는 가당치 않는 일이었습니다. 오히려 제자들은 정치적으로 해방을 이루시는 주님으로 이해를 했고, 이런 생각이 가득 찬 제자들에게 예수님의 메시야 비밀이 귀에 들어올 리가 없었습니다.

예수님은 제자들에게 세 번에 걸쳐서 반복하여 말씀하셨지만 제자들은 그것을 잘 이해하지 못했습니다. 메시야 비밀은 마태복음 16:21, 17:22~23, 20:18~19에 반복하여 나옵니다.

왜 예수님이 십자가에 죽으셔야 하는가? 꼭 죽음을 통해서만 구원을 이룰 수 있는가? 이것은 당시의 제자들뿐 아니라 오늘날 주님을 따르는 우리들에게도 이해가 쉽지 않습니다. 대부분의 사람들은 그렇게 해서는 구원을 이룰 수 없다고 이해합니다. 구원을 이루는 일은 남을 이기고 지배하는 힘을 가져야 가능한 일이라고 생각합니다. 그래서 가능한 힘과 권력과 부를 가지려고 합니다. 이것은 역사의 일을 이룬다는 사람들이 흔히 주장하는 논리입니다. 그러나 주님은 그런 것을 거부하고 세상과 반대인 방법을 제시합니다.

예수님이 제자들에 가르치신 성공 방법 즉, 구원을 이루는 방법은 어린아이와 같은 마음을 갖는 것입니다. 어린아이 같은 작은 하나를 귀하게 여기는 일입니다. 그렇지 않으면 하나님의 심판을 받게 됩니다. 아흔아홉 마리보다 잃어버린 한 마리 양을 찾는 것이 하나님이 원하시는 일입니다. 세상의 지배자들은 작은 것 하나를 우습게 봅니다. 그러나 하나님의 나라를 사랑하는 제자들은 작은 것 하나에 목숨을 겁니다.

예수님은 좁은 길을 가셨습니다. 그리고 제자들에게도 좁은 길을 따라가야 한다고 말씀하셨습니다. 천국에서 가장 큰 자는 어린아이와 같은 자입니다. 작은 자입니다. 작은 자를 귀하게 여기고 한 생명을 가치 있게 생각하며 살아가는 사람입니다.

그런 사람은 자연히 다른 사람을 섬기게 됩니다. 다른 사람의 종이 되고 그들에게 자기를 기꺼이 희생합니다. 천국에서는 그런 사람이 큰 자입니다. 그런 사람이 으뜸입니다. 지금 예수님이 가는 십자가 길은 바로 이런 길입니다. 섬기고 희생하면서 작은 자 하나를 소중하게 여기는 그런 길입니다. 아마 제자들에게 이런 주님의 모습은 충격이었을 것입니다. 그리고 도저히 이해할 수 없는 말이었을 것입니다. 그것은 세상의 권세자들이 생각하는 것과는 정 반대의 길이기 때문입니다.

오늘도 우리는 이런 주님의 말씀을 이해 못하는 경우가 많습니다. 주님이 강조한 제자의 길을 따라간다고 하면서, 정작 세상과 같은 길을 가고 있지 아니한지 돌아보아야 합니다. 한 사람의 가치를 소중하게 여기면서 그것을 위해 자신의 모든 것을 바치는 사람이 되어야 합니다. 한 사람이 바로 나라면 그것은 모든 사람이 됩니다. 한 사람의 가치를 모르는 사람은 생명의 존귀함을 모르는 사람입니다. 나 한 사람을 구하기 위해서 자신의 모든 것을 바친 주님의 희생을 이해할 수 있다면 얼마나 좋을까요.

2. 예수님의 죽음과 부활(마 21~28장)

—예루살렘에서 일어난 일

예수님은 예루살렘을 향해 갑니다. 그것은 죽음의 길이요, 십자가의 길입니다. 그리고 인류를 구원하는 길입니다. 그 길은 인간을 섬기며 남의 종이 되는 길입니다.

1) 예수님 자신의 정체성과 권위(마 21~22장)

예루살렘에서 가장 거룩하고 귀한 곳은 성전입니다. 그런데 그 성전이 악한 강도의 소굴이 되었습니다. 예수님은 성전 안에 들어가셔서 매매하는 자들을 내쫓으시고 타락한 성전을 청결케 하셨습니다. 그리고 성전을 향해 내 집은 기도하는 집이라고 하셨습니다. 성전을 내 집이라고 말씀하신 것은 곧 자신이 하나님이심을 드러내는 말입니다.

예수님은 자신이 누구인지를 잘 아셨습니다. 그동안 하나님의 집을 자기 집처럼 생각한 악한 제사장들을 책망하며 성전의 주인이 곧 자신임을 말씀하셨습니다. 성전을 청결케 하는 일은 오직 예수님만이 가능합니다. 주인만이 강도들을 내어쫓을 수 있습니다.

이 사건은 주님이 성전의 주인임을 드러낸 것입니다.

예수님은 성전에서 사람들을 가르치셨습니다. 사람들이 죄를 짓는 것은 하나님의 지식을 알지 못했기 때문입니다. 하나님의 나라가 무엇인지 가르침을 받지 못했기 때문입니다. 서기관들과 제사장들이 이런 일을 해야 함에도 불구하고 그들은 그것에 관심을 갖지 않았습니다. 예수님은 그들의 일을 대신하여 하나님나라 복음을 전하며 가르치는 일을 계속했습니다. 예수님은 포도원 농부의 비유와 혼인잔치 비유와 가이사의 세금 바치는 일과 부활논쟁 등 많은 가르침을 죽음의 순간까지 계속했습니다.

그중에서 가장 큰 계명에 대한 가르침은 매우 중요합니다.

율법 중에 어느 계명이 가장 중요하냐고 묻는 질문에 예수님은 '하나님을 사랑하고 내 이웃을 내 몸과 같이 사랑하는 것' 이 성경의 핵심임을 가르쳤습니다.

성경을 공부하고 배우는 것은 결국은 하나님과 이웃을 사랑하기 위해서입니다. 일상 생활의 핵심은 사랑입니다. 어떤 일이든 사랑 때문에 해야 합니다. 그렇지 못하면 많은 일을 하고서도 버림을 받을 수 있습니다. 무슨 일이든 사랑이 빠진 것은 아무 소용이 없습니다. 예수님의 이런 가르침은 제자들에게뿐만 아니라 오늘날 우리에게도 소중합니다.

지금 예수님이 십자가에 죽는 일은 사랑을 실천하는 일입니다. 사랑은 말로 하는 것이 아닌 마음과 정성과 힘을 다하여 하는 일입니다. 우리의 모든 삶이 사랑이 되어야 하고 그것이 기준이 되어야 합니다.

2) 적대자들의 꾸짖음(마 23장)

서기관들과 바리새인들은 입으로는 하나님을 잘 믿는다고 하면서도 행동이 일치되지 않았습니다. 즉 말씀과 행동의 일치를 보이지 못했습니다. 특히 그들 속에는 사랑이 없었습니다. 그런 이유로 유대인 지도자들은 예수님을 시기하고 십자가에 죽이는 일에 앞장섰습니다. 사랑이 빠진 열심이 얼마나 무서운지를 보여주는 대목입니다.

그런 바리새인들과 서기관들에게 예수님은 "화가 있을 것이라" 고 책망했습니다. 23장에 일곱 번 계속하여 나오고 있습니다. 그들의 특징은 외식하는 자로 말과 행동이 달랐습니다.

거짓의 대표적인 모습은 말과 행동의 불일치입니다. 그런 사람을 조심해야 합니다. 그런 반면에 예수님은 말과 행동이 일치되었습니다. 신앙은 말과 행동이 일치되는 것입니다. 이것이 제자들이 따라야 할 살아 있는 믿음의 모습입니다. 그런 믿음은 능력이 나타나고 결국은 구원을 이룹니다.

3) 제자들의 미래에 대한 준비(마 24~25장)

예루살렘의 중심 역할을 한 성전은 이제 더 이상 의미가 없게 되었습니다. 성전으로서 역할보다는 인간의 욕심을 채우는 욕망의 수단이 되었습니다. 예수님은 이런 성전이 무너질 것을 예언했습니다. 그것은 진정한 의미에서 성전이 예수님 자신임을 말해 주는 이야기이도 했습니다. 예수님이 말씀하신 성전 파괴 예언은 주후 70년에 실제 로마에 의해서 이루어졌습니다. 성전에 매여 있는 사람들도 성전이 무너지면서 함께 무너질 것입니다.

그리고 예수님은 열 처녀 비유와 달란트 비유 그리고 양과 염소 비유를 말씀하시면서 천국에 대한 이야기를 하십니다. 공통적인 내용은 천국에 대한 비유로 마지막에 하나님 앞에 설 때의 우리의 모습을 그리고 있습니다. 천국은 갑작스럽게 찾아옵니다. 그리스도인은 늘 준비하고 깨어 있어야 합니다. 그리고 천국이 임할 때는 심판도 함께 임합니다. 마지막에는 양과 염소로 나뉘게 됩니다. 악한 자는 영벌에, 의인은 영생에 들어가게 됩니다. 우리는 인생을 이 세상의 관점으로 살지 말고 천국을 바라보며 하나님 앞에 서는 날을 생각하며 살아야 합니다.

4) 고난과 죽음과 부활(마 26~28장)

예수님이 당하신 고난은 유대인의 왕으로서 당하는 고난입니다. 진정한 유대인의 왕이 누구인지 모르는 사람들에 의해서 수난당하는 예수님의 모습은 치욕적입니다. 왕을 상징하는 가시 면류관과 홍포는 예수님의 모습을 상징적으로 그리고 있습니다. 고난당하는 왕으로서의 모습입니다. 만왕의 왕이 세상의 왕에게 고통을 당하며 죽임을 당하고 있습니다. 이해할 수 없는 일이 일어나고 있는 것입니다.

'유대인의 왕' 이라는 죄패를 걸고 십자가에서 내려오면 믿겠다고 하는 사람들의 소리는 인간이 얼마나 악한지를 보여주고 있습니다. 그 속에는 사단의 흉계가 들어있습니다. 이런 모욕과 비난은 예수님을 마지막까지 십자가에서 죽지 못하게 하는 사단의 전략이 숨어 있음을 알 수 있습니다.

예수님은 십자가에서 죽으시면서 아버지께 "어찌하여 나를 버리셨나이까" 하며 부르짖었습니다. 이것은 인간이 지은 죄로 인하여 하나님께 버림받는 우리들의 모습을 그대로 보여주는 장면입니다. 내가 당해야 할 죄값을 대신 당하시는 예수님의 모습입니다. 이런 예수님의 죽으심은 누구든지 이렇게 십자가에 죽으신 예수님을 믿으면 하나님께 버림당하지 않는 것을 교훈하고 있습니다. 누구든지 십자가에 버림당한 예수님을 믿지 않으면 자신 스스로가 이런 죄의 형벌을 받게 됩니다.

이렇게 십자가에 죽으신 예수님은 사흘 만에 부활했습니다. 막달라 마리아와 다른 마리아가 부활하신 예수님을 직접 만나 발을 붙잡게 됩니다. 그리고 갈릴리로 가서 제자들을 만날 것이라는 말씀을 예수님께 직접 듣습니다. 예수님의 부활은 영의 부활이 아닌 육신이 살아난 부활입니다. 사람이 직접 만지고 볼 수 있는 그런 몸의 부활입니다. 우리도 그런 부활을 맞이하게 될 것입니다.

죽은 지 사흘 만에 다시 부활했다는 것은 주님이 인간이 아닌 하나님의 아들이심을 보여주는 확실한 증거입니다. 그리고 주님이 영생이요, 부활이요, 길임을 알려주는 사건입니다. 아울러 주님을 믿는 사람은 누구든지 주님처럼 죽어도 다시 사는 영원한 부활의 삶을 산다는 것을 보여줍니다.

부활하신 예수님은 약속하신 대로 갈릴리에서 예수님이 명하신던 산에 이르러 최후의 말씀을 하십니다. "모든 족속으로 제자를 삼아 세례를 주고 분부한 모든 것을 가르쳐 지키게 하라"고 말합니다. 그런 사명을 감당하는 사람에게 하나님은 늘 함께하실 것을 말씀하십니다.

주님을 따르는 제자들은 주님의 이 말씀을 마음에 새기고 그대로 살았습니다. 죽기까지 복음을 전하며 가르치고 제자 삼는 일을 했습니다. 그 결과 온 세상에 복음이 전파되었고 오늘 우리에게까지 이르게 되었습니다. 이것은 주님처럼 십자가의 길을 따르는 사람들이 가져야 할 인생의 모델입니다.

마태복음은 말씀을 전하고 가르치는 일로 시작하고 마무리합니다. 오늘도 주님은 말씀을 전하는 사람들과 함께하시고 그런 자에게 능력을 주시어 하나님의 나라를 이루시고 건설하십니다. 마태복음은 하나님의 말씀이 어떻게 역사의 현장에서 실천되고 다음 세대까지 계속 이루어지는지를 보여주고 있습니다.

마가복음 1 03

마가복음은 로마인을 위해 가록한 복음서입니다. 마가복음은 특히 이적을 통하여 예수님이 누구인가를 구체적으로 보여주고 있습니다. 다른 복음서와 다르게 마가복음은 사실적이고 실제적이며 시간이 빠르게 전개되는 특징을 가지고 있습니다. 그것은 아마 로마인에게 복음을 전하는 방식으로 적합했기 때문일 것입니다.

1. 예수님이 행하신 이적(막 1~8:26) – 예수, 그는 누구인가?

1) 예수님은 하나님의 아들, 메시야이다(막 1:1~15)

세례요한은 예수님이 대해서 이렇게 소개합니다. 당시 세례요한은 유대인들에게 존경을 받는 지도자였습니다. 선지자로 여길 정도로 사람들이 그를 따랐습니다. 그런 그가 예수님을 소개하는 것은 중요한 의미가 있습니다.

"나보다 능력 많으신 이가 내 뒤에 오시나니 나는 굽혀 그의 신들메를 풀기도 강당치 못하겠노라. 나는 물로 세례를 주었거니와 그는

성령으로 너희에게 세례를 주시리라." (1:7~8)

세례요한이 소개한 예수님은 감히 인간은 신들메를 풀기도 감당치 못할 그런 존재이며 성령을 주시는 분으로 소개하고 있습니다.

세례를 받는 일을 통하여 예수님은 하나님께 하나님의 아들로 인정을 받습니다. "너는 내 사랑하는 아들이라 내가 너를 기뻐하노라." 이것은 예수님이 하나님의 아들이심을 공적으로 선포한 것입니다. 우리는 이제 예수님이 하나님의 아들로서 어떤 일을 행하시는가를 마가복음을 통하여 보게 될 것입니다. 이런 눈으로 마가복음을 읽으면 쉽게 이해가 될 것입니다.

예수님은 세례요한이 잡힌 후에 비로소 갈릴리에서 공생애 사역을 시작하십니다. 예수님이 하신 일은 하나님의 복음을 전파하는 일입니다. "때가 찼고 하나님의 나라가 가까왔으니 회개하고 복음을 믿으라." 예수님은 하나님의 나라를 세상에 가지고 온 분입니다.

여기서 복음은 예수님을 의미합니다. 예수님을 믿는 것이 쉽지 않습니다. 자기가 주인인 사람이 예수님을 주인으로 모셔 들이는 것은 어려운 일입니다. 자기를 부인하고 회개하면 가능하지만 그렇지 않으면 주님을 주인으로 영접하는 일은 어렵습니다. 그러나 주님을 모셔 들이지 않으면 누구도 하나님의 나라에 들어갈수 없습니다.

2) 예수님은 하나님의 나라를 소유한 분이다(막 1:16~8:26)

예수님을 믿는 것이 곧 하나님의 복음을 받아들이는 것입니다. 그것은 예수님이 하나님의 나라를 가지신 분이기 때문입니다. 누구든지 예수님을 믿으면 하나님의 나라를 가지게 됩니다. 천국에 들어가게 됩니다. 예수님과 천국은 이런 면에서 동일합니다. 예수님이 곧 하나님의 나라라는 것이 이제 여러 가지 사건들을 통해서 발견하게 됩니다.

• 예수님과 서기관들과 바리새인들(막 1:16~3:12)

예수님은 가버나움 회당에서 더러운 귀신 들린 사람을 고치십니다. 말씀으로 그를 고치셨습니다. 예수님의 말씀은 하나님의 복음입니다. 그것을 듣자 귀신은 그 사람에게서 나오게 됩니다. 또 중풍병자가 고침을 받습니다. 이때도 "소자야 네 죄 사함을 받았느니라"고 말씀하시자 그가 나았습니다. 왜 죄 사함을 받았다고 말했을까? 그것은 그를 감싸고 있는 죄가 그를 병들게 했음을 의미합니다. 예수님이 그 속에 있는 죄를 용서하자 자연스럽게 병이 낫게 됩니다. 하나님의 나라가 중풍병자 속에 들어가자 병이 고침을 받게 됩니다. 이 사람의 병은 악한 나라에 속했기에 일어나는 일이었습니다. 그에게 새로운 나라가 임했음이 병 고치는 사건을 통해 나타나게 된 것입니다.

이런 일에 대해서 서기관들의 반응은 "참람하도다. 감히 누구이기에 죄를 사하는가" 하면서 이해를 못합니다. 죄 사하는 일은 오직 하나님 한 분밖에 안됩니다. 그런데 예수님이 하셨다는 것은 예수님이 하나님이심을 보여주는 사건입니다. 그러나 이런 것을 보고서도 서기관들은 믿지 못했습니다.

이것은 안식일에 병을 고치는 일을 통해서도 그대로 나타납니다. 안식일에 병을 고치는 것을 본 바리새인들은 예수님을 죽일까 생각합니다. 왜냐하면 안식일에 병을 고치는 일은 안식일을 범하는 일이기 때문입니다. 그러나 예수님은 안식일의 주인이 예수님 자신임을 말씀하십니다. 그것으로 자신이 곧 안식일을 제정하신 하나님이심을 그들에게 보여준 것입니다. 그러나 그들은 이런 예수님을 이해하지 못하고 오히려 죽이려고 했습니다.

• 예수님과 제자들(막 3:13~6:6)

예수님은 제자들을 하나 하나 부르셨습니다. 그리고 제자들에게 전도를 하며 귀신을 내어쫓는 능력을 주셨습니다. 그것은 하나님의 복음을 받아들인 자에게는 동일한 주님의 능력이 주어짐을 보여주려는 의도였습니다. 이것은 예수님이 곧 복음이요, 하나님의 아들임을 보여주는 사건입니다. 예수님을 믿는 자는 당연히 이런 능력을 행할 것입니다.

그리고 제자들에게 예수님은 비유를 통하여 하나님의 나라에 대해서 가르쳤습니다. 그것은 이런 말씀을 통하여 그들의 마음속에 천국을 심어 주기 위함이었습니다. 씨 뿌리는 비유와 자라나는 씨의 비유는 제자들 마음속에 천국을 심고 자라게 하는 비유입니다. 이것을 통해 우리 속에 하나님의 복음과 천국이 어떻게 임하는지를 잘 보여줍니다.

예수님은 제자들과 함께 배를 타고 가셨습니다. 광풍이 일어나서 배가 뒤집힐 상황이 되었지만 예수님은 배 안에서 주무시고 계셨습니다. 제자들이 두려워서 호들갑스럽게 예수님을 깨우자 예수님은 제자들에게 "왜 믿음이 없느냐"고 책망하십니다. 이것은 하나님의 나라를 가진 자에게는 동일한 능력이 임하는 것을 가르쳐 주려는 것이었습니다. 그리고 직접 시범을 보여 바다를 잔잔하게 하십니다. 이것은 예수님이 곧 하나님의 아들이심을 제자들에게 보여주는 사건입니다.

또 회당장의 딸을 살리시는 사건 속에서도 예수님은 베드로와 야고보와 요한을 데리고 아이를 살리시는 것을 직접 보게 합니다. "소녀야 일어나라" 하시니 소녀가 일어나게 됩니다. 이것은 예수님이 생명을 구원하는 메시야임을 제자들에게 보여주고자 한 것이었습니다.

이런 일련의 사건은 예수님이 제자들에게 자신의 모습을 가르치려는 의도가 강함을 알 수 있습니다.

• 제자들의 훈련(막 6:7~8:26)

예수님은 제자들을 다양한 방법으로 훈련했습니다. 제자들을 둘씩 짝을 지어 전도를 하게 합니다. 그리고 제자들에게 귀신을 제어하는 권세를 주셨습니다. 제자들은 현장에 나가서 전도하면서 실제로 많은 귀신을 쫓아내고 많은 병자들을 고쳤습니다. 이것은 제자들에게 복음의 능력이 있음을 경험시킨 예수님의 제자훈련 방법입니다. 예수님만 능력이 있는 것이 아닙니다. 복음의 능력을 가진 사람은 누구나 이런 능력을 발휘할 수 있습니다.

특히 예수님은 오천 명을 먹이신 사건을 통해서 제자들을 통하여 능력을 경험하게 하셨습니다. 예수님은 축사한 떡을 직접 제자들에게 나누어 주어 사람들 앞에 놓게 하셨습니다. 이것은 말씀의 능력이 얼마나 위대한지를 경험하게 하신 예수님의 특별한 제자훈련 방법입니다. 오천 명을 먹이신 사건도 제자들을 명하여 무리들을 땅에 앉게 하시고, 제자들에게 물고기와 떡을 주어 무리들 앞에 놓게 하신 것은 특별히 제자들에게 이적을 경험하게 하기 위한 것임을 알 수 있습니다.

특히 예수님은 바리새인들의 잘못된 가르침을 조심할 것을 경고합니다. 눈이 있어도 보지 못하고 귀가 있어도 듣지 못하고 기억하지 못하는 그들처럼 되지 말라고 말씀하십니다. 이것은 표적을 보지 말고 그것을 가능하게 하는 주님의 능력과 복음을 바르게 바라보라는 것입니다. 표적이 일어나는 것은 복음 때문입니다. 복음의 위대성을 바라보는 데 표적의 의미가 있습니다.

오늘날에도 보이는 것만 따르는 사람이 되면 안됩니다. 보이지 않는 복음의 능력을 구하는 사람이 되어야 합니다. 이것이 제자들이 가야 할 주님의 길입니다. 꼭 표적이 있어야 복음의 능력이 일어나는 것은 아닙니다. 나중에는 표적이 없어도 복음의 능력이 일어납니다. 자기를 희생하며 자기를 버리는 그것이야말로 최고의 표적이요, 기적 사건입니다. 하나님이 인간을 대신하여 죽는 것은 어느 표적보다 위대한 표적입니다. 표적을 바랐던 사람들은 결국 예수님 곁을 모두 떠났습니다.

마가복음 2 04

1. 예수님이 당하신 고난(막 8:27~16장)
—그는 왜 죽어야 하는가?

1) 예루살렘으로 가는 길 위에서(막 8:27~10장)

예수님은 제자들과 같이 예루살렘을 향해 갑니다. 갈릴리에서 출발하여 유대 예루살렘으로 가는 여정에서 제자들에게 십자가의 길을 가르치십니다. 노상이라는 언급이 계속하여 나옵니다(노중에서 8:27, 9:33, 34, 10:17, 32, 46, 52).

예수님이 가르치신 제자학교는 길거리 학교입니다. 현장에서 가르치는 학교입니다. 예수님은 기적을 베풀면서 복음의 능력과 하나님의 나라를 가르치셨습니다. 가이사랴 빌립보에서 제자들에게 물으신 "너희는 나를 누구라고 하느냐"는 질문은 그동안 예수님에 대한 제자들의 생각을 물으신 것으로 중요한 이정표 역할을 합니다. 일종의 중간고사와 같은 것입니다. 베드로가 "주는 그리스도시요, 살아계신 하나님의 아들"이라고 말하자 주님은 그것을 아무에게도 말하지 말라고 하십니다. 그리고 자기가 고난을 받고 장로들과 제사장들과 서기관들에게 버린바 되어 죽음을 당하고 사흘만에 살아날 것을 비로소 저희에게 가르치십니다.

예수님의 이런 사역은 아무에게나 이해가 되지는 않습니다. 제자들도 처음에는 이해하기 힘들었습니다. 베드로가 신앙고백을 한 후에 예수님이 이런 비밀을 말씀하셨다는 것은 중요한 의미가 있습니다. 믿음의 분량에 이르지 못하면 예수님의 사역을 이해할 수 없습니다.

제자들은 이것을 이해하지 못했습니다. 예루살렘에 가까이 오자 제자들은 서로 높은 자리를 구하기 위해서 자리다툼을 합니다. 자리다툼을 하는 제자들을 향해 주님은 말씀하십니다. "너희가 크고자 하면 섬기는 자가 되고 으뜸이 되고자 하면 모든 사람의 종이 되어야 하리라." 예수님이 이 세상에 온 것도 사람들을 섬기고 자신을 많은 사람의 대속물로 주기 위해서였습니다. 지금 예루살렘으로 가는 것은 세상의 영광을 위한 것이 아니라 자신을 희생물로 주기 위함입니다.

그러나 제자들은 이것을 알지 못했습니다. 아직도 주님의 마음과 생각과 제자의 길이 어디에 있는지 알지 못했습니다. 제자들은 예수님이 십자가에 죽는 순간까지 계속 예수님과 다른 길을 갔습니다.

신앙은 결과적으로 이 메시야 비밀을 이해하는 것라고 말할 수 있습니다. 세상에서 성공하기 위한 복음은 많습니다. 그러나 진정한 복음은 세상을 위해서 죽는 복음입니다. 이것을 실천하기는 어렵습니다. 믿음이 깊지 못하면 이것을 이해하는 것은 힘듭니다. 물론 이렇게 살아가는 것도 어렵습니다. 그래서 대다수 사람들은 이런 신앙을 갖지 못하고 세상과 타협하면서 살아갑니다.

우리가 복음서를 공부하면서 예수님의 인격과 삶을 배우는 것은 지식을 알기 위함이 아닙니다. 배운 대로 실천하며 살아가기 위함입니다. 이것을 위해 우리는 기도하면서 노력해야 할 것입니다. 세상의 성공이 아닌 주님처럼 살아가는 인생을 마음에 품어야 합니다. 이것이 성경을 공부하는 진정한 목표입니다.

2) 예루살렘 성전에서(막 11~13장)

드디어 예루살렘 성전에 이르게 됩니다. 마가복음은 수난기간인 예루살렘에서의 일주일을 많은 지면을 할애하면서 기록하고 있습니다. 수난주간 일주일 동안 예수님을 무엇을 하셨을까?

예루살렘 성에 입성하시는 예수님의 모습은 앞으로 그의 일을 예고하고 있습니다. 나귀 새끼를 타고 오신 예수님은 정치적인 왕의 입성 모습과는 정반대입니다. 초라한 왕은 죽음을 상징합니다. 백성들이 그의 뒤를 따르면서 "호산나!" 외치는 찬송 소리는 우리를 위해 죽으시는 주님을 의미합니다. 그런 면에서 사람들은 우리를 구원하시는 주님의 모습을 그리고 찬양합니다. 당시 사람들은 잘 몰랐다 해도…….

그러나 실제 백성들은 예수님이 성에 입성하는 것을 보고 로마 제국을 무너뜨리는 정치적인 구원자로 생각했을 것입니다. 후에 이 사람들은 예수님을 죽이라고 소리치는 사람들로 바뀝니다. 왜 이런 행동이 나올까? 그것은 잘못된 지식 때문입니다. 예수님을 제대로 이해하지 못하고 믿으면 지금도 이런 현상이 일어날 수 있습니다. 예를 들면 예수님을 우리에게 물질의 복과 건강의 복을 주시는 분으로만 이해하면 우리도 한순간에 예수님을 배반하는 사람이 될 수 있습니다. 십자가 앞에서는 모두가 도망하게 될 것입니다.

예수님은 성전 청결 사건을 통해 성전의 주인이 누구인가를 보여주셨습니다. 세금논쟁과 부활논쟁은 여전히 하나님의 뜻을 알지 못하는 바리새인과 사두개인들의 문제점을 보여주는 대목입니다. 세금에 대한 오해를 풀어 주는 사건으로 "가이사의 것은 가이사에게, 하나님의 것은 하나님에게 드리라"는 것은 하나님의 명확한 뜻을 가르치신 것으로 생각할 수 있습니다.

부활에 대한 내용에서는 "너희가 크게 오해를 했다"고 말씀하시며 하나님에 대한 잘못된 지식을 책망합니다. 지식 없이 열심으로만 신앙생활하는 것이 얼마나 위험할 수 있는지, 바른 지식에 근거한 신앙이 얼마나 중요한지를 보여주는 것입니다.

주님은 무화과나무 비유를 통해서 하나님의 나라가 가까이 왔음을 알려줍니다. 이것은 주님의 제자들이 어떻게 준비하면서 살아야 하는지 가르쳐 줍니다. 지도자들의 잘못이 백성들을 더 어렵게 합니다. 그런 점에서 제자들의 사명은 큽니다.

오늘도 하나님을 믿는다고 하면서 잘못 믿는 사람들이 많습니다. 성경을 오해하거나 잘 알지 못해서 자기 식으로 믿는 것을 조심해야 합니다. 말씀을 바르게 이해하고 배우는 일이 우선적으로 해야 할 일입니다. 그렇지 않으면 오늘날에도 바리새인과 서기관과 사두개인 같은 신앙생활을 할 수 있습니다.

3) 십자가 죽음을 앞두고(막 14장)

제사장들과 서기관들은 예수님을 죽이려고 간계를 꾸미고 있었습니다. 그들은 민요가 날까 두려워 명절에는 하지 말자고 말합니다. 그러는 와중에 예수님의 제자 중 하나인 유다가 시험에 들어 예수님을 제사장들에게 팔아 넘겨주게 됩니다. 마침 기회를 엿보던 대제사장들은 유다의 이런 제의에 기뻐하며 돈을 주기로 약속합니다.

반면에 시몬의 집에 들어온 한 무명의 여자는 예수님의 죽음을 준비하며 향유를 붓습니다. 결국 그것은 예수님의 장사를 위해 미리 향유를 붓는 일이 되었습니다.

예수님 가장 가까이에서 돈궤를 맡았던 가룟 유다는 예수님을 팔아 넘기는 일에 쓰임을 받습니다. 예수님의 가까운 곳에 있었지만 돈에 눈이 먼 가룟 유다는 엄청난 일에 사용됩니다. 불행한 제자의 모습을 봅니다.

유월절 양을 잡은 첫날에 주님은 유월절 만찬을 제자들과 같이 합니다. 유대인 가족이면 모두 행하는 유월절 식사를 예수님이 친히 마련한 다락방에서 합니다. 제자들과 함께하는 마지막 만찬입니다. 예수님은 제자들에게 떡과 포도주를 주면서 이것이 자신의 몸이고 자신의 피라고 말합니다. 그것은 곧 자신이 유월절 양임을 말합니다.

이번 유월절은 특별한 유월절입니다. 그동안 짐승으로 제물을 삼아 피를 흘리는 일을 했지만 이제는 예수님 자신이 유월절 어린 양이 되어 십자가에 죽으시는 것입니다. 이것을 기념하는 유월절 식사의 의미는 예수님만 알고 다른 제자들은 잘 몰랐습니다.

그리고 예수님은 제자들과 함께 겟세마네 동산에 가서 기도하셨습니다. 죽음을 앞둔 마지막 기도의 시간이었습니다. 예수님은 베드로와 야고보와 요한에게 자기가 죽게 되었다고 말하지만 제자들은 알아차리지 못합니다. 같이 기도할 것을 부탁하지만 제자들은 깨어 있지 못하고 잠만 자게 됩니다. 그것은 제자들이 예수님의 십자가의 길을 알지 못했음을 보여주는 대목입니다. 정말 예수님이 내일 죽으신다면 이렇게 잠을 잘 수 없었을 것입니다. 같이 기도에 힘썼을 것입니다. 예수님의 기도는 오직 하나님의 뜻을 찾는 기도였습니다.

위험에 처할 때 우리는 위기를 극복하게 해달라고 기도합니다. 그러나 주님의 기도는 하나님의 뜻을 구하며 그 뜻대로 실천하는 기도였습니다. 그리스도인의 기도는 하나님의 뜻을 찾는 기도입니다. 자기의 뜻을 구하는 기도는 진정한 기도가 아닙니다.

예수님이 힘없이 잡혀가자 베드로는 궁금하고 걱정이 되어서 예수님의 뒤를 따라갑니다. 예수님이 이미 세 번 부인할 것을 예고했음에도 베드로는 그것을 깨닫지 못하고 예수님을 세 번 부인하는 일이 일어납니다. 닭이 울자 그때서야 주님이 "네가 세 번 나를 부인하리라" 하심이 기억나 울었습니다.

가룟 유다는 예수님을 팔고, 세 명의 제자들은 예수님의 기도에 함께하지 못하고, 베드로는 주님을 부인합니다. 예수님의 최측근들이 어이없이 무너지는 것을 봅니다. 3년 동안 같이 생활하고 예루살렘까지 왔지만 마지막에는 제자들이 예수님과 다른 길을 가는 모습은 우리가 주님을 따르는 길이 결코 쉽지 않음을 보여줍니다.

4) 십자가에서 죽으심(막 15장)

예수님은 로마 군인들에게 잡혀 갖은 수모와 고난을 당하십니다. 군병들은 심지어 머리를 때리고 침을 뱉으며 회롱을 합니다. 그리고 십자가에 못 박으려고 끌고 나갑니다. "성전을 헐고 사흘에 짓는 자여, 너를 구원하여 십자가에서 내려오라"고 말합니다. "우리로 하여금 믿게 하라"고 말합니다. 같이 십자가에 못 박힌 자들도 예수를 욕합니다. 여전히 사람들은 예수님을 표적을 행하는 자로서 이해했습니다. 그리고 마지막까지 기적을 요구하면서 예수님을 지켜봅니다.

표적을 보면 믿겠다고 하는 것은 진정한 믿음의 사람이 아닙니다. 그렇게 해서는 믿음을 가지지 못합니다. 그런 믿음은 은혜가 아니라 자기가 믿는 것입니다. 믿음은 하나님의 은혜로 되는 것임을 그들은 알지 못했습니다. 자기 힘으로 믿으려는 사람일수록 표적을 구하고 보이는 것에 치중합니다. 자기 중심에 사로잡힌 대표적인 사람들입니다.

예수님이 죽으실 때 성소 휘장이 갈라지는데 이것은 이제 성전이 무너졌음을 암시하고 있습니다. 제자들도 믿지 않는 상황에서 오히려 이방인 백부장은 "진실로 그 사람은 하나님의 아들"이었다고 고백합니다. 이것을 통해 나름대로 로마 사람들에게 믿음의 가능성이 있음을 보여주려는 마가의 의도로 보입니다. 백부장의 믿음을 당시 로마 사람들이 본받아야 할 대상으로서 제시하고 있습니다. 특히 마가복음은 로마 사람을 대상으로 쓰여진 것을 볼 때 그런 의도성이 들어있다고 볼 수 있습니다. 이런 점에서 마가복음에 나오는 백부장의 마지막 고백은 베드로가 "주는 그리스도요 살아계신 하나님의 아들"이라고 고백한 것 이상의 의미를 담고 있습니다.

그리고 제자들이 십자가의 예수님과 같이 있기보다는 여자들이 함께하는 모습을 보는 것도 이색적입니다. 무명의 사람들과 여자들과 이방인이 예수님의 죽음에 동참하는 것은 역설적인 메시지와 아이러니를 제공합니다. 유대인보다 오히려 이방인과 소외된 사람들에게 복음이 다가서고 있음을 알려주는 대목입니다.

5) 그가 부활하다(막 16장)

예수님의 부활을 처음 목격한 사람은 제자들이 아닌 여자들이었습니다. 마리아가 가서 예수와 함께했던 사람들에게 예수의 부활을 전하자 그들은 믿지 않습니다. 제자들에게 가서 전했지만 역시 제자들도 믿지 않았습니다. 부활한 예수님이 제자들에게 직접 나타나셔서 저희들의 완악한 것과 믿음 없는 것을 꾸짖으십니다. 악하고 믿음 없는 것은 부활을 전함에도 믿지 않는 것입니다. 마가는 예수를 믿는 일이 얼마나 중요한지를 보여줍니다. 그런 사람에게 표적이 따른다고 말씀하십니다.

예수님은 제자들에게 온 천하에 다니면서 복음을 전하라고 말씀하십니다. 구원과 정죄가 그 복음을 받아들이는 데 달려 있습니다. 제자들이 나중에는 변화되어 예수의 부활을 믿고 예수를 전하는 증인이 됩니다. 그리고 복음 증거를 확실하게 하기 위해서 표적을 주십니다. 오늘도 우리는 믿음을 가지고 여자들과 제자들처럼 부활을 전하는 사람이 되어야 합니다. 복음을 받아들이는 자에게는 하나님의 은혜와 축복이 임합니다.

마가복음에 나오는 표적은 결국 믿기 위함입니다. 표적은 말씀을 확실하게 증거하는 것입니다(막 16:20). 하나님의 아들이신 예수님이 십자가의 죽으신 것과 다시 부활한 것은 오늘 우리가 믿음을 갖게 하는 최고의 표적입니다.

누가복음 1 05

누가복음은 예수님의 생애를 역사적인 관점에서 시대별로 기록하고 있습니다. 누가복음은 헬라인을 위해 기록한 것으로, 상식적이며 합리적인 이야기로 예수님의 역사를 진행하고 있습니다. 따라서 예수님의 생애를 순서적으로 이해하기 좋은 책입니다.

1. 준비시대(눅 1:1~4:13)—베들레헴 · 나사렛 · 유대

1) 예수님의 탄생에 대한 이야기(눅 1~2장)

예수님이 탄생한 것은 구약 이야기의 결론입니다. 구약은 예수님의 탄생을 초점을 두고 기록되었으며 메시야 탄생은 성경의 절정입니다. 이런 면에서 예수님의 탄생 이야기는 중요한 의미가 있습니다. 누가복음은 예수님의 탄생에 비중을 두고 기록하고 있습니다.

누가복음에는 세 개의 찬미 이야기가 나옵니다. 그것은 예수님의 탄생 배경으로 예수님의 탄생을 준비하는 의미가 있습니다. 마리아의 찬가, 사가랴의 찬가, 시므온의 찬가입니다. 마리아의 찬가는 자기에게 은혜를 베푸신 것에 대해 찬양하고 있습니다. 사가랴의 찬가는 주의 백성을 구원하시는 주님을 찬양하고 있습니다. 시므온의 찬가는 이방을 비추는 빛으로서 주의 구원을 말하고 있습니다.

누가복음에는 예수님의 어린 시절이 기록되어 있습니다. 예수님의 어린 시절은 누가복음 이외에는 기록이 없습니다. 예수님의 인성에 대한 내용은 누가복음에 많이 나옵니다. 예수님의 가정과 어린 시절과 성장 과정을 간단하지만 어느 정도 엿볼 수 있습니다.

예수님은 성장 과정이 다른 아이들과 같았습니다. 예수님은 균형 있는 성장 과정을 거쳤습니다. 육체적으로 자라며 강건하여지고 지혜가 충만하여 하나님의 은혜를 받으면서 자랐습니다. 지혜와 키가 자라고, 하나님과 사람에게 사랑스러워 가신 것은 영적, 지적, 사회적, 육체적 성장을 골고루 이루었음을 의미합니다. 이것은 예수님이 하나님의 아들이기에 자칫 신성만 강조하고 보통 사람과 다른 점을 부각시키는 것을 차단하는 의도로 보입니다. 이런 예수님의 어린 시절의 성장 과정은 오늘 우리에게 좋은 모델이 됩니다.

2) 세례요한과 예수님(눅 3:1~4:13)

예수님이 태어날 당시 로마의 통치구역은 크게 세 개로 나뉘어 있었습니다. 디베료 가이사 황제의 통치 아래 있는 이스라엘 지역 중 유대지역은 빌라도가 총독으로 있었습니다. 그리고 갈릴리 지역은 헤롯이, 갈릴리 윗쪽 지역은 빌립이 분봉왕으로 통치를 했습니다. 예수님이 자란 나사렛은 헤롯이 통치한 지역입니다.

구약에서 예언된 세례요한은 요단 강에서 세례를 베풀면서 예수님의 오심을 준비한 사람입니다. 세례요한은 주의 길을 예비하는 역할을 했습니다 사람들에게 회개를 촉구하여 예수님을 영접할 토대를 마련했습니다. 세례요한은 이사야의 예언대로 광야에서 외치는 사명을 감당했고 예수님이 오시면서 그의 역할은 끝이 났고 옥에 갇히면서 역사 속으로 사라졌습니다. 세례요한은 예수님을 높이는 역할을 충분히 감당했습니다.

예수님은 광야에서 시험을 받았습니다. 육신적인 면, 권력적인 면, 하나님의 아들로서 명예적인 면에 시험을 받았지만 잘 통과했습니다. 우리는 이런 유혹을 평생 동안 당합니다. 이것을 정리하지 못하면 사역을 시작하기 어렵습니다. 우리는 여전히 이런 정욕을 가지고 있으므로 늘 문제가 생기고 유혹에 빠집니다. 하나님의 일조차 이런 명예와 물질과 성공을 위해서 하는 사람이 있습니다.

그리스도인은 이런 것을 버려야 합니다. 그리스도인이 된 순간 이것을 배설물처럼 버려야 하는데 그것이 잘 되지 않습니다. 이것이 정리가 안 되면 그는 하나님의 일을 감당하기 어렵습니다. 예수님이 40일 동안 광야에서 이 부분을 해결했다는 것은 이미 세상의 명예와 욕망을 버렸다는 것을 의미합니다. 빨리 하나님의 일을 한다고 되는 것이 아닙니다. 자신을 버리지 못하면 그는 하나님의 역사를 이룰 때가 아직 안 된 것입니다.

2. 복음선포시대(눅 4:14~9:50)－갈릴리에서

1) 나사렛과 가버나움에서 복음사역(눅 4장)

예수님은 나사렛의 회당에서 성경을 읽으셨는데 그것은 바로 이사야 말씀이었습니다. 가난한 자에게 복음을 전하게 하며, 포로된 자에게 자유를 주고, 눈먼 자에게 다시 보게 하고, 눌린 자에게 자유케 하는 일입니다. 주님의 은혜의 해를 전파하는 일은 예수님이 이미 이사야 예언자를 통해 하신 말씀입니다. 예수님은 말씀을 통해 자기의 정체성을 찾았고 그 비전을 품고 사역을 하셨습니다

지금도 나의 일이 무엇인지 찾는 것이 중요합니다. 그것은 내가 하고 싶다고 하는 것이 아닌 오래전에 하나님이 맡겨 주신 일입니다. 이것을 찾는 순간부터 우리는 인생의 의미를 찾게 됩니다. 예수님은 공생애를 시작하시면서 자신이 해야 할 일이 무엇인지를 분명히 아셨습니다. 오늘 우리도 이런 사명을 가져야 하고, 이런 비전을 말씀 속에서 찾고 받아야 합니다. 그런 사람은 행복한 그리스도인입니다.

예수님은 갈릴리 가버나움에서 하나님에게 받은 사명을 시작하셨습니다. 주로 전하고 가르치며 치료하는 사역이 중심이었습니다. 예수님이 전하는 가르침은 능력이 있었습니다. 그리고 병을 고칠 때 능력이 있어서 귀신이 나가는 역사가 일어났습니다. 다른 사람들은 예수님이 누구인지 몰랐지만, 귀신들은 자기를 쫓아내는 사람이 그리스도인 줄 알았습니다. 영은 영으로 압니다. 귀신이 그리스도를 알아보았다는 것은 예수님이 하나님의 아들이심을 드러내는 증거이기도 합니다. 또 이것은 귀신이 먼저 알고 방해를 하려 했다고 이해할 수 있습니다.

예수님은 갈릴리 회당에서 전도하는 일에 힘을 썼습니다. 복음 전하는 일은 세상에서 가장 귀한 일입니다. 그리스도인으로 살아가는 것은 결국은 복음을 전하기 위함입니다. 생명을 구하는 일은 어느 일보다 가치 있는 일입니다. 우리는 결과적으로 이것을 잘 감당하기 위해서 공부하고 노력하는 것입니다.

2) 제자를 부르시고 가르치심(눅 5~6장)

예수님이 사역을 하면서 가장 먼저 생각한 일은 그 다음 세대에까지 복음이 전파되는 일입니다. 복음이 자기 세대로 끝이 난다면 의미가 없습니다. 예수님의 뒤를 이어 복음이 계속 전파되기 위해서는 제자의 선택이 필수입니다. 이미 영원한 나라를 품고 일을 시작하신 예수님에게 제자를 선택하고 훈련하는 일은 무엇보다 우선적인 일입니다. 복음의 사람을 남겨서 예수님이 세상을 떠난 후에도 그 일이 계속 진행되는 것이 필요합니다.

예수님은 고기 잡는 어부가 아니라 사람을 낚는 어부로서 베드로와 다른 제자를 선택하고 부르셨습니다. 결국 제자들은 이 일을 위해 자기의 모든 것을 버려 두고 주님을 따르는 제자가 되었습니다.

오늘 우리의 최고의 일은 제자를 삼는 일입니다. 우리의 가진 것을 동원하여 가능한 복음을 전하고 가르쳐서 많은 제자를 삼는 일을 해야 합니다.

예수님이 제자들을 가르치신 내용을 보면 세상의 가르침과 달랐습니다. 예를 들면 원수에 대한 가르침은 획기적인 내용입니다. 누가복음 6:27~36에 나오는 내용은 사랑에 대한 정수를 가르치고 있습니다. 원수를 사랑하고, 저주하는 자를 축복하고, 모욕하는 자를 위해 기도하라는 것은 인간의 힘으로는 불가능한 일입니다. 그러나 하나님의 사랑을 받으면 가능합니다. 이것이 세상 사람과 제자의 차이점입니다.

"오직 너희는 원수를 사랑하고 선대하며 아무것도 바라지 말고 빌리라. 그리하면 너희상이 클 것이요 지극히 높으신 이의 아들이 되리니 그는 은혜를 모르는 자와 악한 자에게도 인자로우시니라."(눅 6:35)

주님이 가르치신 제자도는 세상 사람들이 말하는 제자도와는 차원이 다릅니다. 우리는 예수님이 가르친 제자의 삶을 살아야 합니다. 그래야 세상을 이끌어 가는 그리스도인과 교회가 될 수 있습니다.

예수님은 비판하는 문제도 같이 언급하고 있는데 이것 역시 세상 사람과 전혀 다른 차원입니다.

"비판하지 말라. 그리하면 너희가 비판을 받지 아니할 것이요, 정죄하지 말라. 그리하면 너희가 정죄를 받지 않을 것이요, 용서하라. 그리하면 너희가 용서를 받을 것이다." (눅 6:37)

생각하면 놀라운 가르침입니다. 이런 제자가 많아진다면 우리 세상은 놀랍게 달라질 것입니다.

3) 가난한 자들과 함께하는 복음(눅 7~8장)

복음은 무엇인가? 그것은 소외되고 가난한 자들과 함께하는 것입니다. 세상에서 소망이 없는 사람에게 소망을 주는 것이 복음입니다. 예수님이 주로 함께했던 사람은 이방 사람들, 과부, 죄인들과 여자, 병자와 귀신 들린 자들입니다. 주님의 길을 따르는 우리들도 주위에 있는 이런 사람들과 같이해야 합니다. 그들에게 복음을 전하면서 새로운 삶의 길을 안내해 주는 것이 제자들이 해야 할 사명입니다.

이렇게 보면 그리스도인이 가야 할 곳은 너무나 많습니다. 80% 이상이 소외되고 가난하고 병든 자입니다. 그들에게 다가서서 복음을 전하며 새로운 희망을 주어야 합니다. 이것이 주님을 따르는 제자들이 해야 할 일입니다. 예수님은 전하고 가르치고 할 때 제자들과 같이하셨습니다(눅 8:1). 이런 삶을 보여주기 위해서였습니다.

가난한 자들과 소외된 자들에게 전해지는 복음은 어려우면 안됩니다. 그래서 예수님은 그들에게 알기 쉬운 비유로 복음을 전하셨습니다. 어린아이나 가난한 자들은 예수님의 비유 말씀을 잘 알아들었지만, 서기관과 제사장 등 지도자 계급은 예수님의 말씀을 잘 이해하지 못했습니다.

각 동네 사람들이 예수님에게 나아와 큰 무리를 이룰 때 예수님은 비유를 들어서 말씀하셨습니다. 특히 씨 뿌리는 비유는 사람의 마음 상태를 잘 알려 주는 말씀입니다. 옥토와 같은 마음이 없으면 아무리 복음을 전해도 듣지 못합니다. 중요한 것은 사람의 마음입니다. 복음을 듣기 위해서는 좋은 마음을 가꾸도록 해야 합니다.

하나님의 말씀을 듣고 행하는 사람이 진정한 가족이라는 것이 예수님의 가족관입니다. 육신적인 가족에만 머물면 안됩니다. 온 가족이 하나님의 말씀 듣기를 즐겨 하고 그것에 순종하는 사람이 될 때 행복한 가정이 됩니다. 하나님을 알지 못하면 한시적인 가족이 됩니다. 나중에는 모두 사라집니다. 그러나 하나님의 뜻을 순종하는 가족은 영원한 가족입니다. 육신을 넘어 영적인 가족을 이루도록 해야 할 것입니다.

말씀을 듣고 순종하면 기적이 일어납니다. 예수님이 말씀을 전하자 바다도 순종했습니다. 바다도 순종하는데 하나님의 형상을 닮은 인간은 당연히 그의 말씀에 순종해야 합니다. 그러나 실제로는 사람들이 말씀을 거부하는 경우가 더 많습니다.

또 예수님이 귀신에게 명하자 귀신이 순종하고 나오게 됩니다. 혈루병 앓는 여인이 예수님의 옷깃에 손을 대자 그 순간 나음을 입었습니다. 죽은 아이가 예수님이 말씀하시니 영이 돌아와 살아나게 됩니다. 주님이 말씀하시면 역사가 일어납니다. 이것은 말씀에 순종하고 복음을 전하면 오늘 우리에게도 이런 역사가 일어남을 보여주는 대목입니다. 말씀의 힘은 대단합니다. 이것을 믿고 살아가는 제자들이 되어야 합니다.

왜 주님은 기적을 베푸시는가? 그것은 이런 기적들을 통해 주님이 구원자이며 세상을 만드신 분임을 드러내는 데 목적이 있습니다. 기적 보다 주님 자체에 목적이 있습니다. 아무리 기적을 베풀고 나에게 그런 일이 일어난다 해도 내가 그리스도를 믿지 못하면 아무 소용이 없습니다. 기적은 일시적이지만 예수님은 영원하기 때문입니다.

4) 예수님의 메시야 사명과 제자도(눅 9장)

예수님이 세상에 오신 이유는 인류를 구원하기 위해서입니다. 비록 짧은 생애를 사셨지만 위대한 일을 이루셨습니다. 이 일을 이루기 위해서 예수님은 많은 고난과 수난을 당하셨고 결국은 십자가에 죽으시고 삼 일 만에 부활하셨습니다. 진정한 구원자는 힘으로 구원하는 것이 아니라 자기를 희생하고 대신 죽음으로 구원을 이룹니다. 예수님의 십자가 죽음은 이것을 잘 보여줍니다. 만약 예수님이 십자가에서 죽지 않았다면 우리는 결코 구원을 받지 못했을 것입니다.

이것은 제자들에게도 그대로 적용됩니다. 예수님이 제자들에게 가르치신 제자도는 자기를 부인하고 날마다 자기 십자가를 지고 주님을 따르는 것입니다. 자기 목숨을 구원하고자 하면 잃지만 자기 목숨을 잃으면 구원받게 됩니다. 작은 것 하나의 생명을 소중하게 여기는 일이 곧 하나님을 위한 일입니다. 그것이 하나님의 마음입니다.

오늘도 주님을 따르는 그리스도인은 주님처럼 자기를 버리고 희생하면서 다른 사람을 구원하는 일을 해야 할 것입니다. 자기를 주는 것이야말로 최고의 구원입니다. 비록 힘든 일지만 여기에 구원의 능력이 있습니다. 주님은 지금도 예수님처럼 인류를 위해 죽을 자를 찾고 계십니다.

그리스도인은 다른 사람을 위해 희생하며 그들을 구원하기 위해 자기를 기꺼이 버리는 제자도를 배워야 합니다.

06 누가복음 2

1. 가르침과 교훈시대(눅 9:51~19:27)
—예루살렘으로 가는 여정

1) 제자도(눅 9:51~11:13) - 말씀을 듣고 행하는 일이다

예수님은 이제 갈릴리에서 예루살렘을 향해 방향을 정하여 가고 있습니다. 그 길은 십자가에서 죽는 일입니다. 그 길은 세상의 영광과 성공과는 거리가 있습니다. 인간적으로 보면 실패의 길이요, 고독하고 외로운 길입니다. 그러나 주님은 그 길이 자기가 가야 할 길임을 아셨습니다. 그것은 말씀을 듣고 순종하는 일을 통해서 이루어집니다. 우리가 진정한 나의 길을 가는 것은 곧 말씀에 순종하는 길을 의미합니다.

예수님은 승천의 기약이 차오매 예루살렘으로 올라가기로 굳게 결심하셨습니다. 예수님의 목표는 승천입니다. 하나님의 나라에 올라가는 것입니다. 그 중간지점이 십자가 죽음입니다. 이것은 예수님이 정하신 세상에서의 사명입니다. 그리고 부활하여 승천하시는 것입니다. 승천이 없다면 십자가의 길은 허망하고 힘든 길이 됩니다. 그러나 승천을 바라보고 간다면 십자가의 길은 결코 힘든 길이 아닙니다.

오늘 우리도 세상의 것으로만 끝이 난다면 우리의 사명은 헛된 것이 될 것입니다. 그러나 우리도 천국의 소망을 품고 세상에서 고난을 당하기에 그것은 의미가 있습니다. 그리고 아무리 어려워도 고난을 충분히 이길 수 있습니다. 그렇다면 예수님을 따르는 제자들이 염두에 두어야 할 내용은 무엇일까?

주님을 따르는 길은 세상의 욕망에 사로잡히면 갈 수 없는 길입니다. 주님처럼 머리 둘 곳조차 없을 수도 있습니다. 부친을 장사하지 못하고 가는 길이 될 수 있습니다. 그러나 세상에 마음을 두면 하나님의 나라는 갈 수 없습니다. 우리가 갈 목표는 하나님의 나라입니다. 이것을 놓치면 언제라도 실족할 수 있고 넘어지게 됩니다. 복음의 길은 알고 행하면 복이 있습니다. 이런 면에서 예수님은 제자들에게 미리 이 길을 알려주시는 것입니다.

제자는 예수님의 말씀에 순종하고 따르는 사람입니다. 제자들이 주님의 말씀대로 복음을 전하자 귀신들이 제자들에게 항복하는 일이 일어났습니다. 율법사가 예수님에게 나아와 어떻게 하면 영생을 얻을 수 있을까 묻자 주님은 말씀을 듣고 행하면 산다고 하셨습니다. 말씀을 아는 것으로는 안됩니다. 듣고 행하는 것이 말씀의 힘을 경험하는 길입니다.

자비를 베푼 사람이 우리의 이웃임을 알았다면 나도 그렇게 행하면 됩니다. 이것이 제자의 길입니다. 마리아는 예수님의 말씀에 순종하는 것을 택했으므로 주님께 칭찬을 받았습니다. 세상은 많은 일과 업적을 중요하게 생각하지만 그리스도인은 주님의 말씀대로 사는 것이 중요합니다.

제자는 말씀에 순종하여 말씀을 드러내는 사람입니다. 말씀과 상관없는 일은 아무리 대단해도 소용이 없습니다. 그것은 제자가 가야 할 길이 아닙니다. 복 있는 자는 말씀을 듣고 지키는 자입니다. 오늘도 주님이 주신 말씀을 순종하면서 살아가는 사람이 되어야 합니다. 그러면 하나님의 복을 받게 될 것입니다.

사람들은 말씀에서 복을 찾기보다는 다른곳에서 복을 추구합니다. 그것은 올바른 것이 아닙니다. 제자는 말씀을 지키며 순종하기 위해 부름받았습니다. 그렇게 하면 자연히 기적과 역사가 일어날 것입니다. 말씀에 순종하는 것이 얼마나 놀라운 일인지 그것을 삶으로 보여주는 것이 제자가 해야 할입니다.

말씀 듣기를 거부하는 대표적인 사람들이 서기관과 바리새인입니다. 그들은 예수님을 만나면 어떻게 하든지 허물과 문제점을 찾으려고 했습니다. 예수님을 만나는 것은 말씀에 순종하기 위해서가 아니라 책잡으려는 의도를 가지고 있었습니다. 그런 자에게는 화가 임할 것입니다. 오늘날에도 교회에 나오거나 예수를 믿는 것에 다른 목적이 있을 수 있습니다. 나의 유익과 욕망을 채우기 위해 교회와 예수님을 믿는다면 이것은 바리새인과 같은 사람들입니다. 말씀을 순종하는 것을 제일의 목적으로 삼는 자는 복이 있습니다.

2) 예수님의 길거리 특강(눅 12~18:34)

예수님의 제자훈련 방법은 다른 사람들과 달랐습니다. 주로 회당에서 가르친 유대인 교육과 달리 예수님은 길거리를 동행하면서 현장에서 가르치셨습니다. 다양한 시청각 자료들을 통하여 즉석에서 하나님나라에 대한 교훈을 말씀하셨습니다.

예수님을 이용하여 자기 욕심을 채우고자 하는 무리 중 한 사람을 향해서 예수님은 어리석은 한 부자의 비유를 통해 탐욕을 물리치라고 말씀하셨습니다. 들에 피는 백합화와 아궁이에 던지우는 들풀과 까마귀 비유를 통하여 목숨과 몸을 위하여 무엇을 먹을까 입을까 걱정하지 말라고 가르치십니다. 아주 적절한 비유를 통해 걱정과 염려에 대한 문제의 해결점을 가르쳐 주십니다.

또 선지자가 예루살렘 밖에서 죽는 법이 없다는 것을 통해 아무리 헤롯과 사람들이 예수님을 죽이려고 해도 하나님의 뜻에 따라 이루어짐을 말씀하셨습니다. 하나님의 사명을 받은 사람들은 사람이 어떻게 하지 못합니다. 죽이고 싶다고 죽일 수 있는 것이 아닙니다.

누가복음 15장은 잃은 양, 잃은 드라크마, 잃은 아들 비유가 모여 있습니다. 이것은 세리들과 죄인들과 같이 음식을 먹는다고 비난하는 서기관들과 바리새인들에게 하신 교훈입니다. 예수님은 언제나 잃은 양에 관심이 있습니다. 그러나 서기관들은 남은 아흔아홉에 관심이 있습니다. 회개하고 돌아오는 것에 즐거움을 두는 주님은 악한 바리새인들을 책망하는 데 비유를 사용합니다. 회개할 것이 없는 의인 아흔아홉은 바로 바리새인을 의미합니다. 또 돌아온 동생을 기뻐하지 않는 첫째 아들은 바리새인을 빗댄 것입니다.

부자와 나사로 이야기는 제자들에게 들려주신 이야기입니다. 이 이야기의 핵심은 회개하지 않는 부자입니다. 부자의 아들들이 아직 회개하지 않는 것에 대한 안타까움이 배어 있습니다. 말씀을 듣고 회개하지 않는 사람이 갈 곳은 부자가 고통받는 그런 곳입니다. 이런 곳에 가지 않기 위해서는 지금도 여전히 들리고 있는 복음을 들어야 합니다. 시간은 정해졌고 그것이 나의 마지막 기회입니다.

바리새인과 세리의 비유는 자기를 의롭다고 믿고 다른 사람을 멸시하는 사람을 향해 주신 교훈입니다. 예수님은 자기를 낮추는 세리가 자기를 높이는 바리새인보다 낫다고 말합니다. "하나님이여, 불쌍히 여기소서. 저는 죄인입니다"라고 고백하는 사람을 하나님은 지금도 찾으십니다. 스스로 의롭다고 교만하게 위세를 부리는 바리새인과 같은 기도는 하나님이 들어주시지 않습니다.

3) 여리고에서 예루살렘으로(눅 18:35~19:27)

점차 예수님의 여정은 예루살렘에 가까워지고 있습니다. 누가는 예루살렘에서 가까운 여리고에서 일어난 두 가지 사건을 소개하고 있습니다. 여리고 근처에서 구걸하는 소경을 고치신 일과 삭개오를 구원하신 일입니다. 삭개오를 구원하는 일을 통하여 마지막까지 예수님은 잃은 자를 찾아 구원하러 세상에 오셨고, 지금 예루살렘으로 가는 여정도 결국은 잃어버린 사람을 구원하기 위한 것임을 강조하고 있습니다. 처음부터 마지막까지 예수님의 관심은 잃어버린 자를 구원하는 일입니다.

오늘 우리도 인생의 중요한 관심을 한 사람을 구원하는 일에 맞추어야 합니다. 이것은 우리의 모든 일은 전도를 위해 존재해야 함을 알려주고 있습니다.

2. 십자가 죽음 시대(눅 19:28~23장)
—예루살렘에서의 일주일

1) 예루살렘 성 입성(눅 19~21장)

예루살렘 성은 성전이 있는 곳입니다. 이스라엘의 심장부입니다.

그러나 심장부가 가장 타락하고 부패한 곳이 되었습니다. 예수님은 이곳에 그들을 위해 죽으러 오신 것입니다. 누가복음의 하이라이트는 예루살렘 성에서 일어난 일로 정리될 수 있습니다.

예루살렘 성에서 하신 일을 보면 당시 예루살렘 성이 어떤 상황이었는지 잘 알 수 있습니다.

2) 예수님의 십자가 죽음(눅 22~23장)

서기관과 대제사장들은 예수님을 죽이기 위해 기회를 엿보고 있었습니다. 그런데 마침 예수님의 제자 중 하나인 가룟 유다가 돈을 받기로 하고 예수님을 넘겨줍니다. 아마 대제사장들도 예수님의 제자가 배반할 줄은 몰랐을 것입니다. 절호의 기회를 잡은 대제사장들은 예수를 손쉽게 잡습니다.

총독인 빌라도는 예수님의 죄를 찾지 못해서 풀어 주려 했지만, 사람들이 십자가에 못 박기를 구하자 결국 백성이 구하는 대로 예수를 넘겨줍니다. 빌라도는 자기의 소신보다 주변의 환경에 이끌리어 역사적인 죄를 범합니다. 비겁한 빌라도의 모습은 오늘날 자신의 욕심만 채우는 사람을 대변합니다. 예수님을 이용하여 자신의 만족을 취하려는 사람들이 지금도 우리 가운데는 많이 있습니다.

결국 십자가에 매달려 죽게 된 예수님을 향해 십자가 양편에 매달린 죄인 중 하나는 비방을 하고, 하나는 하나님을 두려워합니다. 한 편의 강도는 하나님나라에 임할 때 자기를 기억해 달라고 예수님께 구합니다. 그러자 예수님은 "오늘 네가 나와 함께 낙원에 있으리라" 하시면서 축복합니다.

우리는 지금 예수님을 무엇이라 말합니다. 우리의 구원자로 인정합니까? 아니면 한 사람의 성인으로 인정합니까? 주님을 구원자로 믿지 않으면 우리는 주님과 영원히 살 수 없습니다. 우리는 혼자 죽으면 영원히 형벌을 받습니다. 그러나 주님과 함께 죽으면 주님이 거하시는 곳에 우리도 영원히 거하게 됩니다.

3. 부활과 승천 시대(눅 24장)—제자들과 함께

예수님은 살아 있을 때 말씀하신 메시야 비밀의 예언대로 십자가에 죽으신 후 삼 일 만에 다시 살아나셨습니다. 그리고 여자들에게 나타나시고 엠마오로 가는 두 제자에게 나타나셨습니다. 또한 제자들에게 나타나셔서 "너희에게 평강이 있을 지어다" 하고 말씀하셨습니다.

부활의 주님을 믿으면 오늘 우리는 평화를 얻을 수 있습니다. 죽음을 이기는 영원한 평화입니다. 주님이 부활하심으로 사람에게는 영원히 죽지 않고 다시 사는 복이 있음을 보여주셨습니다. 한 번도 가보지 않는 천국을 예수님의 부활을 통해서 우리는 믿을 수 있습니다. 사람이 죽어도 다시 사는 길이 있음을 예수님의 부활 사건은 우리에게 분명히 증명합니다.

승천하시기 전에 예수님이 하신 약속은 제자들이 이 모든 일의 증인이 되는 것입니다. 예수님은 제자들에게 약속하신 성령을 기다리며 예루살렘 성에서 유하라고 말씀하십니다. 성령이 오시면 예수님의 일을 증언하는 일을 하십니다. 우리 안에 들어오셔서 우리를 주님의 증언자로 살게 하십니다. 그때까지 기다리는 것이 제자들이 해야 할 일입니다. 이것은 사도행전에서 자세하게 나옵니다.

구약에서 선지자들이 예수님을 약속하고 기다리라고 말했던 것처럼 예수님은 보혜사 성령을 기다리라고 말씀하셨습니다. 성령이 우리 속에 계시면 주님이 우리와 영원히 사는 것이 됩니다. 성령이 임하는 순간 우리는 천국에 들어가게 됩니다. 주님이 곧 천국이기에 주님이 나에게 들어오면 우리 안에 천국이 임하게 됩니다. 이제 주님이 성령을 통해서 영원히 우리 속에 거하심을 암시하고 있습니다. 성령의 약속은 우리를 고아와 같이 버려 두지 않을 것을 말씀하시는 주님의 약속입니다.

07 요한복음 1

요한복음은 당시 전 세계인을 대상으로 전하는 복음서 입니다. 요한복음은 그리스도를 하나님의 아들로 그리고 있습니다. 인성으로서의 그리스도가 아니라 신성으로서의 그리스도를 그리고 있습니다. 특히 요한복음에는 표적 사건들이 많이 나옵니다. 그것은 예수님이 누구인가를 보여주는 증명의 도구입니다. 표적이 전부는 아니지만 그렇다고 그것을 부정해서는 안됩니다.

1. 예수, 그는 누구인가?(요 1~4장)

1) 예수님에 대한 증언(요 1장)

'예수님이 누구인가' 하는 것은 신앙생활에서 매우 중요합니다. 우리 신앙의 중심인 예수님을 인정하지 못하면 삶은 방황할 수밖에 없습니다. 참된 신앙은 예수님을 잘 이해하는 데서 시작됩니다.

요한은 예수님을 태초에 계신 하나님이시며 또한 말씀이라고 소개합니다. 예수님은 말씀이 육신이 되어 우리 가운데 오신 하나님이십니다. 예수님은 곧 우리 눈에 보이는 하나님이십니다. 세례요한은 예수님을 "세상 죄를 지고 가는 하나님의 어린 양"이라고 증거합니다. 나다나엘은 예수님을 "하나님의 아들이시요 이스라엘의 임금"이라고 말합니다.

정말 예수님을 하나님의 아들로 인정하면 우리는 예수님을 믿을 수밖에 없습니다. 오늘날도 예수님을 제대로 이해 못하는 사람들이 많습니다. 하나님의 아들로서 예수님을 믿는다면 누구나 구원을 받을 수 있을 것입니다.

2) 표적을 통해 드러나는 예수님의 정체성(요 2~4장)

예수님이 누구이신가 하는 것은 사람들에게 중요한 관심사입니다. 인간의 몸을 입고 오신 예수님이 당시 사람들에게 하나님의 아들로서 인정받는다는 것은 쉽지 않았습니다. 예수님은 그런 사람들에게 자신이 하나님의 아들로서 왔음을 알리기 위해서 행하신 일이 표적입니다. 표적은 인간이 행할 수 없는 일입니다. 이런 표적을 사람들에게 베푸는 것은 예수님은 하늘에서 온 분임을 알리는 것이 목적입니다.

첫 번째 표적은 가나 혼인잔치에서 행한 표적입니다. 물로 포도주를 만드신 일은 창조주로서의 모습을 사람들에게 보인 것입니다. 이것은 예수님이 단순히 사람이 아닌 하나님의 아들이심을 보여주신 것입니다. 이 일을 통하여 제자들이 먼저 예수님을 믿게 됩니다. 또한 성전 청결 표적 사건은 유대인들이 표적을 보여 달라는 것에 대한 말씀입니다. 예수님은 성전을 사흘 만에 헐고 다시 세우는 것을 말함으로써 성전의 주인이 자신이요, 자신의 육체가 곧 성전임을 보여준 것입니다. 제자들은 예수님이 부활하신 후에야 이 말의 의미를 알게 됩니다.

수가 성의 사마리아 여인과의 만남은 여자의 모든 과거를 알고 있는 예수님이 곧 하나님이심을 보여주는 사건입니다. 이런 면에서 이것도 일종의 표적 사건이라 볼 수 있습니다. 이 일로 사마리아 여인은 사람들에게 예수를 전하게 됩니다. 또 왕의 대신의 아들을 오직 말씀하나로 고친 일을 통해 예수님은 말씀 하나로 사람을 살리는 하나님이심을 보여줍니다.

요한복음에 나오는 표적 사건들은 예수님이 누구인가를 보여주는 중요한 사건들입니다. 요한은 이런 사건들을 통해서 예수님이 곧 하나님이심을 증언하고 있습니다. 표적을 행하신 것은 예수님이 하나님의 아들이심을 알리는 데 목적이 있었지만 사람들은 오히려 표적 자체에만 관심을 가지게 되었습니다.

2. 커가는 적대감(요 5~12장)

1) 표적과 믿음(요 5~7장)

'예수님이 누구인가' 하는 것을 알리는 표적은 계속됩니다. 안식일에 38년된 병자를 고친 일은 예수님이 누구인가를 알려주는 중요한 사건입니다. 삼십팔 년된 병자는 자기를 낫게 한 사람이 누구인지 모릅니다. 예수님이 일부러 피했기 때문입니다. 그 후에 예수님을 만나서 자기를 고친 예수를 보게 됩니다.

예수님이 안식일에 일을 한다는 말을 듣고 유대인들이 핍박을 합니다. 그때 주님은 "내 아버지께서 일하니 나도 일한다"고 하시면서 하나님과 동등됨을 말하십니다. 그 말을 들은 유대인들은 예수를 죽이고자 합니다. 예수님이 하나님의 아들이라는 증거는 예수님을 계속 어렵게 만들었습니다.

후에 오천 명을 먹이심으로 예수님은 자신이 곧 하나님의 아들이심을 보여주셨습니다. 그러나 사람들은 이 표적을 보고 세상에 오실 선지자로 이해하면서 자기들의 임금을 삼으려고 했습니다. 이것은 예수님을 사람들이 잘못 이해한 예입니다.

그렇다면 예수님과 같이 있던 형제들은 예수님을 어떻게 이해했을까? 예수님의 형제들 역시 예수님을 믿지 않았습니다. 인간적인 면 때문에 가족들이 예수님을 하나님의 아들로 믿는다는 것은 더욱 더 어려운 일이었을 것입니다.

표적이 일어날수록 믿음이 생기기는커녕 사람들의 적대감이 커지고 예수님을 잘못 이해하는 일이 많아졌습니다. 이것은 표적이 곧 믿음을 만들어 내지 않는다는 것을 의미합니다.

2) 점점 커지는 적대감(요 7~12:36)

사람들은 예수님이 표적을 행하면 행할수록 예수님을 믿기보다는 오히려 죽이려고 했습니다. 그들은 예수님을 잡고자 했으나 하나님의 때가 이르지 아니하니 잡을 수 없었습니다. 예수님은 하나님의 진리를 말했지만 사람들은 오히려 예수님을 죽이려고 했습니다.

사람들이 돌로 치려 해서 예수님이 숨어서 성전을 빠져나가는 경우도 있었습니다. 번번이 사람들이 예수를 잡고자 했지만 번번이 예수님은 그들 손에서 벗어나셨습니다.

나면서부터 소경인 사람이 예수님을 통해서 고침을 받았습니다. "누가 너의 눈을 뜨게 했느냐"는 사람들의 질문에 그 사람은 "선지자"라고 말합니다. 부모들은 당시 예수를 그리스도로 시인하는 사람은 출교를 당함으로 무서워 말을 하지 못합니다. 그리고 소경에게 대답을 미룹니다. 소경이 사람들에게 "하나님께로서 오지 않으면 어떻게 자기의 눈을 뜨게 할 수 있느냐" 고 반문하자, 사람들을 가르치려 한다는 구실로 오히려 소경은 쫓겨납니다.

또 죽었다가 살아난 나사로의 부활은 예수님이 누구인가를 보다 분명하게 보여주는 사건입니다. 예수님은 나사로가 죽게 된 사실을 전해 듣고도 오지 않았다가 그가 죽은 이후에 찾습니다. 그것은 이 일이 예수님이 하나님의 아들이심을 믿게 하기 위한 것이었음을 말해 줍니다. 예수님은 부활이요, 생명입니다. 예수님은 나사로 죽음을 통해서 자신의 부활을 미리 보여주셨습니다.

나사로가 살아났다는 소문으로 인하여 사람들이 예수를 믿게 되었습니다. 유대인들은 이 일로 인하여 예수님을 죽이려는 모의를 구체적으로 하게 됩니다. 예수님은 나사로를 살리신 일로 인하여 위기에 처하게 됩니다. 물론 증거가 된 나사로도 죽이려고 했습니다. 증거를 없애기 위한 것이었습니다. 또한 나사로 때문에 사람들이 예수를 믿는 것을 두려워해서였습니다.

이렇게 보면 지금까지 많은 표적들은 예수님이 하나님의 아들이심을 보여주려는 의도였음을 알 수 있습니다. 요한복음은 표적 사건을 중심에 두면서 예수님이 하나님의 아들이심을 그들의 반응을 통해 전하려는 의도가 있음을 알 수 있습니다. 예수님은 표적을 행하면 행할수록 점차 위기에 몰려 죽음에 한 걸음 가까이 다가서게 됩니다.

3) 믿음에 대한 요약(요 12:37~50)

예수님은 많은 표적들을 행하였으나 그들이 믿지 않았습니다(요 12:37). 유대인들이 이처럼 표적을 보고서도 예수님을 하나님의 아들로 믿지 않는 것은 이사야의 예언에 따른 것입니다. 하나님이 그들의 마음과 눈을 멀게 하고 완고하게 하셨기 때문입니다. 마음이 어두워지면 표적을 보고서도 믿지 못합니다. 그러나 마음이 깨끗하면 표적을 행하지 않아도 말씀만으로도 믿을 수 있습니다.

관원들이 예수님의 행하신 일을 보고 믿고 싶었지만 바리새인들에게 미움을 사고 출교를 당할까 두려워서 진정한 믿음을 가지지 못한 경우도 있었습니다. 그것은 사람의 영광을 하나님의 영광보다 더 사랑했기 때문입니다. 세상을 사랑하면 하나님을 믿기 어렵습니다. 세상을 사랑하고 이 세상 부귀 영화에 관심을 가지면 예수님을 믿는 것은 힘듭니다. 그런 이유로 하나님은 종종 우리의 가진 것을 거두어 가십니다. 그리고 하나님을 믿게 하십니다. 이렇게 보면 세상의 영광을 포기한 것이 우리에게 더 복이 될 수 있습니다.

주님을 믿는 것은 곧 하나님을 믿는 것이 됩니다. 주님을 보는 것은 곧 하나님을 보는 것이 됩니다. 이것은 예수님을 하나님으로 믿지 않으면 진정한 믿음이 아니라는 것을 가르쳐 주고 있습니다. 예수님이 하신 말씀은 스스로 하는 것이 아닌 하나님이 주신 말씀입니다. 우리는 예수님을 하나님으로 믿고 그를 위해 모든 것을 걸어야 합니다. 그렇지 않은 믿음은 아직 진정으로 주님을 믿는 것이 아닙니다.

이 시간 내가 가진 믿음은 어떤 믿음입니까? 혹시 주님보다 더 믿는 것은 없습니까? 주님보다 더 의지하는 것은 없습니까?

08 요한복음 2

1. 최후의 만찬과 다락방 강화(요 13~17장)

요한복음 13장~17장은 예수님의 죽음을 앞두고 하루 동안에 일어난 내용입니다. 짧은 시간이지만 주님은 제자들에게 많은 것을 가르치고 있습니다. 이때는 더 이상 표적이 일어나지 않는다는 것이 특징입니다. 그리고 대중보다는 제자들에게 집중하여 진리를 가르치는 일에 마지막까지 혼신을 다하고 있는 것을 봅니다.

1) 제자들과 최후의 만찬(요 13장)

예수님의 죽음은 점점 가까워 이제 하루가 남았습니다. 제자들은 주님의 죽으심을 이해하지 못했습니다. 아직 알아차리지 못했습니다. 그러나 주님은 자신의 죽음을 분명하게 이해했습니다. 그것은 세상을 떠나 아버지께로 돌아가는 것이었습니다.

"예수는 아버지께서 모든 것을 자기 손에 맡기신 것과 또 자기가 하나님께로부터 오셨다가 하나님께로 돌아가실 것을 아셨습니다." (요 13:3)

우리도 주님처럼 이 세상에 왔다가 다시 하나님께로 돌아가는 것입니다. 이것을 알면 죽음이 두렵지 않습니다. 우리가 가야 할 곳은 하나님 아버지 품입니다. 이것에 대한 소망이 약하면 죽음을 두려워하게 됩니다.

주님은 이런 마음을 가지고 제자들의 발을 씻기셨습니다. 주님이 직접 수건을 가지고 모범을 보이신 이유는 본을 보이기 위해서입니다. 그리고 서로 발을 씻기기 위한 것이었습니다. 이렇게 섬기는 것은 복을 받는 길임을 보이기 위함이었습니다. 천국을 소유한 사람은 세상을 섬기기 위해 존재합니다. 그러나 천국을 가지지 못한 사람은 이 세상에서 하나라도 더 가지기 위해서 욕심을 부리고 힘을 씁니다.

예수님이 제자들에게 주신 새 계명은 "서로 사랑하는 것" 입니다. 주님이 제자를 사랑한 것같이 우리가 서로 사랑하는 일입니다. 우리가 서로 사랑하면 모든 사람이 우리가 주님의 제자인 줄 알게 됩니다. 모든 것은 사랑하기 위해서입니다. 사랑이야말로 최고의 계명입니다.

사람들은 여전히 주님을 죽이려고 했지만 예수님은 그들을 사랑했습니다. 그것은 사람들은 아직 천국을 가지지 못했고 주님은 천국을 가졌기 때문입니다. 진정한 사랑은 구원받은 자만이 할 수 있습니다. 천국을 소유한 사람은 무엇을 다 주어도 아깝지 않습니다.

나는 얼마나 천국을 소유한 사람인지 생각해 보아야 합니다. 우리 교회와 그리스도인들이 서로 사랑하지 못하는 것은 하나님에게로 가는 확신이 희미해서입니다. 구원받은 확신이 부족해서입니다. 예수를 믿는 사람은 이미 하나님의 아들입니다. 예수님처럼 살아갈 수 있는 능력이 이미 우리에게 있습니다. 모든 것을 주고 사랑해도 더 주고 싶은 그런 사랑이 우리 안에 있습니다. 이것은 예수를 믿는 사람에게 주시는 복입니다. 이것을 우리가 교회 속에서 나타내면서 서로 사랑한다면 세상 사람들은 우리의 사랑을 보고 하나님을 보게 되고 천국을 갖고 싶어 할 것입니다. 사랑을 전한 예수님의 생애는 새 계명의 진수를 잘 보여줍니다.

2) 다락방 설교(요 14~17장)

예수님은 이제 죽을 시간이 얼마 남지 않았습니다. 주님은 제자들의 발을 씻기신 후에 일명 다락방 강화라고 하는 가르침을 주십니다. 이것은 주님이 죽으신 후에 제자들이 마음에 새겨야 할 유언과도 같은 가르침입니다. 간단히 그 내용을 정리하면 다음과 같습니다.

예수님은 나를 믿는 것이 하나님을 믿는 것이기에 더 이상 두려워하지 말라고 가르칩니다. 주님이 가시는 것은 제자들을 위하여 천국의 처소를 준비하기 위함입니다. 예수님은 자신이 곧 길이요, 진리요, 생명이라고 말합니다. 하나님에게로 갈 수 있는 길은 오직 하나, 예수님을 믿는 길입니다. 예수님이 이 세상에 오신 것은 이것을 알려주고 그 길을 제시해 주시기 위해서였습니다. 이제 주님을 믿는 제자들은 주님이 하신 일을 그들도 하게 될 것이요, 이보다 더 큰 일도 하게 될 것입니다.

무엇보다도 주님은 자신이 가야 성령이 오신다고 말씀하십니다. 보혜사 성령이 오셔서 우리와 영원토록 함께 하실 것이라고 이야기합니다. 성령님은 이제 진리의 영으로 우리 속에 거하십니다. 성령님이 오시면 우리는 고아와 같이 살지 않아도 됩니다. 어디를 가도 늘 성령님이 함께 하시기 때문입니다. 이것은 영으로 우리 안에 주님이 계신다는 것을 의미합니다. 성령님은 우리 속에 계셔서 우리에게 모든 것을 가르치시고 주님의 말씀을 생각나게 하십니다. 그러므로 평안을 가지고 살아가라고 말씀하십니다. 마음에 근심하지 말고 두려워하지 말라고 하십니다.

주님과 우리의 관계는 포도나무와 가지와 같습니다. 가지가 나무에 붙어 있으면 많은 열매를 맺습니다. 제자들은 주님을 떠나서는 아무것도 할 수 없습니다. 언제나 믿음을 가지고 주님과 동행하는 삶을 살라고 말합니다. 주님이 명하는 대로 행하면 그 사람에게 친구의 복을 준다고 말씀하십니다. 마치 친구를 위하여 자기 목숨을 버리는 것과 같은 친구로서 주님이 우리와 함께하십니다.

주님과 함께하면 무엇이든지 주의 이름으로 구하면 받게 됩니다. 이것은 주님과 함께하는 제자들에게 주시는 특권입니다. 세상에서는 환란을 당하지만 주님과 함께하는 믿음으로 담대하라고 말씀하십니다. 그 이유는 주님이 세상을 이겼기 때문에 제자들도 세상을 능히 이길 수 있기 때문입니다.

요한복음 17장은 예수님의 대제사장 기도문으로, 제자들에게 부탁하는 내용이 담겨 있습니다. 이것은 주님이 천국에서도 계속 기도하는 내용입니다. 그리고 주님이 간절히 바라는 내용이기도 합니다. 기도의 핵심은 주의 이름을 보전하고 저희가 하나가 되는 것입니다. 또 제자들이 세상에 속하지 아니하고 거룩한 삶을 사는 것입니다. 하나님의 말씀은 진리이기에 날마다 진리로 거듭나야 함을 말합니다. 주님이 제자들 속에 계셔서 온전함을 이루어 하나가 되는 것은 세상으로 하여금 하나님의 사랑을 받는 존재임을 알게 하려는 데 있습니다. 주님의 제자임을 세상이 알게 하는데 있습니다. 주님과 우리가 하나가 되고 교회 공동체가 하나되는 것이야말로 우리가 이루어야 할 최고의 목표입니다. 하나되는 공동체, 주님과 내가 하나되는 연합을 이루는 것이 신앙의 핵심입니다.

사단은 교회를 분리하게 하고 성도를 이간질합니다. 그것으로 인하여 세상으로 하여금 가능한 예수님을 믿지 못하게 합니다. 예수를 믿는 우리는 이런 유혹에 빠지면 안됩니다. 우리 교회는 새 계명을 실천하는 삶을 살아야 합니다. 서로 사랑하는 공동체를 이루면 그것을 통해 자연히 전도가 될 것입니다. 우리가 서로 사랑하는 것은 세상을 향한 최고의 전도입니다.

2. 체포, 재판 그리고 죽음(요 18~19장)

예수님은 제자들에게 다락방 강화를 마치고 기도하러 겟세마네동산에 가십니다. 기도를 마친 후 예수님은 사람들에게 잡혀 빌라도에게 끌려갑니다. 빌라도가 심문하는 과정은 예수님의 관심이 어디에 있는지, 예수님은 어떤 왕인지를 잘 보여주고 있습니다. 예수님의 나라는 세상에 속한 나라가 아닙니다. 예수님의 나라는 세상에 있지 아니합니다. 그러나 빌라도는 세상 나라에 속해 있습니다. 그는 일시적으로 왕이 되어 예수님을 죽이는 힘을 가졌지만 곧 쫓겨납니다. 그러나 주님은 영원한 왕이십니다.

예수님이 진리에 속한 자는 예수님의 말씀을 듣는다고 하자, 빌라도는 진리가 무엇이냐고 반문합니다. 이것을 통해 예수님은 진리의 삶을 살았고 빌라도는 진리가 무엇인지 모른 채 살았음을 보여줍니다.

지금도 두 종류의 사람이 있습니다. 진리를 따라 사는, 진리에 목숨을 거는 주님과 같은 사람이 있고, 진리와 상관없이 잠시 있는 부귀와 영화를 좇는 세상 사람들이 있습니다. 지금도 빌라도와 같은 사람들이 대부분입니다. 잠시 있는 세상의 영광에 모든 것을 바쳐서 살

다가 허무하게 죽어가는 사람들입니다. 나는 어떤 종류의 사람입니까?

빌라도는 예수님과 대화를 통해 예수님이 죄가 없음을 알고 그를 풀어 주려고 하지만, 예수를 풀어 주는 것은 가이사에게 반역하는 것이라는 말을 듣고 예수를 끌고 나와서 사람들에게 넘겨줍니다. 잠시 있는 세상의 욕심에 사로잡혀 거짓된 길을 간 빌라도는 역사적으로 불행의 대표자가 되었습니다. 오늘도 빌라도는 같은 길을 걷는 수많은 사람들에게 경종을 울리고 있지만 많은 사람들은 그것을 거부하고 계속 빌라도의 길을 가고 있습니다.

예수님은 죽으실 때 "다 이루었다" 고 하시면서 영혼이 돌아가십니다. 예수님은 말씀을 이루기 위해 오셨습니다. 그리고 그 말씀을 다 이루고 가셨습니다. 죽는 순간까지 말씀과 함께하셨습니다. 그 뼈가 하나도 꺾이지 아니하리라고 한 성경의 말씀을 이루시면서 죽으셨습니다. 실제 예수님은 미리 죽으심으로 발을 꺾이우지 않고 죽으셨습니다. 죄인이 빨리 죽지 않으면 발을 꺾는 것이 당시 관례였습니다.

오늘도 우리는 말씀을 이루는 삶을 살아야 합니다. 우리를 말씀으로 구원하신 것은 말씀을 이루는 일과 관계가 있습니다. 나에게 맡겨주신 하나님의 뜻은 무엇입니까? 그것을 발견하고 그것을 위해 살아가는 사람이 되어야 할 것입니다.

3. 부활과 그 이후(요 20~21장)

1) 부활

예수님은 죽으신 후에 약속대로 삼 일 만에 부활하셨습니다. 부활

후에 나타나셔서 제자들에게 하신 말씀은 "평강이 있을지어다" 입니다. 주님을 믿는 자는 평화가 임합니다. 그리고 아버지께서 나를 보내신 것처럼 제자들을 세상에 보낸다고 말씀하십니다. 성령을 받으라고 말씀하시면서 성령과 함께하는 사람을 예고하십니다. 이것은 예수님이 제자들에게 성령으로 함께하겠다는 의미입니다.

우리도 주님이 세상에 보내셨습니다. 성령을 우리 속에 주시어 세상에서 복음의 증인으로 살게 하셨습니다. 주님의 평강을 선물로 받은 우리는 두려워하지 말고 세상에서 담대하게 복음을 전하는 제자들이 되어야 할 것입니다.

제자 중 하나인 도마는 예수님이 나타났을 때 없었습니다. 그래서 부활의 주님을 만나지 못했습니다. 제자들의 말을 통해서는 부활의 주님을 믿을 수 없다고 하자 주님은 도마에게 나타나셔서 "본 고로 믿느냐. 보지 못하고 믿는 자는 복이 있다" 고 말씀하십니다(20:28~29).

이 구절은 요한복음의 결론과도 같은 중요한 말씀입니다. 요한복음은 표적 기사로 가득 차 있었습니다. 사람들은 보고 믿으려고 합니다. 그러나 보고 믿는다는 것은 한계가 있습니다. 제자들이 전하는 말씀만 듣고서도 주님의 부활을 믿을 수 있다면 이것은 가장 복된 일입니다. 예수님은 도마를 통해서 이런 믿음을 가지라고 권면하고 있습니다.

진정한 믿음이란 보지 않고 믿는 믿음입니다. 지금 우리의 믿음은 이런 믿음입니다. 누구도 주님의 못 박힌 손과 옆구리를 만져 보고 믿는 사람은 없습니다. 그렇게 해서는 아무도 믿을 수 없습니다. 만약 말씀만 듣고서도 믿을 수 있다면 이것은 놀라운 하나님의 은혜를 받은 사람이요, 그 믿음이 최고의 표적입니다. 우리는 앞으로 이런 믿음을 갖도록 해야 할 것입니다. 어차피 주님의 십자가를 직접 눈으로 볼 수 있는 것은 아닙니다. 우리는 오직 믿음으로만 그것을 믿을 수밖에 없습니다.

2) 정리

요한복음을 기록한 목적은 여러 표적을 통하여 예수님이 하나님의 아들이심을 믿게 하려 함입니다. 예수를 믿음으로 생명을 얻는 것이 요한복음의 기록 목적입니다. 요한복음에 나오는 표적을 통하여 예수님이 진정으로 하나님의 아들이심을 믿는 신앙으로 확고하게 선다면 이보다 좋은 믿음은 없을 것입니다.

우리는 하늘나라에 대한 소망을 가지고 주님의 뒤를 따르는 제자로서의 사명을 잘 감당해야 할 것입니다. 이 세상이 힘들고 어려워도 그것에 이끌리지 말고, 그런 유혹에 사로잡힐 때는 주님이 가셨던 진리의 길, 십자가의 길을 바라보면서 살아가도록 해야 할 것입니다.

이런 면에서 부록과도 같은 요한복음 21장의 베드로에게 사명을 주시는 장면은 오늘 우리가 가야 할 길을 가르쳐 줍니다. 베드로처럼 오직 말씀에 전념하면서 주님의 양을 먹이고 치는 일이야말로 우리가 사람들에게 생명을 나누어 주는 일이요, 구원을 받게 하는 길입니다. 우리가 받은 말씀을 붙잡고 살아가는 사람에게 하나님은 함께하시고 성령을 충만하게 주실 것입니다.

말씀을 통하여 날마다 주님을 바라보고 만나면서 그 속에서 힘을 얻고, 다른 사람에게 말씀을 전해 줌으로 생명을 나누어 주는 사명을 잘 감당해야 할 것입니다.

성경 파노라마 | 신약2

인 | 도 | 자 | 지 | 침 | 서

12. 사도행전과 서신서 시대

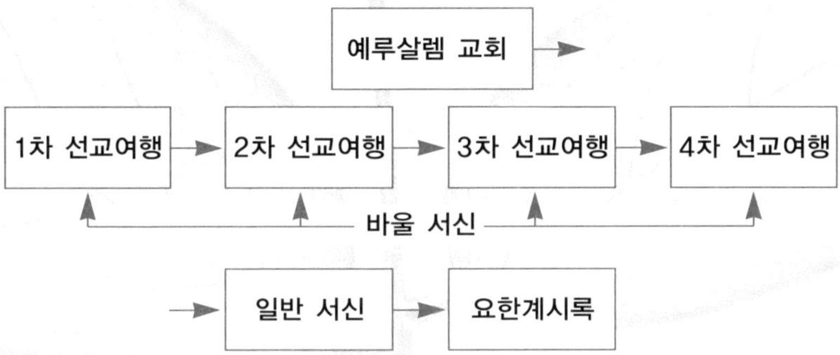

사도행전과 서신서 시대는 예수님이 십자가에 죽으시고 부활하여 승천하신 후에 제자들이 예수님이 전해 주신 복음을 땅끝까지 이르러 증거하는 사도들의 증언을 기록했습니다.

사도행전은 사도들의 역사를 기록한 역사서이며 서신서는 사도들이 교회들로 보낸 편지입니다. 사도행전은 전반부는 베드로와 제자들의 이야기, 후반부는 바울의 전도여행을 중심으로 기록되었습니다. 사도들은 복음인 예수 그리스도를 전했습니다. 그 결과 많은 사람들이 복음을 믿음으로 구원을 받았습니다. 사도행전과 서신서를 읽으면서 우리는 사도들이 전한 복음을 믿는 사람들과 초대 교회 이야기를 생생하게 들을 수 있습니다. 이렇게 사도들이 전한 복음은 오늘날 교회를 세우는 원동력이 되었고 이 복음은 교회를 통하여 앞으로 영원히 전해지게 될 것입니다. 주님이 오시는 그날까지…….

01 예루살렘 교회

1. 선교를 위한 준비(행 1~2장)

1) 성령의 약속

예수님이 부활하신 후에 제자들에게 하신 말씀은 예루살렘을 떠나지 말고 아버지가 약속하신 성령을 기다리라는 것이었습니다. 요한이 물로 세례를 베푼 것같이 몇 날이 못 되어 성령으로 세례를 받는 일이 일어난다는 것입니다.

성령이 오셔야 하나님이 사역을 하실 수 있습니다. 주님을 대신한 성령이 하시는 일은 예수님이 제자들과 같이 계실 때보다 더 효과적입니다. 우리 속에 거하시고 우리가 가는 어디든지 성령이 함께하실 수 있기 때문입니다.

성령이 오셔야 제자들은 능력을 받게 되고 땅끝까지 이르러 증인이 될 수 있습니다. 인간의 힘으로 예수님처럼 십자가의 죽음의 길을 가는 것은 불가능합니다. 예수님이 잡힐 때 제자들은 두려워 떨고 있었습니다. 이런 제자들에게 성령이 임하면 주님처럼 담대하게 진리를 전하는 증인이 될 수 있다는 말입니다.

예수님의 약속대로 사람들이 모였습니다. 열한 제자와 여자들과 예수님의 어머니 마리아와 예수의 아우들입니다. 이들이 초대교회 개척 멤버입니다. 이들이 모여서 한 일은 마음을 같이 하는 것과 기도하는 것입니다. 이것은 예수님이 제자들에게 서로 하나되라고 하셨던 명령을 실천하는 것이었습니다.

교회의 시작은 성령이 오셔야 됩니다. 성령이 주인이 되셔서 사람들을 하나로 모아 주시면 교회가 시작됩니다. 이 날을 기다리고 준비하는 일이 우선 중요합니다. 말씀을 사모하는 자에게 성령은 임하시고, 하나되는 가운데 성령은 임하십니다. 이것은 오늘날 우리들의 교회가 어떻게 시작되어야 하는지를 잘 보여주고 있습니다.

2) 성령 강림

제자들이 계속 모여서 함께 기도하던 어느 날이었습니다. 그날은 오순절날이었습니다. 갑자기 하늘에서 급하고 강한 바람 같은 소리가 있어 온 집에 가득 차면서 불의 혀같이 갈라지는 것이 각 사람에게 임했습니다. 사람들이 성령의 충만함을 받자 성령이 말하게 하심을 따라 다른 방언으로 말하기 시작했습니다. 이때 각자 자기가 태어난 곳의 말로 방언을 했습니다. 각 처에서 모여든 사람이 자기 나라말로 하나님의 말씀을 들었을 때 그 느낌이 어떠했을지 충분히 상상이 갑니다. 인간의 힘으로는 상상할 수 없는 놀라운 하나님의 역사입니다.

이런 일에 대해서 사람들은 이해하지 못했습니다. 어떤 사람들은 방언하는 것을 보고 새 술에 취했다고 놀려댔습니다. 이에 대해 베드로는 성령이 임하면서 방언을 하는 것에 대해 성경을 근거로 설교를 합니다. 이미 요엘 선지자를 통해서 성령을 주시리라고 하신 말씀이

응한 것이라고 말합니다. 그리고 유대인들이 죽인 예수님을 하나님이 주와 그리스도가 되게 하셨다고 전합니다.

그러자 모인 사람들이 마음에 찔려 "어찌 할꼬" 하면서 회개를 합니다. 삼천 명이 예수를 믿고 세례를 받아 구원을 받습니다. 그 사람들이 초대교인이 됩니다. 이들은 사도의 가르침을 받고 교제하며 떡을 떼며 기도하는 일을 하며 교회를 세워 갑니다.

교회를 태동하게 한 것은 전적으로 성령님이십니다. 성령의 역사로 삼천 명이 회개하며 구원받는 일이 일어납니다. 물론 그 전에 베드로의 설교가 있었습니다. 말씀이 있는 곳에 성령이 역사하고 성령이 역사하니까 회개와 세례의 역사가 일어납니다. 오늘도 성령이 역사하면 이런 일이 일어날 수 있습니다.

3) 초대교회 설립

성령이 역사하여 초대교회가 설립됩니다. 이들은 모여서 물건을 통용하고 날마다 마음을 같이 하여 성전에 모이고 음식을 먹고 교제하며 하나님을 찬미하며 교회생활을 합니다. 그러자 주께서 구원받는 사람을 더하셔서 날마다 전도가 되었습니다.

하나되는 교회가 부흥의 원동력입니다. 그런 힘으로 서로 모여 말씀 안에 서 가면 자연스럽게 전도가 되어 교회가 부흥되게 됩니다. 초대교회 부흥원리는 오늘날에도 계속 이어지고 있습니다. 진정한 전도는 교회가 하는 것입니다. 아름다운 공동체를 이룰 때 전도는 자연히 일어납니다.

2. 예루살렘 교회(행 3~8:3)

1) 베드로와 사도들의 복음 사역

예루살렘 교회는 부흥하여 날마다 발전해 갔습니다. 그것은 사도들의 복음 전도가 큰 역할을 했습니다. 베드로와 요한이 성전 미문에 있던 앉은뱅이를 고칩니다. 이런 기적은 사람을 모으는 기회가 됩니다. 그 사람으로 인하여 사람들이 솔로몬 행각에 모입니다.

그때 베드로는 사람들에게 예수 그리스도에 대한 복음의 말씀을 전합니다. 앉은뱅이가 나은 것은 우리가 한 것이 아니라 전적으로 예수 이름으로 인한 것이라고 전합니다. 베드로가 복음의 능력을 전하자 사람들이 복음을 받아들입니다. 이때 구원받은 사람이 오천 명이 되었습니다. 놀라운 숫자입니다. 이것은 전적으로 하나님이 역사하신 일입니다. 구원과 교회 부흥은 성령이 역사하실 때 가능합니다.

베드로와 사도들의 복음 사역은 긍정적, 부정적 반응으로 나타납니다. 한편으로는 이런 복음의 능력을 시기하여 베드로와 요한을 옥에 잡아 가두기도 합니다. 이 일로 사도들은 핍박을 받습니다. 이렇게 초대교회는 부흥하여 발전해 갔습니다.

초대교회 교인 중에 바나바와 같은 사람은 자기의 재물을 하나님께 드리는 좋은 모델입니다. 그러나 아나니아와 삽비라 같은 사람은 하나님을 속이고 땅값을 속이는 부정적인 사람으로 소개됩니다. 이 둘은 결국 하나님의 징벌을 받아 죽게 됩니다. 초대교회는 이 일이 많은 경고가 되었을 것입니다. 성령이 운행하시는 교회를 경험했을 것입니다.

초대교회는 특히 사도들을 통하여 표적과 기사가 많이 나타나면서 든든히 세워져 갔습니다. 그리고 믿고 주께로 나오는 사람들이 많아졌습니다. 아울러 온 백성들에게 칭송을 받는 교회가 되었습니다. 병든 사람들이 베드로에게 고침을 받으려고 몰려들었습니다. 그러나 사도들은 대제사장들에게 미움을 받아 오히려 많은 핍박을 받았습니다.

2) 사도들이 양육한 제자들

사도들은 표적을 행하며 전도를 하면서 예수님처럼 제자를 양육하는 일이 힘썼습니다. 말씀을 가르치며 초대교회 성도들을 하나님의 사람으로 양육했습니다. 이것은 주님이 명하신 제자 삼는 일에 순종하는 것입니다. 다음 세대를 키우는 일은 이런 면에서 중요합니다. 그렇게 해서 처음 세워진 사람들은 성령과 지혜가 충만하고 사람들에게 칭찬을 듣는 일곱 사람이었습니다. 하나님의 말씀이 점점 왕성하여 제자의 수가 많아지게 되었고, 심지어 제사장 무리까지 말씀에 복종하는 일이 일어났습니다.

그중에 스데반은 대표적인 사람입니다. 얼마나 성령이 충만했는지 말씀을 전하다가 순교하면서도 예수님처럼 자기를 죽이는 사람들을 용서해 달라는 기도를 하면서 천사 얼굴을 하고 죽었습니다. 이렇게 해서 예수님을 닮은 제자가 만들어졌습니다. 이것은 당시 초대교회가 어떤 모습이었는지 잘 보여주는 대목입니다. 스데반과 같은 훌륭한 제자가 만들어지자 교회는 더욱 더 부흥이 되었습니다. 스데반의 순교로 교회에 대한 핍박이 심해졌지만 교회는 부흥의 속도가 더 커져 복음이 땅끝까지 흩어지는 계기가 되었습니다.

오늘도 우리에게는 스데반과 같은 제자가 필요합니다. 그런 제자들이 많아져야 합니다. 교회는 이런 제자들을 양육하여 그리스도의 증인으로 살게 해야 합니다. 이것이 교회가 해야 할 중대한 사명입니다. 한 사람의 영향력 있는 제자는 지역을 부흥시키는 원동력이 됩니다. 진정한 교회 부흥은 건물이 커지는 것이 아니고 제자들이 양육되어 온 땅에 퍼지는 것입니다. 제자가 곧 교회이기 때문입니다.

3. 이방으로 확장되는 복음(행 8:4~12장)

1) 빌립

일곱 명의 일꾼 중에 한 사람인 빌립은 구스의 내시를 전도하고 세례를 주어 복음이 아프리카까지 가는 기회가 되었습니다. 초대교회 일꾼들은 복음 전도에 열심이었습니다. 그런 자에게 하나님은 능력을 주어 복음을 전하게 하셨습니다. 이것은 주님이 하신 말씀이 그대로 이루어지는 복음의 현장입니다.

2) 사울

사울은 교회를 핍박하던 열성적인 유대인이었지만 다메섹 도상에서 하나님께 부름을 받아 예수를 전하는 사도가 됩니다. 사울은 하나님이 이방인과 임금들과 이스라엘 자손 앞에 복음을 전하기 위해 택한 그릇이었습니다.

3) 베드로

사도의 선두주자인 베드로는 여전히 유대적인 사고에 매여 있었습니다. 복음으로 거듭나야 하는데 그렇지 못했습니다. 거룩한 것과 속된 것을 잘 구분하지 못하고 외적으로만 보는 외식에 빠져 있었습니다. 그런 모습으로는 열방을 향해 복음을 전할 수 없습니다.

하나님은 이런 베드로를 미리 훈련하여 앞으로 이방 전도에 좋은 도구로 사용하려는 계획을 가지고 있었습니다. 수제자 베드로는 당시 예루살렘 교회에 큰 영향을 끼쳤던 사람입니다. 이 사람이 변화되지 않으면 앞으로 복음 전파에 걸림돌이 될 것입니다. 이것을 위해 미리 준비한 사건이 이방인 고넬료와의 만남입니다. 고넬료와의 만남을 통해서 베드로는 성령의 역사를 경험하고 시야가 넓어집니다. 이방인에게도 성령이 내리는 역사를 직접 보고 성령을 경험합니다.

이런 베드로의 경험은 후에 바울의 이방 선교에 어려움이 생길 때(예루살렘 공의회) 전적인 후원자가 되게 하는 원동력이 됩니다. 비록 사람이 전도를 하지만 결국은 뒤에서 선교를 계획하시는 분은 하나님이심을 알 수 있습니다.

4) 안디옥 교회

안디옥은 이방 선교의 중심지가 됩니다. 최초의 이방 교회 안디옥이 세워지면서 안디옥을 통하여 제자들이 파송되고 이방 선교의 출발이 이루어집니다. 바나바와 사울이 안디옥에서 일 년 간 모여 큰 무리를 가르치게 됩니다. 그리고 제자들을 만들어 비로소 안디옥에서 그리스도인이라는 호칭을 세상 사람들에게서 얻게 됩니다. 그리스도인은 곧 예수쟁이라는 말로 예수에 미친 사람을 의미합니다.

5) 야고보와 헤롯과 베드로 이야기

예수 믿는 사람들과 사도들을 핍박한 헤롯 왕은 요한의 형제 야고보까지 죽입니다. 유대인은 이 일을 매우 기뻐합니다. 베드로도 옥에 갇혀 죽을 날을 기다리고 있습니다. 이때 성령께서 베드로를 구출해

냅니다. 헤롯이 베드로를 잡고자 하지만 결국은 자신이 하나님의 진노를 받아 충으로 죽게 됩니다. 헤롯의 죽음은 복음 전파를 방해하고 거역한 사람의 말로가 어떤지를 잘 보여줍니다.

6) 말씀의 역사

초대교회는 핍박과 고난이 심하면 심할수록 오히려 복음의 전파 속도는 빠르게 진행되었습니다.

사도행전의 중심 요절은 사도행전의 역사가 진행되면서 계속해서 나옵니다. 그것은 "하나님의 말씀이 흥왕하여 더하더라" 입니다. 이 구절은 사도행전 2:47, 6:7, 9:31, 12:24에 반복하여 나옵니다. 이것은 사도행전의 교회의 부흥은 말씀을 통한 부흥이었음을 말해 줍니다. 하나님의 말씀에 사로잡힌 사람을 통하여 성령의 역사가 일어나고, 그 힘은 사람을 변화시키고 구원하는 일을 이룹니다.

말씀으로 천지를 창조하셨듯이 교회도 말씀을 통하여 새롭게 갱신되고 부흥됩니다. 마술과 건물과 물질을 통한 부흥은 이방 신전들이 행했던 방법입니다. 이런 방법은 인간적인 것으로 잠시는 부흥을 이루는 것 같지만 결국은 역사 속으로 사라집니다. 영원한 부흥, 그리고 다음 세대에 계속 이어지는 교회 부흥은 말씀을 통한 부흥입니다.

오늘날 우리 교회도 이런 초대교회의 부흥 원리를 적용할 수 있다면 얼마나 좋을까요.

02 제1차 선교여행

1. 제1차 선교여행(행 13~14장)
—아시아로 전파되는 복음

1) 안디옥(행 13:1~3)

안디옥 교회는 이방 선교의 본부입니다. 안디옥 교회는 선교의 모델 교회로 바나바와 사울을 최초의 선교사로 파송합니다. 이것은 상당히 의미 있는 일입니다. 예루살렘 모교회의 지배에서 벗어나 어엿한 이방 교회로서 자립했다는 의미에서 안디옥 교회는 선교의 모델이 될 수 있습니다. 가장 핵심 인물인 바나바와 사울이 선교사로 간 것도 특이합니다. 가장 훌륭한 사람을 선교사로 파송한 것은 오늘날 우리가 귀감으로 삼아야 할 모습입니다. 한 나라의 미래는 선교사의 모습이 결정합니다. 이런 면에서 잘 준비된 훌륭한 선교사를 양육하여 파송하는 것이 교회의 중요한 사명입니다.

특히 팀으로 보내어 전도한 점도 눈여겨볼 만한 모습입니다. 이것은 둘씩 짝을 지어 보낸 예수님의 전도 방법과도 일치합니다.

2) 구브로(행 13:4~12)

구브로는 바나바의 고향입니다. 바울과 바나바는 구브로를 첫 선교지로 택합니다. 이때 함께 동행한 사람이 마가 요한입니다. 이들은 구브로 섬에서 바예수라 하는 거짓 선지자를 만납니다. 그는 서기오 바울 총독을 방해하여 예수를 믿지 못하게 합니다. 바울은 성령이 충만하여 거짓 선지자를 눈을 멀게 합니다. 그것을 본 총독은 예수를 믿습니다. 하나님은 복음을 전하는 사람에게 능력을 주십니다. 능력은 복음을 위해 사용될 때 의미가 있습니다.

3) 버가, 비시디아 안디옥(행 13:13~52)

바울과 바나바와 동행한 마가 요한은 버가에서 예루살렘으로 돌아갑니다. 바울은 비시디아 안디옥에서 전도합니다. 그들은 다음에도 계속 복음을 전해 달라고 요청합니다. 그 다음 안식일 날에 온 성에 있는 거의 모든 사람들이 모여 하나님의 말씀을 듣습니다. 유대인들이 그것을 보고 시기하여 바울을 비방합니다. 그날 작정된 사람은 다 구원을 받는 일이 일어납니다. 주의 말씀이 그 지방에 두루 퍼지게 됩니다.

말씀을 전하면 그 말씀이 힘을 받아 다른 사람을 전도하는 일이 일어납니다. 그래서 전도할 때 사람의 말이 아닌 하나님 말씀을 전하는 것이 중요합니다. 한 사람에게 전도할지라도 그 역사는 놀랍게 나타납니다. 결국 바나바와 바울은 핍박을 받아 그곳에서 쫓겨납니다.

4) 이고니온, 루스드라, 더베(행 14:1~20)

이고니온에서 전도한 결과 두 가지 반응이 나타납니다. 유대와 헬라의 허다한 무리가 예수를 믿게 됩니다. 그러나 유대인들이 이방인을 선동하여 형제들에게 악감을 품게 합니다.

두 사도는 표적과 기사를 행하고 말씀을 증거합니다. 그러자 사도를 좇는 자들과 유대인을 좇는 자들이 나타나면서 이방인과 유대인들이 두 사도를 돌로 치려 합니다. 두 사도는 이것을 알고 도망합니다. 그리고 루스드라에 가서 복음을 전합니다.

루스드라에서는 발을 쓰지 못하는 앉은뱅이를 고치게 됩니다. 그러자 사람들이 바울과 바나바를 신으로 여기면서 제사를 지내려고 하지만 바울과 바나바는 이를 못하게 합니다. 유대인들은 바울을 돌로 친 후 죽은 줄 알고 성 밖으로 끌어냅니다.

바울과 바나바는 복음을 전할 때마다 능력과 표적이 나타나지만 아울러 핍박으로 인해 죽음의 위기를 겪게 됩니다. 복음 전하는 일은 생각처럼 그리 순탄하지 않습니다. 표적이 나타날수록 시기는 더욱 많아져 어려움을 당하게 됩니다.

오늘 우리는 복음을 전하면서 어떤 어려움을 겪습니까? 핍박에도 불구하고 쉬지 않고 복음을 전하는 사도들의 열정은 우리가 본받아야 할 모습입니다. 이것은 인간의 힘으로는 안 되고 오직 성령의 도우심만으로만 가능합니다.

5) 더베에서 안디옥으로 귀향(행 14:21~28)

바울과 바나바는 더베에 가서 복음을 전하고 루스드라와 이고니온과 안디옥으로 돌아옵니다. 루스드라와 이고니온은 죽을 고비를 넘겼던 곳입니다. 그런데 이런 곳을 다시 방문한다는 것은 인간적으로는 이해할 수 없는 일입니다. 마음을 더욱 굳게 다지면서 제자를 삼는 사도들의 모습은 그들이 얼마나 복음에 사로잡혔는지를 볼 수 있습니다. 겁과 두려움이 없는 성령에 사로잡힌 모습입니다. 전도자의 죽고 사는 것은 인간에게 달려 있는 것이 아닌 하나님에게 달려 있습니다. 이것은 예수님의 모습에서도 볼 수 있었던 것으로 사도들에게도 그대로 나타나고 있습니다.

안디옥으로 돌아옴으로 바울의 1차 선교여행은 마무리됩니다. 안디옥에 가서도 이들의 역할은 한결같습니다. 마음을 굳게 하고 믿음에 거하라는 내용은 제자사역에 충실한 바울의 모습을 볼 수 있습니다. 특히 하나님나라에 들어가기 위해서는 많은 환란을 당해야 한다는 것은 복음 사역과 환란은 필수불가결한 것을 보여줍니다.

나는 현재 편안한 가운데 신앙 생활하고 있지는 않은지 한번 점검해 보아야 합니다. 사도들의 복음 사역과 비교하면서 오늘 우리의 교회의 모습은 어떤지 다시 돌아보게 합니다.

갈라디아서—그리스도의 자유헌장

갈라디아서는 바울의 1차 선교여행에서 쓰여졌을 것으로 보입니다.

구원은 오직 믿음으로(갈 1~3장)—원리

우리는 어떻게 의롭다함을 받습니까? 예수 그리스도를 믿음으로 의롭게 됩니다. 우리는 율법을 통해서 구원을 얻는 것이 아니고 그리스도를 믿음으로 의롭다함을 얻습니다. 행위로 의인이 되는 것이 아닙니다. 우리가 의롭게 되는 것은 하나님의 아들을 믿는 믿음으로 됩니다.

그런데 갈라디아 교회는 육체의 행위로 성령을 받는다고 착각을 했습니다. 그것에 대해 바울은 성령을 받는 것은 믿음을 통해서임을 강조합니다. 갈라디아 교회의 교인들은 여전히 유대주의적인 사고에서 믿음을 이해했습니다. 그것은 그들을 진정으로 자유하게 하지 못했습니다

구원받은 자는 자유인이다(갈 4~6장)—실천

그리스도가 우리에게 오신 것은 인간으로 하여금 자유하게 하기 위해서입니다. 죄의 종이 아닌 성령 안에서 자유를 누리는 것이 믿음의 목적입니다. 그리스도를 믿는 사람은 자유한 사람입니다. 그리스도인은 모든 면에서 자유롭습니다. 그 자유는 육체의 기회로 삼지 말고 서로 종노릇하는 데 쓰여져야 합니다.

그리스도인은 하나님이 주신 자유를 가지고 성령을 좇는 삶을 살아야 육체의 욕심을 제어할 수 있습니다. 성령께 자신을 드리면 성령의 인도하심을 받게 됩니다. 그렇게 되면 성령의 아홉 가지 열매, 즉 사랑, 희락, 화평, 오래 참음, 자비, 양선, 충성, 온유, 절제의 열매를 맺게 됩니다. 이런 성령의 열매는 행위로 맺어진 것이 아닌 오직 믿음으로 말미암은 것입니다. 그러므로 자랑할 것이 없습니다.

제2차 선교여행 03

1. 예루살렘 회의(행 15장)–최초 교회회의

사도행전 15장에 나오는 예루살렘회의는 최초의 교회회의입니다. 선교에서 일어나는 문제를 논의하기 위해 모인 것으로, 이 회의는 바울의 다음 이방 선교에 중대한 영향을 끼칩니다. 이 회의의 의장격인 야고보와 초대교회에 영향을 끼친 베드로의 의견이 결정적 역할을 합니다. 베드로는 이전의 고넬료 체험을 통하여 이방인도 동일하게 예수의 은혜로 구원을 받는다고 증언합니다. 그리고 야고보가 대안을 제시합니다. 그것은 우상의 더러운 것과 음행과 목매어 죽인 것과 피를 멀리하는 것만 해결한다면 이방인들을 더 이상 괴롭게 하지 말자는 의견을 냅니다.

결국 이 의견이 채택되어 바울과 바나바는 이방 선교에 탄력을 받게 됩니다. 선교의 가장 큰 걸림돌을 제거하게 되었습니다. 예루살렘회의는 선교에 중대한 결정을 내림으로 이방 선교에 힘을 주게 되었습니다.

2. 제2차 선교여행(행 16~18장)
—유럽으로 전파되는 복음

1) 안디옥에서 드로아까지(행 16:1~10)

바나바와 바울은 2차 선교여행 때 마가라 하는 요한의 문제로 서로 갈라서게 됩니다. 바나바는 요한을 데리고 구브로로 가고 바울은 실라를 택한 후에 수리아와 길리기아를 거쳐 더베와 루스드라에 이르게 됩니다.

바울은 타우르스 산맥을 넘어 배를 타지 않고 산길을 올라 이전에 갔던 지역인 더베와 루스드라에 다시 이르게 됩니다. 여기서 바울은 디모데를 만나게 됩니다. 그는 칭찬받는 좋은 제자입니다. 후에 디모데는 바울의 영적 아들로, 좋은 동역자로 세워집니다. 바울과 실라와 디모데는 이제 한 일행이 되어 교회를 세우며 전도하게 됩니다.

바울은 반복하여 갔던 곳에 제자를 세우고 믿음을 다지는 방법으로 확실하게 선교를 정착시키는 것을 봅니다. 사람을 든든히 세우는데 열심을 다하는 바울의 모습은 오늘 우리가 본받아야 할 모습입니다. 사람을 통하여 복음의 역사를 꿈꾸는 것은 지혜로운 선교 방법입니다. 먼저 사람을 세우고 사람을 통하여 그 지역을 선교하는 것이 가장 효과적인 선교 전략입니다.

바울은 성령이 아시아에서 복음을 전하지 못하게 막음으로 무시아를 지나 드로아에 갑니다. 밤에 마게도냐 사람이 나타나 마게도냐로 와서 우리를 도우라고 말하는 환상을 보고 바울은 아시아에서 복음 전하는 것을 멈추고 유럽으로 넘어가게 됩니다.

선교는 인간의 생각대로 하는 것이 아닙니다. 성령의 인도하심에 따라 복음을 전해야 합니다. 이것은 선교의 주체가 사람이 아니라 전적인 성령의 역사임을 보여주는 좋은 예입니다. 좋은 선교사는 성령의 소리에 민감해야 합니다. 인간은 당장 앞의 일만 보지만 성령은 길게 전체를 보고 역사하십니다. 당장은 손해인 것 같지만 길게 보면 그것이 올바른 선택입니다.

2) 유럽의 첫 성 빌립보(행 16:11~40)

빌립보는 유럽의 첫 성입니다. 빌립보에서 만난 사람은 루디아입니다. 자주장사인 그녀는 바울의 조력자로 하나님이 미리 준비한 사람입니다. 주께서 그의 마음을 열어 바울의 말을 듣게 하고 그 집이 다 세례를 받고 교인이 됩니다. 이것이 일명 루디아 교회입니다. 교회는 사람이 세우는 것이 아닌 성령의 준비로 되는 것임을 알 수 있습니다. 미리 준비한 루디아의 가정은 유럽의 첫 열매가 됩니다.

빌립보에서 바울은 점치는 여종 하나를 고치게 되는데 이것 때문에 어려움을 당합니다. 바울은 옥에 갇히지만 성령이 도와주심으로 감옥문이 열리고 이 일로 인하여 간수와 가족들이 구원을 받습니다. 감옥에 갇힌 것은 간수를 구원하기 위한 하나님의 뜻입니다.

복음은 누구에게나 필요합니다. 그러므로 전도자는 어디서든지 복음을 전하는 자세가 중요합니다. 복음을 전하는 자는 하나님이 돌보십니다. 복음 전도자는 이것을 믿고 가야 합니다. 그렇게 되면 어디서든지 두려움이 없을 것입니다.

3) 데살로니가, 베뢰아(행 17:1~15)

바울은 데살로니가에서 복음을 전하고 그중에 많은 사람을 구원합니다. 그러나 시기하는 사람으로 인하여 베뢰아로 도망갑니다. 베뢰아에서 복음을 전하자 베뢰아 사람은 신사적이어서 말씀을 잘 받아들입니다. 여기에서 남자와 귀부인이 믿게 됩니다.

그러나 바울은 어려움을 당합니다. 다행히 형제들이 몰래 바울을 바다로 가게 하면서 아덴까지 인도합니다. 디모데와 실라는 남겨 두고 바울 혼자 아덴에 갑니다

4) 아덴, 고린도(행 17:16~18:17)

바울은 아덴에서도 전도를 했지만 크게 성공하지 못합니다. 그곳은 신들로 가득한 우상 도시였습니다. 그리고 고린도로 가게 되는데 거기서 브리스길라와 아굴라 부부를 만나게 됩니다. 이들은 하나님이 준비한 동역자입니다. 장막업을 함으로 서로 마음이 맞았습니다. 이들 부부는 바울을 도와 고린도 전도를 하게 됩니다. 여기서 바울은 다시 디모데와 실라를 만나게 되고 담대하게 말씀을 전합니다.

이곳에서 바울은 주님으로부터 환상을 받습니다. "하나님이 함께 하실 것이니 아무도 너를 해할 수 없다"는 말씀을 받습니다. 그것은 이곳에 하나님이 준비한 백성이 많았기 때문입니다.

이것을 통해 선교는 전적으로 성령이 하시는 일임을 알 수 있습니다. 가고 오고 하는 것이 전적인 성령의 역사입니다. 핍박과 고난을 당하여 도망하는 것도 하나님의 뜻입니다. 복음 전도자는 오직 말씀을 전하는 데 사명을 가지고 순종하며 따라가는 것이 중요합니다. 억지로 인간의 생각을 고집하지 말고 풀리는 대로 최선을 다하면 하나님이 인도하실 것입니다. 인간은 모르지만 모든 것은 나름대로 의미가 있습니다. 바울은 고린도에서 1년 6개월 간 머물게 됩니다.

데살로니가 전 · 후서 – 그리스도의 재림

고린도에 머물던 바울은 데살로니가 교회에 두 번의 편지를 보냅니다.

• 데살로니가전서

바울은 데살로니가 교회 목회를 유모가 자기 자녀를 기르는 것같이 했습니다. 그리고 목숨을 주는 것을 즐겨 하면서까지 성도들을 사랑했습니다. 성도를 위해서는 밤과 낮으로 수고하면서 누를 끼치지 않으려 애썼습니다. 바울은 오직 데살로니가 교인들을 영광과 기쁨으로 삼고 사역을 했습니다. 이것은 바울이 한 영혼을 세우는 일에 얼마나 힘을 썼는지를 보여주는 대목입니다. 오직 한 영혼이 잘되는 것에 기쁨과 소망을 품고 산 바울은 오늘 우리 복음 사역자들이 바라보아야 할 모습입니다.

바울이 데살로니가 교인들에게 특별히 가르친 것은 자기 일을 하면서 손으로 일하기를 힘쓰라는 것입니다. 이것은 세상 사람에 대해서 단정히 행하고 아무 궁핍함이 없게 하기 위함입니다. 또 매일의 삶에서 항상 기뻐하고 모든 일에 감사하고 쉬지 말고 기도하는 것을 강조합니다. 이것은 모든 그리스도인이 해야 할 모습이기도 합니다. 이미 하나님이 주신 복음이 우리에게 있습니다. 우리는 그것으로 만족하고 감사하는 것이 중요합니다. 그리고 악은 모양이라도 버리고 우리의 영혼과 몸을 흠 없게 보존하면서 거룩한 삶을 살아야 합니다. 그것이 주님이 오실 때 보여야 할 우리의 모습입니다.

특히 데살로니가 교회의 문제는 재림에 대한 잘못된 생각이 그들의 생활을 흐트러 놓은 것입니다. 바울은 이런 삶을 새롭게 정리할 필요를 느껴 권면하고 있습니다.

• 데살로니가후서

데살로니가 교회는 재림에 대한 잘못된 교리가 교회를 어지럽게 했습니다. 영을 받았다고 하는 사람들이 주의 날이 이르렀다고 하며 사람들을 동요하게 하거나 두려워하게 만들었는데, 바울은 이것을 조심해야 한다고 말합니다. 바울은 그런 미혹된 말에 속지 말고 흔들리지 말 것을 권면합니다.

종말이 올 때는 징조가 있는데 배도하는 일과 불법의 사람이 나타나는 일입니다. 자기가 곧 하나님이라고 말하는 것이 곧 종말의 징조라고 말합니다. 종말을 빙자하여 규모 없는 생활을 하는 사람을 멀리하라고 말합니다. 누구든지 양식을 값없이 먹지 말고 오직 수고하고 애를 써서 주야로 일하며 아무에게도 누를 끼치지 말아야 합니다. 바울은 누구든지 일하기 싫어 하거든 먹지도 말게 하라고 합니다. 일만 만들고 규모 없이 생활하는 사람들을 조심하고 각자 자기 양식을 먹는 것이 하나님의 뜻이라고 말합니다.

주님이 언제 오시든지 그것에 너무 연연하지 말고 주어진 일에 최선을 다하면서 하나님 앞에 진실하게 살아가는 것이 그리스도인의 삶입니다. 이미 우리는 하나님의 나라를 소유한 사람입니다. 주님이 오시는 것을 불안해 할 필요가 없습니다. 때와 기한은 하나님이 아십니다. 오직 하나님을 바라보면서 그앞에서 충성을 다하는 것이 그리스도인의 삶입니다.

5) 고린도, 에베소, 안디옥으로 귀향(행 18:18~28)

바울은 겐그리아 항구에서 머리를 깎고 서원을 합니다. 바울은 브리스길라와 아굴라를 에베소에 머물게 하고 자기는 안디옥으로 내려갑니다.

에베소에서 브리스길라와 아굴라는 아볼로에게 복음을 가르쳐 줍니다. 바울을 통하여 훈련받은 브리스길라와 아굴라는 좋은 제자로서 제자 삼는 일을 잘 감당했습니다. 아볼로는 학문에 능한 사람이고 성경에 능한 사람입니다. 이런 사람을 복음으로 변화시킨 것을 볼 때 브리스길라와 아굴라에게 있는 복음의 능력이 어느 정도인지 알 수 있습니다. 이것을 통해 우리는 한 사람의 제자가 얼마나 큰 일을 감당하는지 보게 됩니다.

04 제3차 선교여행 1

1. 제3차 선교여행 1(행 19~ 20:2)
—아시아와 유럽에 전파되는 복음

1) 에베소(행 19:1~41)

바울은 3차 여행으로 갈라디아와 부르기아를 다니며 모든 제자들을 굳게 하고 에베소에 와서 2년 3개월 동안 복음을 전하고 가르치는 일을 합니다. 에베소는 바울이 2차 선교여행 때 가고자 했는데 성령이 막아서 가지 못한 곳입니다.

에베소는 아시아의 중심 도시로 아데미 신상이 있는 우상 도시입니다. 바울은 석 달 동안 회당에서 강론하며 하나님나라 복음을 전했습니다. 특히 두란노 서원에서 제자들을 세워 2년 동안 날마다 강론하여 제자를 가르치고 아시아에 사는 유대인과 헬라인에게 복음을 전했습니다.

여기서 바울은 손으로 희한한 능력을 행하는 기적을 행했습니다. 심지어 바울의 몸에서 손수건이나 앞치마를 가져다가 병든 사람에게 얹으면 병이 떠나고 악귀도 나가게 되었습니다. 이에 마술을 행하던 사람들이 모든 책을 불사르고 자복하는 일이 일어납니다. 바울이 전한 말씀의 능력은 점점 세력을 얻으면 힘을 받았습니다.

고린도전서

고린도 교회 공동체 안에는 분열의 모습이 있었습니다. 고린도 교회 안에는 아볼로파, 게바파, 바울파, 그리스도파 등 당파가 많았습니다. 바울은 이들에게 분쟁을 없애고 같은 마음과 같은 뜻을 지니라고 말합니다. 바울은 그리스보와 가이오 외에는 아무에게도 세례를 주지 아니했기에 바울파와 분쟁하지 말 것을 권면합니다. 각각 주신 은사대로 봉사하고 섬기는 것이 바람직하다고 말합니다.

모두 하나님의 동역자로, 바울은 심었고 아볼로는 물을 주었고 하나님은 자라게 하신 것입니다. 그러므로 특정한 사람을 우선시하는 것은 좋은 자세가 아닙니다. 모두가 같이 한 일이지 어느 한 사람이 특별히 한 일이 아닙니다. 사람을 자랑하지 말고 모두가 그리스도의 것임을 알라고 말합니다.

교회는 한 몸입니다. 서로 분쟁을 일으키는 일은 몸을 찢는 것으로 주님이 원하시는 일이 아닙니다. 서로에게 필요한 일이고 유익한 일이므로 특별히 자랑하는 것은 위험합니다. 교회는 어느 한 사람의 것이 아닙니다.

또 고린도 교회는 교회 안에서 일어나는 음행들이 있었는데 곧 아비의 아내를 취하는 일입니다. 이런 사람을 쫓아내고 그런 자들과는 사귀지 말라고 합니다. 술 취하거나 우상숭배하거나 토색하는 자들과도 사귀지 말고, 그런 자와는 함께 식사도 하지 말 것을 강조합니다.

교회 안에 있는 악한 자들은 내어쫓아 교회를 거룩하게 해야 합니다. 또 소송과 결혼과 우상숭배와 영적 은사에 대해서는, 모든 것에 덕을 세우며 은사를 지혜롭게 사용할 것과 각각 부르심의 모습대로 살 것을 말합니다.

부활이 없다고 하는 사람의 말에 미혹당하지 말 것을 당부합니다. 그리스도인에게 부활이 없으면 그리스도인은 세상에서 가장 불쌍한 사람입니다. 이것은 부활신앙이 우리 신앙의 핵심임을 말해 주는 것입니다.

2) 마게도냐에서 고린도까지(행 20:1~3)

바울은 아데미 신전에서의 소동으로 에베소를 떠나게 됩니다. 그리고 마게도냐로 가서 제자들을 권하여 굳게 한 후에 헬라에 이릅니다. 거기서 석 달을 지내고 수리아로 떠나는 배를 타고자 하나 유대인들이 자기를 죽이려고 하자 육로를 통하여 마게도냐를 거쳐서 돌아가기로 작정합니다.

고린도후서

고린도후서는 고린도전서에서 미비한 부분을 다시 전하는 의미가 있습니다.

바울은 디도를 만나 고린도 소식을 듣고 그동안 마음 고생한 것에 대해 많은 위로를 받습니다. 바울은 하나님께로부터 위로를 받으며 그 위로로 환란당하는 자들을 위로합니다. 바울이 환란을 받는 것은 고린도 교회 교인들의 위로와 구원을 위한 것입니다.

바울은 교회 안에서 일어난 근친상간의 죄에 대해 많이 근심합니다. 그러나 이미 많은 사람들에게 벌 받은 것으로 족하니 그들을 용서하고 위로하라고 말합니다.

또 바울은 사도된 자신에 대해서 문제를 제기하는 사람들을 의식하여 그리스도를 위하여 많은 고난을 당한 것이 사도된 증거라고 말합니다. 또 예루살렘으로 연보를 가지고 갈 텐데 이 일에 고린도 교회가 힘써 참여할 것을 말합니다.

바울은 자신이 받은 환상을 간단히 소개하면서 약한 것이 오히려 강한 것임을 강조합니다. 이것은 영적 은사를 자랑하며 당시 고린도 교회 안에서 문제를 일으키는 사람을 염두에 두면서 한 말입니다. 오히려 자기를 낮추면서 겸손한 모습이 진정 강한 것임을 말합니다. 그리스도를 위해서는 오히려 약한 것을 자랑해야 합니다. 그리스도로 인하여 능욕과 핍박과 곤란을 기뻐하는 것이 그리스도인이 해야 할 일입니다. 바울은 여기서 강함의 신앙이 아닌 약함의 신앙이야말로 세상을 이길 수 있는 능력의 믿음임을 말합니다.

05 제3차 선교여행 2

1. 제3차 선교여행 2(행 20:3~21:16)
—아시아와 유럽에 전파되는 복음

1) 고린도(행 20:3)

바울은 고린도에서 3개월을 지냅니다. 이 기간에 로마서를 씁니다. 앞으로 갈 선교지인 로마를 바라보면서 준비하는 의미에서 쓴 편지입니다.

로마서

로마서의 핵심 주제

로마서의 핵심 주제는 1:17~18입니다. 복음은 구원을 주시는 하나님의 능력입니다. 복음에는 하나님의 의가 나타나서 믿음으로 믿음에 이르게 합니다. 오직 의인은 믿음으로 말미암아 삽니다. 로마서는 복음 이야기입니다. 복음이란 무엇인가를 잘 설명해 놓았습니다.

로마서의 내용

① 복음의 원리에 대하여(롬 1~11장)

인간은 원래 어떤 상태인가? 인간은 생각과 마음이 허망하여, 하나님을 영화롭게 하지 않고 감사하지 않는 죄인입니다. 하나님을 마음에 두기 싫어하는 것이 인간입니다. 여기에서 인간의 악한 행동들이 나오게 됩니다. 모든 인간은 죄인입니다. 이것은 유대인이나 헬라인이나 모두 같습니다. 하나님은 인간에게 율법을 주셔서 그 율법을 통해서 인간이 죄인임을 알게 하셨습니다. 율법을 대하면 대할수록 우리는 하나님 앞에서 죄인임을 깨닫게 됩니다.

그런데 율법 외에 한 의가 나타났는데, 그것이 그리스도입니다. 우리는 그리스도를 통하여 의롭게 됩니다. 그리스도가 완성한 사랑의 율법에 의해서 우리가 구원을 받습니다. 이것은 오직 그리스도를 믿음으로 일어난 일입니다.

믿음의 조상이라고 하는 아브라함도 행위로 의롭게 된 것이 아닌 믿음으로 의롭게 되었습니다. 우리는 그리스도를 믿음으로 하나님과의 관계가 의롭게 되었습니다.

그리스도를 통하여 우리는 하나님과 더불어 평화를 누리게 되었습니다. 그러므로 그리스도 안에 있는 자는 결코 정죄함이 없습니다. 한 번 맺은 그리스도와의 관계는 어떤 것으로도 끊을 수 없습니다. 그것은 행위로 인한 것이 아니고 믿음으로 맺은 것이기 때문입니다.

하나님의 인류를 향한 구원계획은 그리스도를 통한 구원입니다. 누구든지 그리스도의 복음을 듣고 마음으로 믿어 입으로 시인하면 구원을 받습니다. 어느 누구도 차별이 없는 구원의 방법입니다. 이런 점에서 복음은 기쁜 소식입니다.

아직도 믿지 않는 유대인들을 향한 하나님의 구원은 열려 있습니다. 지금은 순종치 않지만 나중에는 하나님의 은혜로 들어올 것입니다. 이스라엘을 구원하시기 위해 부르신 하나님의 부르심은 지금도 유효하고 후회가 없습니다. 하나님의 측량할 수 없는 은혜를 우리는 다 헤아릴 수 없습니다. 언제나 구원은 우리의 생각을 넘어섭니다. 아무도 구원에 대해서 함부로 판단할 수 없습니다. 그분의 자비로우심을 바라보는 것이 중요합니다.

② 복음의 삶에 대하여(롬 12~16장)

하나님과 의로운 관계를 맺은 사람은, 다시 말하면 의인이 된 그리스도인은 세상 사람과 다른 삶을 살아야 합니다. 우리의 몸을 하나님이 기뻐하시는 거룩한 산제사로 드리고, 무엇을 생각하든지 하나님의 뜻을 분별하여 지혜롭게 생각하면서 살아야 합니다. 그것은 선과 사랑에 속하고 서로 존경하고 우애하는 삶입니다. 악을 악으로 갚지 말고 선으로 악을 갚아야 합니다. 원수를 사랑하고 핍박하는 자들을 축복하고 원수가 목마르거든 마시게 하는 것이 그리스도인의 삶입니다.

국가와 권세자들에게도 복종해야 합니다. 왜냐하면 그들도 하나님이 세우신 종들이기 때문입니다. 하나님을 생각하면서 섬기고 그 질서를 지키는 것이 하나님의 주권을 인정하는 일입니다.

그리스도인은 모든 것을 사랑의 원리로 해야 합니다 내 이웃을 내 몸과 같이 사랑하는 그 속에 모든 핵심이 들어있고 율법의 완성이 있습니다.

그리스도인은 이미 복음 안에서 하나님과 화목한 상태입니다. 그러므로 우리는 당연히 이웃과도 화평해야 합니다. 하나님과 관계가 좋은 사람은 이웃과의 관계도 좋아야 합니다. 그리스도인은 약한 자

를 담당하고 언제나 덕을 세우는 삶을 살아야 합니다

2) 마게도냐에서 예루살렘까지(행 20:4~21:16)

바울은 3차 전도여행 중에 예루살렘으로 동행할 이방인들의 지도자들과 함께합니다. 이것은 바울이 이방 선교를 통해서 맺은 열매들입니다. 바울은 이방의 대표자들과 함께 모금한 헌금을 가지고 예루살렘 교회를 방문하여 이방인과 유대인이 복음 안에서 하나되는 모습을 이루고자 했습니다.

• 드로아

바울은 드로아에 머물러 있으면서 그곳에 복음을 전하다가 유두고가 난간에서 떨어져 죽은 것을 살립니다. 밤중까지 복음을 전하다가 이런 일이 일어났습니다. 얼마나 바울이 복음에 열중했는지를 알 수 있는 대목입니다. 이제는 다시 오지 못할 곳으로 생각하면 밤이 지나가는 것이 많이 아쉬웠을 것입니다.

• 밀레도

바울은 밀레도에 머물면서 에베소 장로들을 청해서 마지막 고별설교를 합니다. 밀레도에 온 것은 아시아에서 지체하지 않고 오순절 안에 예루살렘에 이르기 위해서입니다. 바울은 에베소에서 온 장로들에게 말씀으로 든든히 설 것을 강조합니다. 영원히 지켜 줄 것은 오직 말씀밖에 없음을 말합니다. 이것을 미리 알았기에 바울은 밤낮으로 쉬지 않고 그들에게 말씀을 가르쳤습니다.

사람은 사라집니다. 바울도 영원히 그들과 같이 해주지 못합니다.

그러나 말씀은 영원히 남은 자들을 지켜 주고 기업을 얻게 합니다. 이것은 바울의 전 선교여행에서 행해진 중요한 복음 사역의 원리였습니다. 오늘도 우리에게 남는 것은 말씀입니다. 자녀들에게 그리고 교회의 성도들에게 말씀으로 양육하는 일이야말로 우리가 가장 중요하게 생각하며 전념해야 할 영원한 일입니다.

• 예루살렘

바울은 예루살렘으로 들어가는 과정에서 성령의 음성을 듣습니다. 그것은 예루살렘에서 죽을 각오를 해야 한다는 것입니다. 지금 예루살렘은 편안한 곳이 아닙니다. 목숨을 건 여행입니다. 어쩌면 마지막일 수도 있는 여행입니다. 아가보라는 선지자가 바울의 일정에 대해 예언을 합니다. 바울이 예루살렘에 가면 유대인들이 결박하여 이방인들의 손에 넘겨줄 것이라고 말합니다. 결국 이 예언대로 바울은 포로로 잡혀 로마에 갑니다.

바울은 모든 것을 버리고 예루살렘으로 갑니다. 죽고자 하는 심정으로 예수님의 이름으로 당할 고난에 대해서 두려워하지 않는 바울의 모습을 봅니다. 이렇게 보면 바울은 온전히 예수님에게 사로잡힌 사람이었습니다. 이런 점에서 바울은 참으로 복음으로 행복한 사람입니다.

나는 이 시간 과연 복음에, 예수에 매인 자입니까? 아니면 세상에 매인 자입니까? 내가 받은 복음이 가장 소중하다면 우리도 당연히 바울처럼 복음에 매인 사람이 되어야 할 것입니다. 하루하루가 복음으로 인하여 행복한 삶이 되어야 할 것입니다.

06 제4차 선교여행과 옥중서신

1. 4차 선교여행(행 21:17~28장)—로마에 전파되는 복음

1) 예루살렘으로 간 바울(행 21:7~23장)

바울이 예루살렘에 도착하자 바울을 죽이려고 먹지도 마시지도 아니하고 준비한 유대인이 40여 명이 됩니다(행 23:12~13). 그리고 율법에 열심을 가진 유대인이 수만 명이 됩니다. 이것은 예루살렘이 얼마나 위험한 곳인지 보여주고 있습니다. 그럼에도 바울이 그곳에 간 것은 오직 유대인들에게 복음을 전하기 위함이었습니다. 목숨을 걸고 복음을 전하는 바울의 각오는 보통 사람으로서는 갖기 힘든 성령 충만한 사람의 결심입니다.

유대인들은 바울에게 트집을 잡아 죄인으로 몰아가고자 했습니다. 그것은 바울이 헬라인을 데리고 성전에 들어갔다는 것입니다. 바울과 같이 온 에베소 사람 드로비모가 바울과 함께 성내에 있음을 보고 바울이 저를 성전에 데리고 들어간 줄로 생각했기 때문입니다.

온 성이 소동하여 바울을 잡아 죽이려고 했습니다. 유대인 이외에 이방인이 성전에 들어가면 돌로 쳐 죽이라는 비문이 당시 성전에 쓰여 있었습니다. 그때에 천부장이 나타나 바울을 극적으로 살려줍니다. 그리고 로마 영문 안에서 안전하게 보호를 받습니다.

바울은 밤에 주님께 자신의 사역에 대한 확신을 받습니다.

"담대하라 내가 예루살렘에서 나의 일을 증거한 것같이 로마에서도 증거하여야 하리라." (롬 23:11)

로마까지 가서 복음을 전할 것이라는 성령의 음성은 바울에게 담대함을 주었을 것입니다. 대적들이 아무리 바울을 죽이려 해도 하나님이 허락하지 않으면 죽일 수 없습니다. 생명은 하나님에게 속한 것입니다. 생명은 하나님께서 허락해야 죽고 사는 것이 결정됩니다.

이런 면에서 바울은 복음 사역을 위해 대단한 증표를 받은 것입니다. 그래서 바울은 담대하게 복음을 전할 수 있었습니다. 생명을 걸고 전하는 사역은 두렵지 않습니다.

바울을 죽이려는 음모는 바울이 모르는 사이에 진행되고 있었습니다. 그들은 천부장에게 청하여 바울을 데려오게 하고 그 과정에서 암살하려는 음모를 꾸미고 있었습니다. 그러나 바울의 생질이 천부장에게 그들의 계략을 알려주어 위기를 모면합니다. 하나님은 언제나 사람을 통하여 역사하십니다. 우리가 아무 일도 할 수 없을 때 하나님이 역사하시어 당신의 종을 돌보아 주십니다.

2) 감금 중에도 복음을 전하는 바울(행 24장~26장)

바울은 천부장에게서 벨릭스 총독 앞으로 인도됩니다. 바울은 벨릭스 총독 앞에서도 담대하게 복음을 전합니다. 바울은 모든 기회를 활용하여 복음전파의 기회로 삼습니다. 옥에 갇힌 상황에서도 어김없이 복음을 전하는 모습은 우리 그리스도인이 닮아야 할 모습입니다.

바울은 언제나 하나님과 사람 앞에서 양심에 거리끼는 일을 하지 않았습니다. 바울이 부활에 대한 도를 전하자 벨릭스는 더 자세히 알기 원했습니다. 바울이 벨릭스에게 전한 복음의 핵심은 죽은 자의 부활입니다.

바울은 자신의 소명을 예로 들면서 베스도 총독과 아그립바 왕에게 복음을 전합니다. 자신이 유대인들에게 전한 것은 그리스도가 고난을 받으실 것과 죽은 자 가운데서 살아나사 이스라엘과 이방인들에게 복음을 전하라고 한 것 외에는 없다고 말합니다.

이 말을 들은 베스도 총독은 바울에게 많은 학문이 너를 미치게 했다고 말합니다. 아그립바 왕은 바울에게 적은 말로 나를 그리스도인이 되게 하려 한다고 말합니다.

바울은 죄인의 몸이지만 총독과 왕 앞에서도 담대하게 그리스도의 복음을 전합니다. 오직 그리스도에게 사로잡힌 바울의 모습을 볼 수 있습니다.

3) 바울의 로마 호송과 복음의 삶(행 27~28장)

바울은 가이사 앞에서 재판을 받기 위해 로마로 가게 됩니다. 백부장 인솔하에 죄수들과 같이 배에 실려 로마로 호송됩니다. 배를 타고 가다가 유라굴로라는 광풍을 만나 배가 뒤집힐 지경이 됩니다. 배 안의 사람들은 모든 짐을 바다에 던지고 겨우 목숨만 건지게 됩니다. 여러 날 동안 배가 표류하면서 아무것도 먹지 못한 사람들은 살 소망을 잃게 됩니다.

이때 바울이 나서서 하나님이 나타나셔서 “네가 가이사 앞에 서야 하기에 여기서 죽지 않는다. 그리고 함께 행선한 사람들도 안전하게 지켜 주신다”는 말씀을 전합니다.

표류하던 배는 무인도를 발견하면서 겨우 목숨을 건집니다. 그리고 멜리데 섬에 이르게 됩니다. 여기서 바울은 추장 보블리오 부친의 열병을 기도하고 안수하여 고쳐 주고 다른 병든 사람들을 고쳐 줍니다. 그 덕분에 음식을 먹고 필요한 물건을 공급받아 다시 항해할 수 있게 됩니다.

바울이 처음에는 죄수로서 배를 탔지만 죽음의 고비를 맞자 배에 타고 있는 276명을 살리는 주인공이 되었습니다. 처음에는 백부장과 선장과 선원들이 항해의 중심이 되었지만 이제는 바울이 주도권을 잡습니다. 그들의 생명이 오히려 바울의 손에서 결정되는 모습은 놀라운 기적입니다. 하나님이 함께하는 사람 바울을 봅니다.

세상은 부귀와 영화를 가진 사람이 리더라고 말하지만, 실제로는 그렇지 않습니다. 죄인의 몸으로 끌려가는 바울이 리더가 된 것처럼 복음을 전하는 자가 세상의 리더입니다. 하나님은 복음을 가진 사람을 중심으로 모든 것을 움직입니다. 그리스도인은 세상에서 리더입니다. 이것은 복음을 가진 자의 아름다운 특권입니다. 세상에서의 지위가 크다 할지라도 하나님의 복음을 전하는 특권에 비하면 아무것도 아닙니다.

4) 마무리 메시지

사도행전은 복음의 말씀이 어떻게 진행되는지를 보여주고 있습니다. 복음을 전한 사도들의 이야기를 통해 하나님의 복음이 어떻게 세상에 확장되고 전파되는지를 발견하게 됩니다. 특히 사도들을 통한 복음전파는 세상을 바꾸는 힘이 됩니다. 그렇기에 사도들은 어디에 가서든지 말씀을 통하여 사람들을 구원하고 주님의 제자로 만드는 일에 힘썼습니다. 바울은 마지막까지 이 일을 감당했습니다.

사도행전 28:30~31은 사도행전의 결론이기도 합니다.

"바울이 온 이태를 자기 셋집에 유하며 자기에게 오는 사람을 다 영접하고 담대히 하나님의 나라를 전파하며 주 예수 그리스도에 관한 것을 가르치되 금하는 사람이 없었더라."

바울은 비록 가택연금 상태에 있었지만 그 속에서도 복음을 전하고 가르치는 일을 계속했으며 그것에 자기의 모든 것을 걸었습니다. 바울의 관심은 오직 하나, 주의 말씀을 전하고 가르치는 일입니다. 왜냐하면 그 말씀만이 세상을 변화시키고 사람을 구원하고 흥왕하게 하기 때문입니다.

주의 말씀이 흥왕하여 가는 이야기는 사도행전 전체에 걸쳐 반복적으로 나오는 요약구절입니다. 오늘도 주의 종들이 전하는 말씀을 통하여 하나님나라는 전파되고 있고, 사도행전은 계속 쓰여지고 있습니다(행 2:47, 6:7, 9:31, 12:24, 16:5, 19:20, 28:31).

옥중서신

옥중서신은 바울이 감옥에 있으면서 기록한 서신으로, 에베소서, 빌립보서, 골로새서, 빌레몬서를 말합니다. 옥중서신은 바울이 로마에 잡혀온 이후로 두 번에 걸친 감옥 생활을 했는데 이때 기록했을 것으로 생각됩니다. 바울이 개척했던 지역의 교회를 향해, 비록 몸은 갇혔지만 서신을 통해 목회를 하고 있습니다.

에베소서

에베소서의 중요한 주제는 교회의 일치입니다. 이방에서 행할 수 있는 최고의 전도는 하나된 교회의 모습입니다. 그런 모습은 세상으로 하여금 그리스도를 믿게 하고 주님의 제자임을 알게 하는 가장 좋은 전도입니다.

바울은 교회의 하나됨을 몸된 성전으로 설명합니다. 성전 건물이 하나로 연결된 것과 몸의 지체가 서로 하나로 연결된 것처럼 교회도 이와 같은 모습을 지녀야 한다고 말합니다. 교회는 믿음을 가진 사람들의 공동체입니다. 교회는 건물이 아니고 사람들입니다. 그리스도의 이름으로 모인 성도들이 하나님을 아는 일에 하나가 되어 온전한 사랑을 이루는 것이야말로 진정한 교회의 모습입니다.

그리스도 안에서 하나된 새로운 사람들(교회)은 이방인들처럼 허망한 것을 따르면 안됩니다. 그리스도인은 그리스도를 알고 그 안에서 가르침을 받은 사람입니다. 그러므로 옛사람의 습성을 벗어 버리고, 하나님을 따라 의와 진리의 거룩함으로 지으심을 받은 새 사람의 모습을 지녀야 합니다.

가정 생활에서도 남편과 아내와 자녀들이 서로 존경하고 사랑하며 공경하는 아름다운 가정을 이루어야 합니다. 이것은 세상에서의 관계에도 그대로 적용됩니다. 종들은 그리스도께 하듯 상전에게 순종하고 상전들은 사람을 외모로 취하지 말아야 합니다.

특히 그리스도인은 세상에서 살아가는 것이 영적 전투임을 생각하고 진리로 무장하여 말씀과 기도로 이겨 나가야 합니다. 혈과 육에 대한 싸움이 아니고 악한 영들과의 전투이므로 영적으로 무장하여 승리하는 삶을 살아갈 것을 강조합니다. 세상의 방식이 아닌 하나님 나라의 방식으로 살 때 진정한 성공이 있음을 말합니다.

빌립보서

빌립보서는 세상 속에서 기쁘게 사는 삶을 강조하고 있습니다. 그리스도인은 세상 사람과 다른 삶을 살아야 합니다. 그중에 하나가 항상 기뻐하는 일입니다. 이것을 설명하기 위해서 바울은 지금 자기가 옥중에 매인 상황 속에서도 기쁨의 삶을 살고 있음을 말합니다. 이렇게 살기 위해서 우리는 자기에게 주어진 고난의 상황을 잘 이해하고 그 속에서 하나님의 뜻을 찾는 것이 필요합니다.

바울은 지금의 고난의 상황에 오히려 복음의 진보가 있고, 매인 것을 오히려 주님을 더욱 신뢰하는 기회로 삼고 그 속에서도 하나님의 말씀을 담대히 전하는 삶을 살고 있음을 말합니다.

문제는 어떤 상황에서든지 우리 그리스도인들의 목표는 살든지 죽든지 그리스도를 우리 몸에서 존귀하게 하는 일입니다. 그리스도인의 성공은 고난을 당하느냐 평안하게 사느냐가 중요한 것이 아니라 그 속에서 얼마나 그리스도를 드러내는냐에 달려 있습니다.

나를 통해 그리스도가 존귀하게 된다면 어떤 상황에서도 그는 성공한 사람입니다. 바울은 이 목표만 이루어진다면 자기는 죽는 것도 유익하다고 말합니다. 참으로 놀라운 고백입니다.

바울은 교회 안에서 조심해야 할 사람을 지적합니다. 육체를 따라 사는 개들과 행악자들과 손할례당들입니다. 그리스도인들은 자기 힘이나 노력으로 교회에 봉사하는 것이 아니고, 하나님의 성령으로 봉사하고 그리스도 예수를 자랑하고 자신을 의지하지 않는 사람입니다. 그리스도인은 그리스도를 아는 지식이 가장 고상하기에 그것을 위해 세상에서 유익한 것을 버리는 것에 인색해서는 안됩니다.

우리는 오직 그리스도 예수 안에서 주시는 하나님의 상을 바라보면서 살아가는 사람들입니다. 우리가 바라는 것은 세상의 상이나 명예가 아닌 하나님의 나라에서 주시는 하늘의 상입니다. 그것이 그리스도인의 최고의 성공 목표입니다. 세상에서 성공해도 하늘에서 실패하면 그 사람은 실패한 사람입니다. 그러나 세상에서 실패했다 해도 하늘에서 성공하면 그는 성공자입니다. 그리스도가 그랬던 것처럼 말입니다.

이런 은혜를 받고 알고 있는 그리스도인은 세상에서 늘 기뻐하는 삶을 살아야 합니다. 기뻐하되 크게 기뻐해야 합니다. 왜냐하면 우리의 상급은 하늘에 있기 때문입니다. 하늘을 바라보면 그리스도인은 어떤 상황에서도 늘 웃을 수 있습니다.

골로새서

골로새서는 오직 그리스도에게만 초점을 맞추고 살아가는 삶을 말합니다. 당시 이단들은 교회 속에 침투하여 그리스도 외에 다른 것에 즐거움을 두고 성도들을 미혹했습니다. 이것을 이기기 위해서는 우리가 믿는 그리스도가 어떤 분이신지를 잘 알아야 합니다.

그리스도인이 믿는 그리스도는 어떤 분입니까? 보이지 않는 하나님의 형상이요, 모든 창조물보다 먼저 나신 자입니다. 주님은 교회의 머리되신 하나님이십니다. 단순한 인간이 아닌 하나님이십니다. 예수님을 어떻게 이해하느냐에 따라 우리의 모습은 다르게 나타납니다.

예수님을 하나님의 아들이요 만물을 만드신 주인으로 믿는 사람은 주님의 교훈을 받아 믿음 안에 굳게 서서 감사함을 넘치게 해야 합니다. 헛된 속임수와 사람의 전통과 세상의 초등학문을 따르지 않도록 해야 합니다.

그리스도인은 하나님의 택하신 거룩한 자입니다. 그러므로 그리스도인은 세상 사람들과 다른 삶을 살아야 합니다. 긍휼과 자비와 겸손과 온유와 오래 참음으로 서로 용납하며 피차 용서해야 합니다. 또 감사와 평강과 말씀을 마음속에 풍성하게 가져 시와 찬미와 신령한 노래를 부르며 하나님을 찬양하고, 무엇을 하든지 주님의 이름으로 하고 하나님 아버지께 감사하는 삶을 살아야 할 것입니다.

빌레몬서

빌레몬서는 빌레몬의 종인 오네시모에 대한 바울의 관심을 그리고 있습니다. 바울은 빌레몬에게 오네시모를 친구로 알고 바울을 대하는 것처럼 영접하라고 말합니다. 혹시 잘못한 것이 있으면 바울이 책임지겠다고 하면서 너그럽게 대할 것을 권면합니다. 빌레몬서는 잘못한 형제를 사랑하고 용서하는 바울의 사랑이 가득 담겨져 있는 책으로, 우리가 이웃을 어떻게 사랑해야 할지를 잘 보여주고 있습니다.

07 목회서신과 일반서신 1

1. 목회서신

목회서신은 바울이 목회적인 관점에서 디모데와 디도에게 쓴 서신입니다. 목회서신은 디도서, 디모데전 · 후서입니다. 바울은 자신과 동역했던 디도와 디모데에게 자신의 목회 경험을 토대로 교회에 나타나는 여러 가지 문제들과 사역자의 자질 등을 말하고 있습니다.

디도서

바울이 디도를 그레데에 남겨 둔 이유는 부족한 일을 바로 잡고 바울이 명한 대로 각 성에 장로들을 세우기 위함입니다. 바울은 디도에게 장로를 세울 때 몇 가지 자격을 말합니다. 책망할 것이 없고 한 아내의 남편이며 방탕하거나 불순종하는 일이 없는 믿는 자녀를 둔 자가 되어야 한다고 말합니다. 또한 하나님의 청지기로서 책망할 것이 없고 제 고집대로 하지 아니하며 급히 분내지 않고 술을 즐기지 아니하며 구타하지 않으며 더러운 이익을 탐하지 않는 사람을 임명하라고 말합니다. 말씀의 가르침대로 사는 사람을 택하라고 강조하고 있습니다. 지도자는 교회의 미래를 좌우하기에 잘 선택해야 합니다.

특히 교회 안에 있는 나이 든 사람과 젊은 사람들에 대한 지침을 말하고 있습니다. 예를 들면 술의 종이 되지 말고 가르치는 자들이 되며 남편과 자녀를 사랑하고 근신하며 집안 일을 하라고 가르칩니다.

바울은 이단에 대해서도 지침을 내립니다. 이단과는 어리석은 변론을 피할 것과 그들과 다투는 것은 무익하고 헛된 것임을 말합니다. 이단에 속한 사람은 한 두 번 훈계한 후에 멀리하라고 말합니다. 특히 이들은 교회를 오염시키기에 가능한 멀리해야 합니다. 바이러스는 가능한 가까이 하면 안됩니다. 언제 내가 바이러스에 감염될지 모르기 때문입니다.

디모데전서

바울은 디모데를 에베소 교회에 머물게 하면서 여러 가지 주의할 것을 명합니다. 그중에 강조하는 것은 다른 교훈을 가르치지 말고, 신화와 족보에 착념치 말고 청결한 마음과 선한 양심을 가지는 것입니다.

감독과 집사의 자격은, 한 아내의 남편으로 절제와 근신과 나그네 대접하기를 즐겨 하고 가르치기를 잘하며, 술을 즐기지 않고 구타하지 않으며 다투지 않고 돈을 사랑치 않는 사람을 선택하라고 말합니다. 특히 자기 집을 잘 다스리며 깨끗한 양심과 믿음의 비밀을 가진 자를 세우라고 말합니다. 그렇게 해야 세상 사람들에게 좋은 증거가 되며 비방과 마귀의 올무에 빠지지 않게 됩니다.

또 이단과 잘못된 것을 이기기 위해서는 지도자로서 책임을 감당해야 하는데 이를 위해 말씀과 기도로 무장하는 일은 필수입니다. 경건에 이르기를 연습하며 말씀을 읽고 가르치는 일에 착념해야 합니다. 교회 안에는 거짓 교사와 참된 교사가 있습니다. 이들을 구분하는 것은 진리의 말씀입니다. 무엇보다도 다른 교훈을 전하는 자를 조심하고 돈을 사랑하는 것이 일만 악의 뿌리이기에 이것에 빠지지 않도록 해야 합니다. 자족하는 마음을 가지고 먹을 것과 입을 것이 있으면 족한 줄로 아는 그런 경건한 지도자가 필요합니다. 그 이상이 되면 욕심이 생겨 지도자가 부패하기 쉽다고 엄히 경고하고 있습니다. 누구든 욕심이 들어가면 변질될 수 있습니다. 특히 지도자에게 이것은 매우 조심해야 할 일입니다.

디모데후서

디모데후서는 바울이 디모데 개인에 치중하면서 바울의 유언과 같은 내용을 담고 있습니다. 디모데가 지켜야 할 목회지침으로 어릴 때부터 가진 거짓 없는 믿음을 가지고 복음과 함께 고난받을 것을 권면합니다. 무엇보다도 사역자로서 사명을 자각하여 그리스도 안에 있는 믿음과 사랑으로써 들은 바 바른 말을 본받아 지키고, 성령으로 말미암아 디모데에게 부탁한 아름다운 것을 지키라고 당부합니다.

이것을 위해 디모데는 자기를 깨끗하게 하여 하나님이 귀하게 쓰는 선한 그릇이 되는 것이 필요합니다. 특히 성경을 배우고 확신하는 일에 거하고 말씀으로 자신을 하나님의 사람으로 온전하게 만드는 일에 힘써야 합니다.

바울은 개인적으로 디모데에게 유언과도 같은 말을 합니다. 그것은 말씀을 전파하는 일에 힘쓰라는 것입니다. 가르침으로 경책하고 경계하며 권하는 일이야말로 지도자가 해야 할 일입니다. 앞으로는 사람들이 바른 교훈을 받지 않고 자기의 사욕을 좇고 진리에서 돌이

켜 허탄한 이야기를 좇는 시대가 될 것이기 때문입니다. 이런 면에서 사역자는 진리를 끝까지 지키는 일과 말씀을 전하고 가르치는 일이 가장 중요한 사명입니다.

2. 일반서신 1

야고보서

야고보서는 흩어져 있는 그리스도인이 어려운 환경 속에서 살아가기 위한 지혜로운 삶을 말합니다. 환란을 이기기 위해서는 지혜가 필요합니다. 지혜를 얻기 위해서는 하나님에게 구하는 일이 중요합니다.

한 마음을 품으면 하나님에게 집중이 되므로 하나님이 지혜를 주십니다. 참된 지혜는 하늘로부터 오는 지혜입니다. 하나님이 주시는 참된 지혜는 성결하고 화평하고 관용하며 양순하고, 긍휼과 선한 열매가 가득하고 거짓이 없습니다.

또 부와 가난에 대해서 교훈하고 있는데, 부한 자는 자기의 낮아짐을 자랑하라고 말합니다. 모든 것은 풀과 꽃과 같이 지나갑니다. 또한 하나님은 가난한 자를 택하사 믿음에 부요하게 하시고 자기를 사랑하는 자들에게 약속하신 나라를 유업으로 받게 하십니다. 부한 자들에게 땅에서 사치하고 연락하며 사는 것이 헛된 것임을 경고합니다.

언제나 믿음은 행함을 동반합니다. 행함이 없는 믿음은 죽은 믿음입니다. 진정한 믿음이 되기 위해서는 도를 듣기만 하지 말고 행하는 자가 되어야 합니다. 행함으로 믿음을 보이는 것이 중요합니다. 믿음의 인물들은 모두가 행함으로 믿음을 온전하게 했습니다.

야고보서는 결론적으로 최고의 법을 제시합니다. 그것은 "네 이웃을 네 몸처럼 사랑하는 것" 입니다. 이것은 예수님이 복음서에서, 또 바울이 로마서에서 동일하게 말했던 내용입니다. 모든 것은 사랑으로 귀결됩니다. 사랑을 하기 위해서 법도 존재하고 믿음도 필요합니다. 이웃을 내 몸처럼 사랑하면 그것이 하나님을 보는 것이 됩니다. 그리고 하나님을 전하는 것이 됩니다.

일반서신 2 08

일반서신은 바울 서신 이외에 나머지 서신입니다. 즉 베드로 서신, 요한 서신, 유다서, 히브리서 등입니다. 일반서신을 이해하기 위해서는 당시 교회와 주변 상황을 이해하는 것이 유익합니다. 당시 초대교회는 로마의 압제와 내부의 이단과 유대교의 문제에 직면하여 많은 혼란을 겪고 있었습니다.

1. 외부적 박해 환경

베드로전서 - 시련 중에 인내하라

베드로전서는 로마사회에서 신자로서 겪고 있는 어려움을 염두에 두면서 그리스도인으로서 바람직한 자세를 말하고 있습니다. 특히 복음 때문에 고난받고 시련을 당하는 성도들에게 인내를 가르치고 있습니다. 고난이 주는 유익에 대해서 말하면서 오히려 그 고난을 그리스도의 죽음에 참여하는 기회로 삼으라고 말합니다.

고난을 당하는 그리스도인에게 베드로는 여러 가지 시험으로 인하여 잠깐은 근심이 되지만 오히려 크게 기뻐하라고 말합니다. 고난과 연단은 그리스도가 나타나실 때에 칭찬과 영광과 존귀를 얻게 하기 위해서라고 말합니다. 믿음의 목표는 영혼 구원이기에 이 세상의 고난에 연연하지 말아야 합니다.

고난을 이기기 위해서는 그리스도인의 정체성을 확립하는 것이 중요합니다. 베드로는 성도들에게 이것을 굳게 다지라고 말합니다. 그리스도인은 택하신 족속이요, 왕 같은 제사장들이요, 거룩한 나라요, 그의 소유된 백성입니다. 하나님의 긍휼을 얻은 자들이기에 어떤 세상의 어려움도 능히 이길 수 있고, 이미 보장된 삶을 사는 것임을 잊어서는 안될 것입니다.

우리가 어려운 것은 이런 그리스도인의 정체성이 흔들렸기 때문입니다. 고난을 당할 때마다 우리는 그리스도인의 모습에 대해 묵상하고 새롭게 하는 것이 중요합니다.

그리스도인은 세상의 권력에 대해서 지나치게 대항하는 자세를 취하면 안됩니다. 세상의 권력은 하나님이 세우신 것입니다. 비록 악한 것이라 할지라도 세상의 권세는 하늘로부터 오는 것입니다. 그들이 사용을 잘 못 하면 하나님은 그들에게 징벌을 내리실 것입니다. 인간이 세운 제도를 주를 위하여 순종하고 사람을 공경하고 형제를 사랑하며 하나님을 두려워하며 왕을 존대하는 모습이 그리스도인의 자세입니다. 우리는 이미 세상의 것보다 더 큰 것을 받았기 때문입니다.

죄를 지은 인간은 세상에서 고난을 피할 수 없습니다. 그렇다면 고난을 적극적으로 받아들이고 긍정적으로 대하며 아름다운 고난을 만드는 것이 중요합니다. 그리스도인이 사모해야 하는 고난은 무엇일까? 부당하게 고난을 받아도 하나님을 생각하며 참으면 그것은 아름다운 일입니다. 선을 행하다가 받는 고난은 의미가 있습니다. 선을 행함으로 고난받는 것이 악을 행함으로 고난받는 것보다 낫습니다. 우리의 선행은 나중에 욕하는 자들로 그 비방한 것에 부끄러움을 갖게 하는 유익이 있습니다.

2. 외부적 로마의 핍박과 내부적 유대교의 갈등

히브리서 - 초보에서 성숙함으로 나아가라

히브리서는 두 가지 상황 속에서 쓰여졌습니다. 외적으로는 로마의 핍박과 고난이 성도들을 힘들게 했습니다. 내적으로는 유대교로 돌아가고자 하는 무리들이 교회 안에 있었습니다. 이것들은 믿음의 성숙을 가로막는 걸림돌로 교회를 어렵게 했습니다. 성도들이 아직 바른 믿음 안에 서 있지 못했기 때문입니다.

• 외부적 로마의 핍박 상황

히브리서 교인들은 영적으로 아이 상태에 머물렀습니다. 여전히 구약의 유대교 상태에서 벗어나지 못하고 복음이 성숙한 상태에 이르지 못했습니다. 따라서 저자는 다시 이전으로 돌아가지 말고 앞으로 믿음의 성장을 향해 나갈 것을 강조했습니다.

초대교회는 많은 고난을 받으면서 신앙생활을 했습니다. 그렇다면 왜 하나님은 그리스도인에게 고난을 주실까? 그것은 우리에게 그리스도의 고난받으심을 경험하고 그리스도가 모든 사람을 위하여 죽으신 것을 맛보게 하기 위해서입니다. 그리스도의 고난에 동참하지 못하면 진정한 의미에서 그리스도의 마음을 품기 어렵습니다. 그런 이유로 하나님은 우리를 천사들보다 잠시 못하게 하신 것입니다.

하나님이 우리에게 고난을 주신 것은 고난을 통하여 우리를 온전하게 만들기 위한 것입니다. 고난받은 그리스도께서 누구보다 우리의 고난을 잘 아십니다. 그래서 우리를 고난에서 구원해 주십니다. 이것을 보고 우리는 위로를 얻어야 합니다.

믿음의 사람들은 의를 행하고 약속을 받고, 사자들의 입을 막기도 하고, 불의 세력을 멸하기도 하고, 칼날을 피하기도 하고, 이방 사람들의 진을 멸하기도 하는 능력을 받았습니다. 한편으로 조롱과 채찍과 결박과 옥에 갇힘과 돌로 치는 것과 톱으로 켜는 것과 시험과 칼로 죽임을 당하고, 양과 염소의 가죽을 입고 유리하며 궁핍과 환난과 학대를 받았습니다.

그들은 이런 어려움을 당하면서도 믿음 안에 굳게 서서 강하고 온전해진 믿음을 소유하게 되었습니다. 믿음은 고난 없이 성숙되지 않습니다. 많은 연단을 통하여 성숙하고 앞으로 나아가게 됩니다.

그렇다면 당시 믿음의 사람들은 세상의 고난을 어떻게 이겨냈을까?

그들은 이 세상의 소망이 아니라 하나님의 나라를 바라보았습니다. 하나님이 계획하시고 지으실 터가 있는 성을 바랐습니다. 그리고 부활을 얻고자 하여 심한 고문을 받되 구차히 풀려나기를 원하지 않았습니다. 더 나은 본향을 바라보고 돌아갈 그 나라를 사모함으로 세상에서 고난받는 것을 부끄러워하지 않았습니다. 그들을 위해 한 성을 예비하신 것에 소망을 품고 살았습니다. 그것이 그들이 고난을 이긴 원동력에게 되었습니다.

• 내부적 유대교상황

그리스도인이 성숙한 믿음으로 나아가기 위해서 가져야 할 바람직한 신앙의 자세는 무엇입니까? 그것은 말씀의 초보를 버리는 일입니다. 말씀의 초보는 회개와 세례와 안수와 부활과 심판에 대한 내용입니다. 이미 우리가 다 얻은 것들입니다. 이제 그것에 머물지 말고 완전한 데로 나아가는 것이 필요합니다.

하늘의 은사와 선한 능력을 맛보고도 다시 타락한 사람들은 그리스도를 다시 십자가에 못 박는 사람입니다. 초보에 머물면 이렇게 될 가능성이 많습니다. 신앙이 자라지 않으면 언제 어디서 무너질지 모릅니다. 세상의 유혹이 강하기에 믿음으로 무장하지 않으면 언제나 흔들릴 수 있습니다.

믿음의 성숙을 방해하는 것은 구약의 율법과 성막과 제사와 절기와 성소에 대한 이해 때문입니다. 이런 것들은 비유입니다. 그리스도가 오기 전까지 그림자의 역할을 하는 것입니다. 온전한 것이 아닙니다. 그런 것들은 온전한 장막을 위한 준비 작업입니다. 성전에서 드리는 제사는 온전하지 않습니다. 그것이 우리의 중심이 되면 안됩니다.

초대교회는 그리스도를 믿었음에도 자꾸 이전 것으로 회귀하는 일이 일어났습니다.

히브리서는 구약에 나오는 제사와 율법과 성소 등이 우리를 온전하게 하지 않는다고 말합니다. 그렇다면 우리가 온전해지는 방법은 무엇일까? 그것은 예수 그리스도를 통해서입니다. 예수님은 우리를 위해 죽으시되 단번에 자기 몸을 버리셨습니다. 해마다 제물을 드리는 구약의 제사와 달리 한 번의 제사로 그리스도 자신의 몸을 드려 완전히 죄 문제를 해결했습니다. 영원히 온전하게 했습니다. 그렇기에 우리는 이제 죄 때문에 제사를 드릴 일이 없습니다.

그리스도인은 이제 믿음의 주요, 온전케 하신 예수를 바라보면서 살아가야 합니다. 하나님 보좌 우편에 앉으신 예수님을 바라보면서 신앙생활해야 합니다. 우리의 중심은 예수 그리스도입니다. 가장 성숙한 신앙은 그리스도를 중심으로 모든 것이 집중되어 있는 것입니다.

3. 거짓 교훈과의 투쟁

그리스도인과 교회의 위기는 외부적인 어려움에도 있지만 내적인 부패에도 있습니다. 이 둘을 잘 극복할 때 신앙생활이 자라게 됩니다.

당시 초대교회는 참된 복음이 아닌 다른 복음이 교회를 어지럽게 했고 내부를 부패하게 했습니다. 그것은 주변의 다른 종교에서 흡수된 영지주의입니다. 영은 선하고 육은 악하다고 말하면서 진리를 변질시키는 영지주의 사상은 그리스도인과 교회를 미혹되게 했습니다.

요한서신(요한 1 · 2 · 3서) - 좋은 교제와 나쁜 교제

신앙생활에는 육적인 것만큼 영적으로 다가오는 것을 조심해야 합니다. 영적으로는 다가오는 유혹은 눈에 보이지 않아서 깨어 있지 않으면 빠지기 쉽습니다.

그리스도인은 어떤 영을 조심해야 합니까? 모든 영을 다 믿으면 안 됩니다. 그 영이 하나님에게 속했는지를 잘 분별해야 합니다. 하나님의 영을 분별하는 방법은 예수 그리스도입니다. 즉 예수 그리스도가 육체로 오신 것을 시인하는 영은 하나님에게 속한 것이지만, 예수가 육체로 오신 것을 시인하지 않으면 그것은 적그리스도의 영입니다. 예수를 믿는다 하지만 잘못 믿는 것입니다.

당시 영지주의는 예수님은 영으로 십자가에 못 박혀 죽었다는 내용을 교회 안에 유포하여 예수의 인성을 거부하게 만들었습니다. 요한서신은 아마 이런 것을 염두에 두었지 않았나 생각됩니다.

또 하나의 문제는 사랑에 대한 것입니다. 하나님은 사랑입니다. 하나님께 속한 자는 사랑하는 것이 당연합니다. 아무도 하나님을 보지 못했지만 우리가 서로 사랑하면 하나님이 우리 안에 있음을 확신할 수 있습니다. 사랑 안에 거하는 자는 하나님 안에 거하고, 하나님도 우리 안에 거하게 됩니다. 사랑을 실천하는 것이 신앙의 핵심입니다. 하나님의 사랑은 추상적인 것이 아닌 실제적이 것이요, 삶으로 실천되는 것입니다.

이웃을 내 몸처럼 사랑하는 것이 최고의 믿음입니다. 그리고 하나님을 사랑하는 것은 하나님의 말씀을 지키고 순종하는 것입니다. 그대로 지키고 사는 것이 하나님을 사랑하는 것입니다. 말씀을 지키는 것은 하나님에 대한 믿음의 행동이면서 동시에 하나님을 사랑하는 것이 됩니다. 적그리스도는 그리스도가 육체로 오신 것을 부인하는 자들입니다. 이들은 하나님을 진정으로 믿는 사람들이 아닙니다. 그들은 집안에 들이지도 말고 인사도 하지 말아야 합니다. 그들과 교제하는 것은 우리의 영혼을 미혹하게 만들 수 있기 때문입니다.

디오드레베와 데메드리오는 당시 교회에 있었던 대표적인 사람들입니다. 디오드레베는 으뜸되기를 좋아하는 교만한 사람의 대표자입니다. 악한 말로 비방하고 형제를 맞아들이지 아니하는 자들로 그들을 본받으면 안됩니다. 반면에 데메드리오는 사람들에게 칭찬받은 선한 사람입니다. 진리의 증거를 받은 참된 사람의 대표입니다. 교회 안에는 늘 이런 두 종류의 사람이 공존합니다. 영적으로 잘 분별하여 악한 자를 멀리하고 선한 자를 따라야 할 것입니다.

유다서 - 배교에 대한 심판

유다서는 진리를 거부하고 하나님을 떠나는 사람에게 내려지는 형벌을 기록하고 있습니다. 이스라엘 사람들 중 일부와 타락한 천사, 소돔과 고모라 죄인들과 같이 하나님을 떠났던 사람들은 하나님의 형벌을 면치 못했습니다.

유다는 거짓 교사의 특징 몇가지를 소개합니다. 그들은 교회에 가만히 들어와서 사람들을 유혹합니다. 또 그들은 하나님의 은혜를 도리어 방탕한 것으로 바꾸고 예수 그리스도를 부인하는 사람들입니다. 그들은 이성 없는 짐승처럼 본능으로 사는 사람들로 결국은 멸망합니다. 원망하며 불만을 토로하고 정욕대로 행하는 사람들입니다. 그 입으로는 자랑하는 말을 하고 자기 이익을 위하여 아첨합니다. 오늘날에도 이런 자들이 교회에 있을 수 있습니다. 영적으로 잘 분별하여 이런 무리에 속하면 안됩니다.

베드로후서 - 거짓 교사 추방

베드로서와 유다서는 내용이 매우 흡사합니다. 거짓 교사들은 언제나 하나님의 말씀을 가지고 다가옵니다. 그들은 자기 욕심을 이루기 위해 말씀을 이용하는 우를 범합니다. 베드로는 특히 하나님의 말씀을 푸는 데 있어서 조심해야 할 것을 말합니다.

하나님의 말씀은 자기 유익을 위해 사사로히 풀고 해석하면 안됩니다. 하나님의 말씀은 성령의 감동하심을 받아 된 것이기에 성령의 지배를 받아서 해석해야 합니다. 그렇지 않으면 인간적인 욕망을 위해 사용될 수 있습니다. 사단이 우리에게 다가올 때도 말씀을 가지고 다가온다는 점을 명심한다면 이것이 이해가 될것입니다.

거짓 선지자들은 주님을 부인하고 호색하는 것을 따릅니다. 탐심으로 말을 지어내고 인간의 이득을 위해서 말씀을 이용합니다. 그들은 속임수에 능하고 음심이 가득하며 범죄하기를 그치지 않습니다. 굳세지 못한 영혼들을 유혹하며 탐욕에 연단된 마음을 가진 자들입니다(벧후 2:13~14).

그들에게는 소돔과 고모라와 같은 하나님의 심판이 있을 것입니다. 교만하여 육체를 따라 더러운 정욕에 사로잡힌 그들을 하나님은 멸망시킬 것입니다. 천사들이 그들을 고발하고 하나님이 심판 하실 것입니다. 그들에게는 캄캄한 어둠이 예비되어 있습니다.

또 이들은 주님의 재림이 더디다고 생각하며 깨어 있는 삶을 살지 못하게 합니다. 주님의 날은 천 년이 하루 같고 하루가 천 년 같습니다. 하나님의 날은 인간이 생각하는 날과 다릅니다. 주의 날은 도적같이 임합니다. 그러므로 하나님의 날을 바라보면서 그날을 간절히 사모하고 하나님의 약속이 있는 새 하늘과 새땅을 바라보면서 살아야 합니다.

베드로가 이렇게 권면하는 것은 말씀을 억지로 풀다가 그들에게 미혹되지 않게 하기 위해서입니다. 무법한 자들에 이끌리어 미혹되지 않기 위해서 그리스도인은 언제나 진리에 굳게 서야 합니다.

09 요한계시록

요한계시록은 묵시록으로 당시 고난당하는 그리스도인들에게 위로와 소망을 주기 위해 쓰여졌습니다. 하나님은 요한을 밧모 섬에 유배하게 하면서 하늘의 환상을 통해 로마의 핍박에 힘들어 하는 성도들에게 승리의 길을 보여주셨습니다. 그들에게 이 책을 읽으면서 끝까지 믿음의 승리를 하라는 메시지가 전체에 흐르고 있습니다. 지금 당장은 악이 번성하는 것 같지만 결국은 패망하고 사라진다는 것을 환상을 통해 미리 보여주고 있습니다.

1. 요한계시록의 내용

1) 역사: 서론과 일곱 교회(계 1~3장)

소아시아 일곱 교회는 에베소, 서머나, 버가모, 두아디라, 사데, 빌라델피아, 라오디게아 등입니다. 요한은 밧모 섬에 유배당해서 하나님의 계시를 보게 됩니다. 그리고 그것을 기록하여 성도들에게 전해주게 됩니다. 요한계시록은 처음과 마지막인 예수님에 대한 내용입니다. 예수를 믿는 성도들이 결국은 승리하고 이기게 될 것을 말합니다.

2) 환상1(서론): 하늘의 예배(계 4~5장)

계시록 4~5장은 하늘의 예배 환상이 소개됩니다. 이것은 앞으로 나올 요한계시록을 이해하는 전망대 역할을 합니다. 앞으로 요한계시록이 어떻게 전개되어 나갈 것인가를 보여주는 내용입니다. 천상의 보좌에 앉아 있는 자를 둘러 선 이십사 장로들의 모습이 소개됩니다. 그들은 보좌에 앉으신 주님에게 경배하며 찬송하고 있습니다. 모든 역사를 주장하시는 찬양받기에 합당하신 주님을 그리고 있습니다.

3) 환상2(본론): 일곱 숫자와 심판(7재앙 시리즈)(계 6~16장)

계시록 6~16장은 요한계시록의 중심 부분입니다. 모두가 환상으로 기록되었는데 금방 이해하기 어렵습니다. 그러나 전체적인 메시지는 하나님의 어린 양에 속한 성도들과 성도를 핍박하는 악한 세력이 나옵니다. 성도들을 핍박하는 용과 짐승들과 왕들을 하나님이 심판하시는 내용으로 이야기가 전개됩니다. 일곱 인, 일곱 나팔, 일곱 대접의 재앙으로 점점 더 재앙이 심해지고 나중에는 이들이 모두 하나님의 심판을 받는 것으로 마무리 됩니다.(7재앙 시리즈)

일곱이란 수를 중심으로 세 개의 재앙이 시리즈로 겹쳐서 소개됩니다. 그리고 그 사이에 성도들의 모습이 소개됩니다. 성도들에게는 승리와 구원의 이야기인 반면에 짐승들과 악한 세력에게는 하나님의 저주와 재앙의 이야기입니다.

계시록의 대부분을 차지하는 재앙 시리즈는 성도들에게 향한 것이 아닌 악한 세력에 대한 내용입니다. 우리는 이런 이야기를 통해서 악한 세력이 결국은 파멸한다는 것을 확신할 수 있습니다. 따라서 이런 재앙 시리즈를 통해 우리의 신앙을 더욱 더 확고하게 다지는 계기로 삼는 것이 이 책의 기록 의도라고 볼 수 있습니다.

하나님의 구원을 받는 성도들은 하나님의 인을 받는 것으로 묘사됩니다. 그 수는 십사만사천입니다. 십사만사천은 어떤 특별한 사람들의 수라고 보기보다는 그리스도를 믿는 성도들을 의미합니다. 하나님의 인을 받은 십사만사천 명의 성도들은 안전합니다. 어떤 어려움 속에서도 구원을 받고 안전이 보장된다는 의미를 지니고 있습니다.

하늘의 이십사 장로들은 엎드려 경배합니다. 그리고 그들이 찬양하며 외치는 말은 세상 나라가 우리 그리스도의 나라가 되어 그가 세세토록 왕 노릇 한다는 내용입니다.

그리스도가 큰 권능으로 세세무궁토록 왕노릇 하시는 모습을 그리고 있습니다. 아울러 악한 자들을 멸망시킬 것을 말합니다.

악한 사람을 대표하는 숫자는 666입니다. 이는 짐승의 수로 짐승의 표를 받은 악한 사람들을 의미합니다. 이것은 144,000과 반대되는 숫자입니다. 세상 사람들은 악한 숫자인 666을 받아서 그들의 하수인이 되고 결국은 마지막 날에 사단과 같이 멸망을 당합니다.

우리는 여기서 악한 사람들은 멸망하고 성도들은 승리한다는 것을 다시 한번 확인할 수 있습니다. 이것은 아무리 힘들어도 선이 승리함을 믿고 어떤 경우라도 악을 좇아가지 말고 선을 따라가야 함을 말하고 있습니다. 하나님이 함께 하시는 사람이 궁극적으로는 승리합니다.

아무리 힘들어도 우리는 악에 속하지 말고 선을 따라 행하는 사람이 되어야 합니다. 이것이 그리스도인이 걸어가야 할 삶입니다. 주님이 걸어가셨듯이 그 뒤를 따라가는 제자들이 늘 마음속에 품고 그려야 할 십자가의 모습입니다.

4) 환상3(절정): 바벨론 멸망(계 17~20장)

계시록 17-20장은 바벨론의 멸망을 말합니다. 바벨론의 로마를 상징적으로 그리고 있으며 이것은 악한 세력, 즉 사단이 어떻게 멸망하고 있는가를 그리고 있습니다. 큰 성 바벨론은 하나님에게 비참하게 심판을 당합니다. 그리고 결코 다시는 보이지 않게 됩니다. 완전히 멸망하는 모습이 환상으로 소개됩니다. 선이 승리하고 악이 멸망하는 순간입니다.

그들은 흰 보좌 심판대 앞에 서서 하나님의 엄한 심판을 받습니다. 사망과 음부 곧 불못에 던지우게 됩니다. 이것을 둘째 사망이라고 말합니다. 이들은 생명책에 기록되지 못한 사람들입니다. 둘째 사망에 이른다는 것은 영원한 심판에 이르게 됨을 말합니다. 그리스도인은 첫째 사망(육신의 일시적인 죽음)은 당하지만 둘째 사망은 당하지 않습니다.

당시 성도들이 이 말씀을 들었을 때 얼마나 즐거워하며 승리의 찬가를 불렀을지 충분히 짐작이 갑니다. 오늘 우리는 죽어도 영원히 살며 둘째 사망에 이르지 않는 사실에 감사하며 세상에서 승리하는 삶을 살아야 할 것입니다.

5) 환상4(결론): 새하늘과 새땅(계 21~22장)

마지막으로 성도들이 들어갈 새 하늘과 새 땅의 모습을 그리고 있습니다. 이곳은 영원한 나라로 우리가 소망하는 곳입니다. 새 하늘과 새 땅은 우리가 사는 세상과는 다릅니다. 하나님과 영원히 함께 하는 곳입니다. 눈물이 없고, 애통하는 것이나, 죽음이나, 곡하는 것이 없습니다. 하나님의 상속을 받은 자들이 하나님과 영원히 함께 사는 곳입니다.

그렇다면 어떤 사람이 새 하늘과 새 땅인 거룩한 성에 참여하는 자가 됩니까? 이곳은 지금까지 소개된 큰 성 바벨론과 비교됩니다. 하나님의 말씀을 듣고 지키는 자입니다. 어린 양 예수 그리스도에게 속한 자들입니다. 생명책에 기록된 자들입니다.

오늘 우리는 하나님의 생명책에 기록된 축복을 새롭게 감사하며 하나님을 찬양하며 살아야 할 것입니다. 죽음을 두려워하지 말고 새 하늘과 새 땅인 죽음이 없는 하나님나라를 바라보면서 믿음의 승리를 경주해야 합니다. 악한 세력과 타협하지 말고 진리를 따라 사는 삶이 되어야 할 것입니다. 비록 좁은 길이고 고난을 당하는 길이라 할지라도 진리의 길을 끝까지 달려가는 그리스도인이 되어야 합니다. 세상에서 칭찬과 성공이 보장되지 않는다 하더라도 연연하지 말고 살아가는 것이 그리스도인이 평생 지향해야 할 삶입니다. 왜냐하면 우리에게는 새 하늘과 새 땅이 이미 보장되었기 때문입니다.

엔크리스토 성경공부 양육 교재

투데이 성경공부

평생 성경공부할 수 있도록 구성한 시리즈. 주제별로 구성되어 있어 각 교회의 상황에 맞게 커리큘럼을 재구성하여 사용할 수 있다.

101 신앙기초(전 9권 완간) | 201 예수제자(전 9권 완간) | 301 새생활(전 12권 완간)
601 성경개관(전 10권 완간) | 401 · 501 발간 예정

30분 성경공부

신앙생활의 기초를 다루었으며 신앙의 전체 그림을 그릴 수 있는 2년 과정의 소그룹 성경교재다. 성경공부를 시작할 때 사용하면 효과적이다.

믿음편 | 기초 · 성숙　생활편 | 개인 · 영성 · 교회 · 가정 · 이웃 · 일터 · 사회 · 세계
성경탐구편 | 창조시대 · 족장시대 · 출애굽시대 · 광야시대 · 정복시대/사사시대 · 통일왕국시대 · 분열왕국시대 · 포로시대/포로귀환시대 · 복음서시대1 · 복음서시대2 · 초대교회시대 · 서신서시대

아름다운 십대 성경공부

십대들이 꼭 알아야 할 성경의 핵심내용과 기독교적 가치관, 세계관을 정립하는 데 필요한 핵심주제를 담고 있으며, 3년 과정으로 구성되었다.

101 자기정체성 · 복음 만남 · 신앙생활 · 멋진 사춘기 · 예수의 사람(전 5권)
201 가치관 · 믿음뼈대 · 십대생활 · 유혹탈출 · 하나님의 사람(전 5권)
301 비전과 진로 · 신앙원리 · 생활열매 · 인생수업 · 성령의 사람(전 5권)

틴꿈 십대성경공부

성경 전체의 내용을 핵심적으로 구성되었으며, 성경 파노라마를 통해 십대들이 알아야 할 성경의 맥과 개관을 다루고 구약책과 신약책 중에서 십대에 맞는 책을 선택하여 집중적으로 유형별로 균형 있게 공부할 수 있다.

1년차 성경개관 | 성경파노라마 1, 2, 3, 4, 5(전5권)
2년차 구약책 | 창세기 · 에스더 · 다니엘 · 잠언 · 전도서(전5권)
3년차 신약책 | 누가복음 · 로마서 · 사도행전 · 빌립보서 · 요한계시록(전5권)

• 틴~ 꿈 새가족 양육교재

엔크리스토 성경공부 양육 교재

책별 66권 성경공부

성경 전체 66권을 각 권별로 자유롭게 선택하여 사용할 수 있는 성경공부.
성경 전체를 체계적으로 연구할 수 있다.

창세기 1 · 2 · 3 · 4, 느헤미야, 요한복음 1 · 2, 로마서, 에스더, 다니엘, 사도행전 1 · 2 · 3
요한계시록 1 · 2 (계속 발간됩니다)

엔크리스토 제자양육성경공부

한 사람을 온전한 제자로 만드는 과정으로 7단계로 구성되었있다. 전도(복음소개)와 양육(일대일 양육, 이야기대화식 성경공부)과 영성(영성훈련)의 3차원을 통전적으로 연결되어 있으며 제자훈련 과정으로 적합하다.

복음소개 · 일대일 양육 · 새로운 사람 · 성장하는 사람
변화된 사람 · 영향력 있는 사람 · 영성훈련(전7권)

인도자를 위한 지침서

- 인도자 지침서(십대 성경공부 101 · 201 · 301시리즈) | 이대희 지음 | 각 10,000원
- 인도자 지침서(틴꿈 십대성경공부) | 이대희 지음 | 10,000원
- 인도자 지침서(엔크리스토 제자양육성경공부) | 이대희 지음 | 10,000원
- 인도자 지침서(30분 성경공부 믿음편 기초, 성숙 | 생활편 개인, 교회) | 이대희 지음 | 10,000원

성경공부에 필요한 참고 서적

- 이야기 대화식 성경연구 | 이대희 지음 | 10,000원
- 크리스천이 꼭 알아야할 100문 100답 | 이대희 지음 | 10,000원
- 꿈을 이루는 10대 크리스천을 위한 52가지 | 이대희 지음 | 10,000원